- 河北大学历史学强势特色学科学术出版基金资助

- 河北大学中国史学科"双一流"建设经费资助

- 国家社科基金项目"新中国海河流域水环境变迁与经济发展关系研究（15BZS022）"阶段成果

- 河北省教育厅人文社科研究重大课题攻关项目"20世纪河北农村社会改造的田野调查与实证研究（ZD201435）"阶段成果

- 河北省社会科学发展研究课题"20世纪中国农村社会变迁口述史料搜集、整理与研究——以饶阳县五公村为中心（201603060202）"阶段成果

海河流域乡村与社会研究丛书

耿长锁与五公村
口 述 史

杨学新 刘百恒 樊孝东 编著

人民出版社

《华北学研究丛书》出版说明

华北区域（京、津、冀、晋、内蒙古五省市区）是黄河文明与海河文明起源地，是历史上农耕文明、草原文明、海洋文明等多元文化交往、冲突、融合的典型地区。古往今来，该地区曾为众多仁人志士不懈奋斗的中心舞台之一，许多重大历史事件在此发生。近年来，随着国家京津冀一体化战略的实施，作为围绕京津的华北区域，其基础功能、辐射功能更加凸显。

河北大学位于素有"京畿重地"、"首都南大门"之称的河北省保定市，具有毗邻京津的区位优势，又是河北省内唯一与教育部共建的综合性大学和中西部高校综合实力提升工程入选高校。多年前，河北大学历史学科围绕华北区域开展了相关研究，在全国产生了积极影响。经过充分的酝酿与筹备，河北大学历史学科于2012年正式发起成立华北学研究所，在国内较早提出"华北学"这一概念，目前已取得一批标志性研究成果。华北学研究所以"古今贯通，文理交叉，区域联合，服务华北"为宗旨，参照教育部重点研究基地的模式运作，重点研究领域和拟出版《丛书》规划包括：

1. 《华北学·华北五省市区综合研究丛书》
2. 《华北学·京津冀一体化研究丛书》
3. 《华北学·人类文明起源与华北地区考古文物研究丛书》
4. 《华北学·华北自然环境研究丛书》
5. 《华北学·华北地区文化传承与发展研究丛书》
6. 《华北学·华北红色根据地研究丛书》
7. 《华北学·华北乡村研究丛书》
8. 《华北学·华北城镇研究丛书》
9. 《华北学·河北省研究丛书》……（华北各省市区）
10. 《华北学·保定研究丛书》……（华北各市县）

华北学研究为河北大学历史学科致力打造的研究特色和重点建设领域。

正是基于此，河北大学华北学研究所推出《华北学研究丛书》，其旨趣在于，从纵向上，贯通古今，古为今用，发掘历史文化遗产，服务于华北区域的崛起与振兴；从横向上，积极应对京津冀一体化战略，加强区域协同研究，服务于地方经济建设与文化发展。该《丛书》将不断推出海内外同仁有关华北学研究的重要成果，贡献社会。

　　未来的华北学研究，目标明确，形式多样，力求实现校内与校外资源互补，强势与特色扬长补短。我们热切期盼更多的同仁关注、襄助华北学研究。

河北大学华北学研究所

序　言

在中国农业集体化发展史上，饶阳县五公村绝对是值得大书特书的一个典型代表。抗日战争时期，在耿长锁（1900—1985）的带领下该村建立了全国第一个"土地合伙组"，后被誉为"花开第一枝"。新中国成立后，五公村成为全国农业合作化的一面旗帜，耿长锁农业合作社又被誉为"社会主义之花"。此后，耿长锁的先进事迹和五公村的典型经验频频见诸报端，前往参观考察的各种团体与个人络绎不绝，村里为此专门成立了接待站。耿长锁先后两次（1951年、1979年）获得全国农业劳模殊荣，曾任河北省政协副主席和人大常委会副主任，中共第八、九、十、十一次全国代表大会代表和全国人大第一、二、三、四届代表大会代表，被毛泽东誉为"群众所信任的领袖人物"。

对于这样一个集体化时期的标志性人物和典型村庄，20世纪五六十年代产生了一批相关的专题报告和文学作品。其中具有代表性的有：1950年作家赵卜一撰写的《饶阳县五公村生产互助组报告》；1952年，作家柳溪开始在五公村做驻社干部，后以耿长锁农业社为题材创作小说《爬在旗杆上的人》和《烦恼的人令人烦恼》（收入短篇小说集《爬在旗杆上的人》，中国青年出版社1957年版）；1954年，河北省农林厅组织编写的《耿长锁农业生产合作社介绍》一书由河北人民出版社出版；中国青年出版社于1955年出版了《走向幸福的道路——耿长锁农业生产合作社的成长》，介绍了耿长锁农业社的发展过程；1962年《河北文学》编辑刘怀章到五公村采访耿长锁，写出了报告文学《双十春》；1963年，河北省文联和天津市作协组织20余名作家深入五公村，创作出版了报告文学集《花开第一枝——五公人物志》（百花文艺出版社1963年版），通过对五公农业合作化20年来主要人物的刻画，反映了社会主义新农村的生活和精神面貌；1964年，孙华峰、陈春迎合作编写了近5万字的《耿长锁走过的道路》（打印本）等。这一时期还有刊登于《人民日报》《河北日报》等媒体上的有关耿长锁和五公村的一批宣传文章，以及纪录片

《走上幸福大道》（中央新闻纪录电影制片厂　1954 年）等。这段时期国内史学界也开始关注五公村和耿长锁。1960 年，南开大学历史系 160 余名师生到五公参观学习后编写出一本《五公人民公社史》（油印本）。该书分七章，共 10 余万字，对五公人民公社的历史作了简要梳理，是第一部关于五公人民公社的简史性著作。由于当时特殊的社会背景，该书带有明显的时代烙印。在此后相当长的时期内，对耿长锁和五公村的研究基本处于停滞状态。

　　然而，20 世纪 80 年代以后，随着农村经济体制改革的逐步深入，特别是耿长锁于 1985 年去世后，五公村和耿长锁逐渐淡出了人们的视线。除了部分学术研究成果外，人们已甚少关注和研究耿长锁和五公村。这显然与其所具有的历史地位和影响是不相称的。2000 年以来特别是近几年，学界对耿长锁和五公村的关注逐渐多了起来。2006 年，崔效辉发表《论 20 世纪中国地方国家政权的内卷化》（《公共管理高层论坛》第 3 辑），该文利用《中国乡村，社会主义国家》一书中有关耿长锁和五公村的资料，说明集体化时期仍然没有解决地方政权内卷化问题。近年来，国内一些高校的研究生也以五公村为研究对象撰写学位论文，一批青年学术新星加入耿长锁和五公村的研究行列，这是可喜的现象。如 2010 年南京航空航天大学李娜的《社会转型：国家与乡村社会的互惠关系》以五公村为个案，对改革开放后国家与乡村社会的互动关系进行了剖析；2011 年华中师范大学吴春宝的《再访五公村：改革中的乡村治理》则探讨了社会转型期的乡村社会变迁与治理问题等；2011 年河北大学庞琳的《国家与农民的关系研究——以耿长锁农业合作社为例（1943—1957）》则关注了耿长锁农业合作社发展历程中始终存在的国家、集体与农民之间的互动关系。

　　饶阳县对耿长锁怀有极深的感情，该县的肖献法、张启等分别撰写了有关耿长锁的传记①，再现了集体化时期耿长锁与五公村的奋斗历程，也为我们呈现了大量第一手的材料。中共饶阳县委、饶阳县人民政府的历届领导班子也都非常重视耿长锁劳模精神的挖掘与宣传，多次召开"耿长锁精神"研讨会，筹资建设了耿长锁纪念馆，创作了大型河北梆子现代戏《耿长锁》，筹拍了 32 集电视连续剧《金色大地》等。同时，饶阳县档案馆保存了有关耿长锁

---

　　①　肖献法：《耿长锁传》，河北人民出版社 2005 年版；张启：《走在时代前端的人：耿长锁传》，河北人民出版社 2014 年版；刘怀章：《耿长锁的故事》，天马出版公司 2009 年版。

和五公村集体化时期较为完整的档案文献和影像资料，实属难得。这些档案资料已引起国内众多学者的重视，河北大学、华中师范大学、北京师范大学、北京大学、中央党校等高校和科研院所的研究人员纷纷前往饶阳开展调研工作。

相对而言，国外学者的研究开展得更早，且影响更大。其中最具代表性的当属美国的三位学者：弗里曼（Edward Friedman）、毕克伟（Paul G Pickowicz）和赛尔登（Mark Selden）。从 1978 年开始，他们先后十几次前往五公村进行实地调研访问，写成《Chinese Village，Socialist State》（Yale University Press，1991），并获得 1993 年约瑟夫·列文森奖。其中文译本《中国乡村，社会主义国家》，由社会科学文献出版社于 2002 年出版。该书以五公村为个案，主要探讨 1935—1960 年间华北平原的农民生活和农村社会变迁。作者集中考察中国共产党在战争时期及革命胜利以后在农村社会所进行的一系列改革，从减租减息到互助组、合作社，再到"大跃进"时的人民公社，分析了这些改革对农村社会和农民带来的影响，对战争及国家建设的作用，与传统文化的关系等，并探讨了国家与乡村社会，国家领导人与地方干部的关系。应该指出的是，该书从整体上否定中国的合作化运动，认为五公村的成功是完全依靠耿长锁与上层领导长期结成的权力关系网络，从而获得了国家的支持和更多更好的资源，五公村的发展是以周围村庄的衰落为代价的。在资料方面，该书主要依靠的是口述资料和报刊资料，对大量的官方档案资料基本没有利用。之所以这样，一个原因是美国学者们对中国官方档案资料的偏见，他们不相信上面的数字；另一个原因是美国学者们的中文水平有限，他们对大量的"手写"而不是"印刷"的县级、村级档案颇感头疼，这一点在笔者最近与毕克伟的一次交流中得到了印证。

虽然近几年有关耿长锁和五公村的研究取得了一定成绩，但仍不能令人满意。特别是口述史资料的搜集整理严重滞后，而此项工作当前又显得十分迫切，因为随着时间的流逝，如不及时对亲历者进行访谈，记录下他们的所见所闻、所思所想，若干年后，我们恐将只能从干巴巴的文字中缕析和体悟那段激情的岁月。

之所以有这样的论断，并不仅仅是基于五公村的研究现状，更是我们在回顾与反思集体化时期海河流域乡村社会资料建设的现状后做出的结论。史料是历史研究的基础，一项研究的拓展，资料的搜集和整理当为首要的工作，而新资料的挖掘或范围拓展则又是推动历史研究进步的重要条件。傅斯年曾说："可见史料的发见，足以促成史学之进步，而史学之进步，最赖史料之增加"[①]。集体化时期[②]的乡村研究自其兴起后，便逐渐引起学界的关注，并成为学术研究的一个重点领域。纵观集体化时期海河流域乡村研究在资料建设方面，可谓成果丰硕。

首先，就资料建设而言，在集体化时期相关工作就已经开展，当时就陆续形成了一批中央、省、市、县等部门相关的文件资料汇编，以及大量的乡村社会经济等调查报告。其中，文件资料汇编主要是对中央文件、领导讲话、中央与各地报刊文论等的整理。如经济资料编辑委员会编《华北区农业生产合作社资料选集》（财政经济出版社1954年版）收录了若干农业生产合作社涉及农业产量、种植结构、副业发展、家庭收入、乡村教育等多方面内容的资料。人民日报社选编《人民公社的强大生命力》（人民日报出版社1959年版）选取了发表在《人民日报》上相关的中央决议、中央领导讲话、省市县各级部门对人民公社的规章制度、关于人民公社的回忆文章以及人民日报社论等。史敬棠等编《中国农业合作化运动史料》（上、下册），（生活·读书·新知三联书店，1957、1959年版），主要收录了新中国成立前后有关各根据地合作化及此后的合作化运动的各类决议文件、合作组织发展状况的调查报告等。除这些宏观性的资料汇编，各省市也对本地区的相关资料进行了选编。如有关河北省的《两个农业生产合作社》（南方通俗出版社1952年版）、《学习建明人民公社的办社经验》（河北人民出版社1960年版）等，在此不再一一介绍。

改革开放以来，相关的资料建设也并未止步。如《农业集体化重要文件汇编（1949—1957）》（上、下册）（中共中央党校出版社1981年版）公布了此期

---

① 傅斯年：《民族与古代中国史》，上海人民出版社2014年，第364页。

② 目前学术界关于集体化时期的起止时间并没定论，主要有三种观点：第一，山西大学中国社会史研究中心行龙教授认为集体化时期是指从中国共产党在抗日根据地时期推行互助组到20世纪80年代人民公社体制结束这一段时期。详见行龙《"自下而上"：从社会史的角度研究集体化时代的中国农村社会》（《社会史研究》2013年版）。第二，黄宗智在《长江三角洲小农家庭与乡村发展》论述华阳桥的集体化时，指出集体化发轫于1952年的互助组，从1950年到1980年的30年为集体化时期。详见黄宗智：《长江三角洲小农家庭与乡村发展》，（中华书局1992年版，第九、十、十一章）。第三，从农业合作化运动完成至人民公社体制解体的这段时期为集体化时期。

间的大量档案资料。此外，《当代中国农业合作化》编辑室编《建国以来农业合作化史料汇编》（中共党史出版社 1992 年版），1986 年至 1994 年先后出版 53 期的《中国农业合作史资料》，收集了大量档案资料和回忆文章。特别是近些年一些高校和科研机构搜集整理出版了大量集体化时期有关海河流域乡村社会经济的资料，如华东师范大学中国当代史研究中心编《中国当代民间史料集刊》中的"河北冀县门庄公社门庄大队档案"、河北省赤城县茨营子乡苏寺村村支书的工作笔记等。南开大学"中国社会史研究中心"收集了河北昌黎、临漳、邢台县等部分村庄档案文书、工作笔记、日记等。山西大学中国社会史研究中心搜集的集体化时期山西一百余村基层档案资料。邯郸学院"地方文化研究院"搜集了涉县、武安、昔阳、和顺、邢台等太行山山区的民间文献，整理成"太行山文书"。

其次，集体化时期各地区各部门对农村地区进行了大量调查，出版了调查报告。调查报告内容涉及面较广，既有综合类，也有专题类。如《历史发展的伟大见证：天津人民公社调查报告》（天津人民出版社 1960 年版）选取了当时天津地区十个人民公社有关农林牧副渔业、家庭收入、乡村教育等方面的调查报告。中共北京市委宣传部编《初升的太阳：北京市郊区九个人民公社调查报告》（北京人民出版社 1960 年版）涉及所调查人民公社的发展历史、农林牧副渔业发展情况、家庭收入、乡村学校教育、人民衣食住行等十几个方面内容。又如中国农业科学院农业经济研究所编《人民公社集体经济的优越性》（农业出版社 1963 年版）收录了《五公村大队集体经济的调查》《遵化县沙石峪大队集体经济的调查》两篇调查报告，内容主要涉及两个大队的发展史、农田亩产量、群众思想等。集体化时期，类似的调查材料数量众多，但其基本特点就是力证集体化道路的优越性。

最后，其他方面的资料汇编包括口述史、文学作品、影视图像等。集体化时期的口述史大多以特定的人群或特定的事件为重点，被采访人物也十分多元，如村支部书记、村委会主任、会计、队长、广播员、技术员、赤脚医生、妇女主任、民兵连长、知青等。如中央人民广播电视台编辑《我怎样当农业生产合作社社长》（通俗读物出版社 1954 年版）收录了五公村耿长锁和西沟村郭玉恩两位社长口述性质的谈话，内容主要涉及两个公社的发展史、农业发展情况等。此外，比较有代表性的还有：陈永贵《谈谈农业学大寨运动》（北京读物出版社 1975 年版）、孙丽萍主编《口述大寨史：150 位大寨人说大寨》（广东南方日报出版社 2008 年版）、马社香著《农业合作化运动始末——百名亲历者口述实录》（当代中国出版社 2011 年版）等。

　　文学作品及影视图像等虽不是传统意义上的史料，但也具有一定的史料价值。集体化时期海河流域涌现出很多典型的农业合作组织，如饶阳县五公村、昔阳县大寨村、新乡县七里营等。自 20 世纪 50 年代起，便以这些典型农业合作组织及其核心灵魂人物为主题创作了大量作品。以饶阳五公村耿长锁为例，就陆续出版发行了连环画《耿长锁农业生产合作社》（河北人民出版社 1952 年版），作家刘怀章于 1962、1963 年先后两次到五公村访谈，创作了《双十春》（《河北文学》1962 年第 3 期）、《耿长锁的故事》（《天津晚报》1963 年连载）。报告文学《花开第一枝》（百花文艺出版社 1963 年版），既有耿长锁的口述材料及李惠英和师桂英的日记，也有作家田野调查的所见与所感。杨学新主编《冀中花开第一枝——耿长锁与五公村珍贵历史影像》（河北大学出版社 2015 年版）收录了五公村和耿长锁近 400 幅珍贵影像资料，以图文形式回顾了耿长锁与集体化时期五公村生产生活的各个方面。

　　总体而言，虽然有关集体化时期海河流域乡村的资料建设取得了相当的成就①，但仍存在若干薄弱方面，主要仍是口述史的滞后。② 而资料建设是有"轻重缓急"之分的，首要的便是应大力加强口述史工作，这是当务之急。毕竟随着时间的推移，历史活动的当事人将记忆衰退以至一批批故去，如不加以抢救性搜集，若干年后某些历史阶段或事件恐将无口述史可作。正如梁启超所言，"不治史学，不知文献之可贵与夫文献散佚之可为痛惜也"③。值得注意的是，我们不仅要关注主要人物或主要历史事件当事人的口述访谈，更

---

　　① 有关资料情况还可参见郑清坡《农村人民公社史料的搜集整理述评》，《党史研究与教学》2014 年第 4 期；邓群刚《当代中国民间文献史料的搜集、整理与利用现状综述》，《中共党史研究》2011 年第 9 期。

　　② 郑清坡在《中国当代社会史资料建设的现状与反思》（《历史教学》2014 年第 8 期）一文中曾认为：口述史近些年来越来越受到学者的青睐，但仍存在一些不足。一是目前很多学者所做口述史主要围绕自己的研究课题进行，以此做学术研究的扩充，这样所形成的零星的口述史虽也做了一些历史记录，但终究口述样本数量有限，尚不成规模，且其未能以"原生态"的形式呈现，影响到史料的原始性。二是从事者许多并未受过口述史学的正规训练，一定程度上影响了口述史资料的质量，很多采访者也只是临时接受简单的培训而已。三是从采访对象来看目前主要还是集中于名人和重大事件上，而对普通民众的访谈仍然较少。

　　③ 梁启超：《中国历史研究法、中国历史研究法补编》，四川人民出版社 2018 年，第 48 页。

要重视普通百姓对日常生活的讲述，这也是历史不可或缺的重要组成部分。①
也正是基于这种考虑，我们对五公村的关注，除搜集档案文献，也将很大一
部分精力放在了口述史收集上。这也是我们编辑此书的一个初衷。

　　鉴于此，自笔者开始关注近现代中国乡村社会变迁问题，并将耿长锁和
五公村作为中国乡村社会变迁的重点考察基点之一后，不仅数次应邀参加当
地举办的有关耿长锁的纪念活动和会议，而且每年的暑假都要与我的研究团
队到饶阳县展开调研，访问当年的亲历者以及耿长锁的后人和同事，收集有
关档案和文献，出版了《冀中花开第一枝——耿长锁与五公村珍贵历史影像》
（河北大学出版社 2015 年版）。期间，还陆续采访了与耿长锁有过共同工作与
生活经历的五六十位当事人和知情者，包括他的家属亲友、老同事以及当年
的老社员等。与他们交朋友、拉家常，聆听到他们心灵深处对耿长锁和农业
集体化的讲述，真实记录下了那荡气回肠、令人难以忘怀的集体化时光。可
以说，这些访谈内容基本涵盖了集体化时期五公村的方方面面。由于时隔久
远，且当事人大多年事已高，这些口述资料是抢救性的，非常珍贵。2014 年，
笔者申报的河北省教育厅人文社科研究重大课题攻关项目《20 世纪河北农村
社会改造的田野调查与实证研究》获批立项；2015 年，笔者申请的国家社会
科学基金项目《新中国海河流域水环境变迁与经济发展关系研究》获准立项。
五公村地处海河的支流滹沱河畔，属于典型的海河冲积平原区，既是集体化
时期海河流域农村发展的一个缩影，也是 20 世纪河北农村社会改造的典型，
口述者对当时水环境与农村发展都有深刻的历史记忆，既可以对五公村的口
述史料进行深入挖掘，又可以丰富项目主题的研究内容。因此，可以说本书
也是这两个项目的阶段性成果。

　　有关口述史对历史研究，特别是当代史研究的重要性已受到人们的普遍
重视。大量的当代史研究论著中都或多或少地运用了口述史的方法，一些口
述史访谈的资料也陆续整理出版。在口述采访和整理过程中，我们一直坚持
三个原则。首先，注重真实性，保持原生态。一段访谈实录本身包含着十分
丰富的信息，正如莎士比亚所言"一千个读者就有一千个哈姆雷特"，不同的
人、不同的角度去听或阅读一段访谈时便会有各种不同的理解和认识，正所

---

① 　郑清坡：《中国当代社会史资料建设的现状与反思》，《历史教学》2014 年第 8 期。

谓"千江有水千江月，万里无云万里天"。本课题选定的口述者包括耿长锁的同事、亲属和部下，与他共事、跟随他或与他有较长时间工作和生活经历者，年长者已 90 高龄，年少者也近 60 岁。基于此，我们在整理这些口述资料时尽量保持访谈的"原生态"，除对个别涉及敏感和个人隐私问题的地方进行了必要的技术处理，基本保持当事人讲述的原貌，尽量不做主观加工取舍与评判。其次，注重"点"与"面"的结合。本书的聚焦对象为"耿长锁与五公村"，既突出了在集体化时期中国农村发展中耿长锁的典型性、旗帜性和引领性；又兼顾了在老社长的带领下五公村这个先进集体中每一位成员的工作热情和干劲。第三，在马克思主义唯物史观指导下制定采访提纲，根据历史事实整理"耿长锁农业生产合作社的建立与发展""耿长锁生平大事年表"，力求还原历史原貌。然而，由于编著者水平有限，书中难免有错误之处，敬请各位专家批评指正。

杨学新

2018 年 12 月

目　　录

耿长锁农业生产合作社的建立与发展

一、自然环境与人地关系

1. 自然环境

弗里曼、毕克伟、赛尔登在《中国乡村，社会主义国家》一书中谈到五公村成立农业合作社时多次提到该村生态环境的脆弱，他们注意到"贫瘠的土壤、不稳定的水源、灾难性的天气长期以来如何使饶阳人生活陷入困境"[①]。从该村成立合作社的一个主要缘起来看，也基本是为了应对灾害所造成的村民生存问题。也有人据此对部分学者所主张的"农村中的组织起来首先是一个政治行为"提出了质疑，而认为五公村的合作社起源于 1943 年因旱灾出现的互助组，是部分村民组织起来渡荒活命，是内发于农民自身，不受外来意志的强迫。[②] 因此，我们在研究五公村农业合作社时首要的便是对五公村自然环境的关注。

实际上，我们在五公村进行口述访谈时，村民也多次提到新中国成立前后该村较为恶劣的生态环境。村民李忠信回忆说，这村里的地，一个是少，一个大部分是贫地，除了盐碱地，就是沙土岗子。村民索兰芬则更明确地说，该村的地种麦子不长。[③]

五公村位于饶阳县西南部，距离县城 25 华里。饶阳县地处河北省东南部冀中平原，属华北断拗区的冀中拗陷中心的东南部，位于饶阳凹陷带的中心；北距北京市 200 公里，东北距天津市 160 公里，西距石家庄市 110 公里。饶阳

---

① ［美］弗里曼、毕克伟、赛尔登著：《中国乡村，社会主义国家》，陶鹤山译，社会科学文献出版社 2002 年版，第 3 页。

② 庞琳：《国家与农民的关系研究——以耿长锁农业合作社为例（1943—1957）》，河北大学 2011 年硕士学位论文，第 12 页。

③ 李忠信口述、索兰芬口述，访谈时间 2013 年 7 月 22 日。具体访谈内容及人物简介参见本书，以下同，不一一注明。

县属于黑龙港流域，滹沱河由中北部横穿县境，是滹沱河冲积洪积平原区，地势由西南向东北缓慢倾斜，地面高度从海拔 24.1 米逐渐降至 14.7 米。[①] 1949 年前，该县整体地貌为"大平小不平"，洼地、缓岗遍布全县，呈现出"三里一坎、五里一沟"的特征。总体而言，县域内土壤母质类型属近代河流冲积物，层次深厚，水平排列明显，表层质地以沙壤和轻壤沉积物为主；由于境内河道纵横荡决，各古河交叉重迭，交错沉积，致使大部土壤垂直排列复杂，土体构型常表现为夹黏、腰砂、漏砂、蒙金以及均质型等。而全县土壤碳酸钙含量较高，呈微碱性，土壤中磷素已被固定，释放率不高。[②] 根据 20 世纪 30 年代的调查统计，该县土壤主要分为黏土和白砂土两种，其他碱地约占2%；当时全县 51.28 万亩耕地中，低洼地占 9.1 万亩，沙滩地占 1.2 万亩。[③]

明清以来，滹沱河中下游平原河道变迁极大，"滏水之北、滋水之南，皆滹沱纵横荡决处，或一二十年、或三五年必一迁徙。"[④] 就饶阳而言，明嘉靖之前，滹沱河在平常年份不过饶阳县，只在遇大水时偶尔流过。从明嘉靖至清顺治年间，滹沱河流经饶阳县境且泛滥较为频繁。清康熙年间以后，滹沱河南迁他处。清咸同年间，滹沱河北徙"复至"饶阳，并于此后逐渐形成现在的河道，此后滹沱河一直从饶阳县流过。据民国初年调查，滹沱河自安平入饶阳县境后，分成南北两股，夹县城后自西而东合流进入献县。在县境南北泛滥约二十里，东西长五十余里，有北堤无南堤。[⑤]

滹沱河频繁改道、泛滥，给饶阳县的农业生产和农民生活带来很大影响。据不完全统计，1912—1990 年，饶阳县水灾愈发频繁，差不多每两年一次。[⑥] 特别是民国时期，一次水灾动辄毁坏民房上万间，受灾农作物达数万亩甚至十几万到几十万亩，对农业生产和农民生活造成极大困难。水灾之外，旱灾对农业生产的危害更大。境内虽有滹沱河水，但历年泛滥成灾，河道无定，基本无水利灌溉之利可言。20 世纪 30 年代有调查讲道，滹沱河入境河北经过

---

① 饶阳县地方志编纂委员会编：《饶阳县志》，方志出版社 1998 年，第 98 页。

② 饶阳县地方志编纂委员会编：《饶阳县志》，方志出版社 1998 年，第 99、101 页。

③ 《河北省饶阳县地方实际情况调查报告》，《冀察调查统计丛刊》1936 年 10 月第 1 卷第 4 期。

④ 吴汝纶：《深州风土记》记二《河渠》，清光绪廿六年文瑞书院刻本。

⑤ 《直隶风土调查录》，上海商务印书馆发行，民国四年七月初版，见国家图书馆选编《民国时期社会调查资料汇编》第一册，国家图书馆出版社 2013 年版，第 183 页。

⑥ 据饶阳县地方志编纂委员会编《饶阳县志》（方志出版社 1998 年版）第 118—120 页水灾统计计算得来。

正定以后，河道地势平坦、土质疏松，河水流速骤缓，泥沙随处沉积，常泛滥为患；且河道迁徙无常，素有小黄河之称。该调查还讲道，滹沱河至安平、饶阳一段长70余里，泛滥尤甚，每年伏泛时期，洪流横溢，庐舍为墟，且积水难消，麦秋无望，亟应疏浚河道，以苏民困，而兴水利。① 而河北省棉产改进会的调查亦称，饶阳县"地近平原，滹沱河横贯中部，每届夏秋，水势泛滥，农田多被淹没，为害甚大，无水利可言"②。从民国建立至20世纪90年代，饶阳县有记载的较严重旱灾有30余次，平均两三年一次，且往往是水、旱灾害交替发生。特别是20世纪30年代以来，基本上年年有灾，非旱即涝，春旱秋涝几乎成为铁律。滹沱河频繁改道还引起了土壤贫瘠的变化。据清光绪《深州风土记》载："[深] 州土二等，白为上，黑次之。饶阳略与州等，武强刚黑，安平白坟，其大较也。每滹沱过而填淤，则土为之一变，故无数十年沃瘠不互易者。"③

就气候条件而言，饶阳县属东亚季风性气候，为温暖的半干旱区，四季分明，春季干旱多风，夏季高温多雨，冬季寒冷少雪。县内年平均降雨量约为500毫米，一般主要集中在夏季6—8月份，以8月最多。据新中国成立以来的统计，该县绝大多数年份有暴雨，且暴雨的水分不易被土壤和作物吸收利用，容易形成径流，造成涝灾，虽降水强度大，但利用价值低。④

因此，饶阳的自然环境对于当地农民来说并不算优越，历史上旱、涝、风、雹等自然灾害频仍，县内大部分耕地的粮食产量长期处于低而不稳的状态。20世纪30年代的调查中曾对当地村庄生活描述道，"本县地滨滹沱河，系属平原，土质硗瘠，雨泽不足，生产量因之减少……惟滹沱河久未疏浚，历年田禾泛滥被淹，若不急谋疏浚，则人民生活更不堪设想矣。"⑤ 同样，在清末民初，因五公村为滹沱河故道，土质贫瘠。据村内老人乔勇讲：新中国成立以前"耩二亩麦子，用一斗多麦种，赶到了第二年收麦子，还打不了一斗呢。以前一个水井也没有，全是白沙地，整天刮大风，一刮风把麦子都埋

① 《河北省饶阳县地方实际情况调查报告》，《冀察调查统计丛刊》1936年10月第1卷第4期。

② 河北省棉产改进会特刊第二种：《民国二十五年河北省棉产调查报告》，民国二十六年刊印，第156页。

③ 吴汝纶：《深州风土记》记二十一《物产》，清光绪廿六年文瑞书院刻本。

④ 饶阳县地方志编纂委员会编：《饶阳县志》，方志出版社1998年版，第107页。

⑤ 《河北省饶阳县地方实际情况调查报告》，《冀察调查统计丛刊》1936年10月第1卷第4期。

了，还能长麦粒啊？解放以后打了井，不刮风了，人们才打了粮食。"① 其他村民对五公村早年的环境有大体一致的回忆，村民乔利广回忆说：他的父亲小时候还在河沟里摸过鱼，滹沱河年年往北滚，到现在这才一二百年，这村地下还有行船用的锚呢；原先村里净是河沟、风沙地，种麦子不长，只能种点高粱，人们年年吃糠咽菜。②

2. 人地关系

据统计，清乾隆十一年（1746）饶阳人口为 117394 人，耕地面积为 540181 亩，人均耕地约 4.60 亩。③ 此后至民国时期，该县人口除个别时期有波动外，总体上呈增长之势，而耕地却未见明显增加。据 1933 年有关饶阳县的数据统计④，该县共有田地 545518 亩，户数 33343 户，人口 187916 人。由此计算可得，户均田地 16.36 亩，人均 2.90 亩。人地关系呈现出一种逐渐紧张的态势。另据民国时期《河北省各县概况一览》中饶阳及其四周 7 个邻县的相关数据比较可知：20 世纪 30 年代，地处冀中平原地区的饶阳及其邻县，平均每户占有耕地大致在 15—20 亩之间，人均耕地则在 3—3.5 亩之间。饶阳县的人均耕地与 7 个邻县相比，仅仅高于献县，而比其他 6 县都要低，处于相对偏低的水平。另据河北省棉产改进会的调查，1936 年饶阳县耕地面积共约 66.4 万市亩。⑤ 这一年饶阳县的人口如按民国时期饶阳县志中的 192718 人计算，该年饶阳县人均耕地约为 3.45 亩。⑥

虽然各种统计数据之间多有差异，但民国时期饶阳县的人地关系紧张应是无疑义的。而人均约 3 亩的耕地对当地农民来说也仅仅是在人地比例临界点徘徊。如果按照多数学者对民国时期华北农村人地比例临界点为人均 4—5 亩的估计，饶阳的人地比例远低于此。李金铮计算民国时期定县人地比例临界点为人均 2.53 亩，满足基本生活消费的人地比例临界点为人均 3.8 亩。⑦

---

① 乔勇口述，采访时间：2013 年 7 月 19 日。
② 乔利广口述，采访时间：2013 年 7 月 18 日、2015 年 7 月 21 日。
③ 《（乾隆）饶阳县志》，《中国地方志集成·河北府县志辑》第 47 册，上海书店、巴蜀社、江苏古籍出版社 2006 年版，第 521、512、519 页。
④ 魏鉴：《河北省各县概况一览》。
⑤ 河北省棉产改进会特刊第二种：《民国二十五年河北省棉产调查报告》，民国二十六年刊印，第 156—157 页。
⑥ 《饶阳民国志》卷五，内部印刷，第 188—189 页。
⑦ 李金铮：《也论近代人口压力：冀中定县人地比例关系考》，《近代史研究》2008 年第 4 期。

与此相比，饶阳的人地比例要稍高于定县，但民国时期饶阳的耕地质量和其他生产条件要低于定县。饶阳与定县同在冀中，两县直线距离不过 30 多公里。如果按照定县"大口小口一月三斗"的粮食消费标准，耕地数量和质量相抵，饶阳的耕地所产总体上基本够吃。也就是说，2.90 亩大体上可以视为饶阳县满足基本粮食消费的人地比例临界点。而如果按照定县的粮食消费和基本生活标准，饶阳县满足基本生活消费的人地比例临界点肯定要高于定县的 3.8 亩，起码应在 4 亩以上。因此，20 世纪 30 年代，饶阳县的实际人地比例，比较接近于满足基本粮食消费的人地比例临界点，而比满足基本生活消费的人地比例临界点要低。然而，这样的人地比例关系在平常年份或许可以勉强维持基本的家庭生活，但一遇灾歉，农民的生存便时时受到威胁。

具体到五公村，根据 1963 年调查统计资料①，全面抗战之前五公全村共有 287 户②，1400 人，土地 4470 亩（内有园田 245 亩）。通过以上数字计算，可得出全面抗战之前五公村户均土地为 15.6 亩，人均为 3.2 亩。户均与人均土地均与全县 1933 年的数字基本持平。

然后，不高的人均耕地在各阶层之间的分配又有较大差距，五公村具体的土地分配情况如下③：首先，地主富农 5 户，共 52 人，占有 465 亩土地。地主富农土地占全村土地总数的 10.4%；户均 93 亩，是全村户均土地数的 6 倍；人均 8.9 亩，是全村人均土地的 2.8 倍。其次，中农 174 户（包括 30 户富裕中农），共 808 人，占有 3534 亩土地。中农土地占全村土地总数的 79.1%；户均 20.3 亩，是全村户均土地的 1.3 倍；人均 4.4 亩，是全村人均数的 1.4 倍。最后，贫农 108 户，共 540 人，占有 471 亩土地。贫农土地数占全村土地总数的 10.5%；户均 4.4 亩，是全村户均土地数的 28%；人均 0.87 亩，是全村人均数的 27%。从各阶层人均土地数量比较来看，地富是中农的 2 倍，是贫农的 10 倍。

除耕地占有不均外，五公村各阶层之间的生产力水平也差距较大。地主富农有牲口 12 头，每个牲口平均负担 38 亩，农具齐全；每户都雇佣长工和

① 《五公合作化、公社化运动二十年史料Ⅰ》（1943—1952），五公村档案，档案号：76 - 1963 永 - 201，饶阳县档案馆藏。

② 原档案 285 户，误。

③ 《五公合作化、公社化运动二十年史料Ⅰ》（1943—1952），五公村档案，档案号：76 - 1963 永 - 201，饶阳县档案馆藏。

短工，所付工资不等；但一遇歉收年，则只管饭白做活，不给工钱。中农有牲畜46头，强壮程度不如地主富农家的，每个牲畜平均只负担34.6亩。一般贫户，则靠租种田地、园田，打绳，打短工为生。①

全面抗战爆发后，饶阳成为冀中根据地的重要组成部分，五公村在建立了抗日民主政权后，又相继成立了工、农、妇、青等各种抗日群众团体。随后，五公村实行了减租减息，推行"合理负担"制度，地主富农为逃避抗日负担，开始把不良的田亩贱价当给贫农、下中农，阶级关系开始有所变化。根据1943年五公村人口地亩登记草册，我们来分析抗战时期的情况。按照村落聚居和居民分布情况，五公村分为三个片区，即东头、西头和街北，分别列表如下：

表1：1943年饶阳县五公村人均耕地面积分层统计表（东头）

人均耕地按数量分段（亩）	各分段户数	各分段人口数	各分段占有土地数（亩）	各分段土地数占土地总数比例	各分段人均土地数（亩）
0—1	4	18	13.759	1.5%	0.764
1—2	74	328	476.761	51.3%	1.454
2—3	40	140	339.512	36.6%	2.425
3—4	10	22	73.562	7.9%	3.344
4—5	2	3	12.38	1.3%	4.127
5—6					
6—7	1	2	12.66	1.4%	6.33
合计	131	513	928.634	100%	

说明：一、东头登记册中共统计135户。其中葛义田、李鹤鸣两户有地亩数而没有人口数，李保元属无地户且不在村居住，崔坤明户属外村人在本村有地1.33亩，由本村东头他的外甥董春来耕种。以上4户未计入统计表，所以表中共有131户。二、登记册统计五公村东头共有501人（男253，女248），但本书将各户人口相加为513人。三、登记册统计东头共有耕地927.275亩，没有分等统计，另有场地10.691亩，庄基地32.631亩，树地7.177亩；但本书将131户地亩数相加为928.634。四、关于人均土地分段，如农户人均土地为整数，如李怀义家3口人，土地3亩，人均1亩，则分段时本着就高的原则，归入人均1—2亩段，全村均按此原则统计。

---

① 《五公合作化、公社化运动二十年史料Ⅰ》（1943—1952），五公村档案，档案号：76 - 1963永 - 201，饶阳县档案馆藏。

表 2：1943 年饶阳县五公村人均耕地面积分层统计表（西头）

人均耕地 按数量分段（亩）	各分段户数	各分段 人口数	各分段占有 土地数（亩）	各分段土地数占 土地总数比例	各分段人均 土地数（亩）
0—1	3	12.5	10.195	2%	0.816
1—2	50	216	321.408	64.1%	1.488
2—3	23	67.75	150.877	30.1%	2.227
3—4	3	4	13.563	2.7%	3.391
4—5					
5—6	1	1	5.637	1.1%	5.637
合计	80	301.25	501.68	100%	

说明：一、西头登记册开头汇总共 68 户，实际登记 83 户。其中，周玉峰一户在外，地由别人耕种，徐延年、敬百忍两户没有人口数，故以上 3 户未计入统计表，表中共 80 户。二、原登记册耕地总数为 476.82 亩，共 284 人（150，女 134），场占地 1.693 亩，庄基占地 19.9529 亩，树地占 2.666 亩，外村地在本村地数内 5.44 亩。经统计：80 户共有 301.25 人，耕地总数为 501.68 亩。三、原登记表土地分等汇总统计情况：一等 3.666 亩，二等 38.419 亩，三等 219.338 亩，四等 135 亩，五等 27.833 亩，六等 44.469 亩，七等 4.726 亩，八等 1.45 亩，九等 1.33 亩，十等 12.573 亩，经计算合计 488.804 亩。

表 3：1943 年饶阳县五公村人均耕地面积分层统计表（街北）

人均耕地 按数量分段（亩）	各分段户数	各分段 人口数	各分段占有 土地数（亩）	各分段土地数占 土地总数比例	各分段人均 土地数（亩）
0—1	3	16	13.51	1.4%	0.844
1—2	37	178	285.016	30.9%	1.601
2—3	39	169	396.99	43%	2.349
3—4	11	45	147.872	16%	3.286
4—5	3	10	47.67	5.2%	4.767
5—6	1	6	31.852	3.5%	5.309
合计	94	424	922.91	100%	

说明：一、原登记册开头汇总共 79 户，实际登记 95 户，其中李兰珠一户没有人口数，故列入统计表的有 94 户。二、原登记册统计，共 424 人（男 211，女 213），庄基 28.224 亩，场地 12.976 亩，树地 8.06 亩，种地总数 885.4226 亩。三、原登记册土地分等情况：一等 13.04 亩，二等 137.82 亩，三等 295.8 亩，四等 205.1 亩，五等 124.828 亩，六等 47.768 亩，七等 28.03 亩，八等 6.19 亩，九等 1.06 亩，十等 6.46 亩，十一等 7.256 亩，经计算合计 873.352 亩。

将以上三表汇总、计算，可得出全村的总表如下：

表4：1943年饶阳县五公村人均耕地面积分层统计汇总表

人均耕地按数量分段（亩）	各分段户数	各分段人口数	各分段占有土地数（亩）	各分段土地数占土地总数比例	各分段人均土地数（亩）
0 – 1	10	46.5	37.464	1.6%	0.806
1 – 2	161	722	1083.185	46.1%	1.5
2 – 3	102	376.75	887.379	37.7%	2.355
3 – 4	24	71	234.997	10%	3.31
4 – 5	5	13	58.85	2.5%	4.527
5 – 6	2	7	37.489	1.6%	5.356
6 – 7	1	2	12.66	0.5%	6.33
合计	305	1238.25	2352.024	100%	

根据表4可知，1943年五公村人均耕地为1.899亩，比1963年调查统计的全面抗战前人均耕地3.2亩少1亩多。根据前面人地比例临界点的分析，如果仅仅依靠农业收入则不能维持基本粮食需要求。如果以人均3亩为界，人均少于3亩的有273户，占总户数的89.5%；人均3亩及以上的仅有32户，占总户数的10.5%。也就是说，抗战后期，五公村有将近90%的家庭人均耕地达不到满足基本粮食消费的人地比例临界点。

土地分配的分段情况：人均低于1亩的有10户，占总户数的3.28%；人均1—2亩的有161户，占总户数的52.79%；人均2—3亩的有102户，占总户数的33.44%；人均3—4亩的有24户，占总户数的7.87%；人均4—5亩的有5户，占总户数的1.64%；人均5—6亩的有2户，占总户数的0.66%；人均6—7亩的1户，占总户数的0.33%。其中，人均1—2亩的户为数最多，2—3亩的户数次之，这两类户总共263户，占总户数的86.2%，共占有土地1970.534亩，占全村土地总数的83.8%。也即全村绝大多数农户的人均耕地在1—3亩之间。

再从每户拥有土地的数量来看，全村共有305户，共有土地2352.024亩，通过计算得出每户平均拥有土地7.712亩。其中，户均20亩以上的只有7户，

7 户当中超过 30 亩的有 3 户，最多的一户也没超过 40 亩。在这些土地"大户"中，除一户在西头外（杨万贤，全家 12 口人，共 20.985 亩），其他六户均在街北：李春荣全家 8 口人，拥有土地 30.19 亩；李真雅全家 8 口人，拥有土地 39.65 亩；李海泉全家 9 口人，拥有土地 27.246 亩；张林全家 6 口人，拥有土地 31.852 亩；李法生全家 8 口人，拥有土地 22.96 亩；李因普全家 10 口人，拥有土地 24.846 亩。东头没有拥有土地超过 20 亩的户，只有两户比较接近 20 亩，即乔世品和耿铁箱家，乔世品全家 10 口人，拥有土地 19.85 亩；耿铁箱全家 6 口人，拥有土地 18.563 亩。

以上情况表明，在抗日战争后期（1943 年），五公村的土地分配状况并不集中，而是呈现出相对分散的特征，属于华北地区比较典型的小农经济社会，但人均耕地数量却比较低。

从五公村三个聚落片的比较来看，东头的户数、人口和耕地总数最多，街北次之，西头则最少。从人均耕地数上看，街北片最高，为 2.177 亩；西头片最低，为 1.665 亩；东头介于中间，为 1.81 亩；东头和西头都低于全村人均数。从人均土地分段上看，东头与西头人均 1—2 亩的农户数所占比重最大，均占各自片区总户数的一半以上，分别占 56.5% 和 62.5%；人均 2—3 亩的户数，东头和西头分别占各自总户数的 30.5% 和 28.8%。可以看出，这两个片人均 1—2 亩的户数明显多于人均 2—3 亩的户，大体上前者是后者的两倍。与东、西两片明显不同的是，街北片人均 1—2 亩的户数与 2—3 亩的户数基本持平，分别占本片总户数的 39.4% 和 41.5%，人均 2—3 亩的户稍多。

需要指出的是，在人均 3 亩以上的 32 家农户中，有一类户应该引起特别注意，即 1—2 个人的户，以寡妇居多，还有鳏夫和孤儿户。这样的户数几乎占了人均 3 亩以上户的一半。这类户虽然人均耕地相对较多，但总量有限，且一般都缺乏生产工具和劳畜力，自家多不具备独立耕种的能力，所以他们的耕地大多数以出租或依靠亲友耕种为主。

二、互助合作组织的建立与发展

1. 土地合伙组

恶劣的生态环境，不合理的人地关系，落后的生产力水平等诸多因素，使五公村始终处于衰败状态，加之当时的战争环境，村民得一温饱都显艰难。

在 20 世纪五六十年代有关五公村的调查中，"过去这村人多地少，是个穷村"是一个基本的共识。耿长锁在 1957 年的一次报告曾说，"我村过去是一个很贫困的村庄，周围五六个村庄论土质来说数这个村子里不好，因此过去流传着'大风刮，流沙跑，旱地多，土质薄'的口号，绝大部分的农民缺牲口、少农具，耕耘不当。平常年头收来的粮食不够维持最低的生活，所以一年到头过着糠菜半年粮的生活。"① 因此，在简单再生产难以维生的情况下，组织起来，开展互助合作，发展农业生产就成为当时五公村民谋求生路的一个十分强烈的现实需要。

根据五公人民公社二十周年搜集整理的《五公合作化、公社化运动二十年史料I》（1943—1952）可以大体了解五公村互助合作组织建立的基本过程。② 1942 年，侵华日军在冀中进行了"五一大扫荡"，五公村正处于"扫荡"的最后合击圈里，受损极大。此后，侵华日军又不断举行"清剿扫荡"。至 1943 年时，饶阳又逢干旱，一直到二伏才下了透雨。绝大多数播种的玉米刚灌粒就遭寒流袭击而冻死，结果籽粒无收。另有调查称，"在这天灾寇祸的摧残下，五公村全村 320 户，卖土地者 101 户，卖农具、衣物者 218 户，因饿而病者 57 人，死者 15 人，卖儿卖女别夫改嫁成为平常现象，牲口由 90 头减到 27 头，群众生活和生产都感到极大困难。"③ 而中农李亨通的 7 亩旱地却每亩收获了约 250 多斤谷子，与正常年份相差不多。李亨通在旱情之下还能丰收的情况极大地震动了村民。在村民们看来，李亨通之所以能丰收主要还是在于他家农具齐全、劳力足，且本人又是种地能手。李亨通见天旱不雨，就提前耕耙，保住墒情得以及时播种。为避免谷苗出来以后因土壤水分损失过大旱死，他就一连锄了六七遍地。等到二伏天连下几场透雨，谷苗立刻长得十分苗壮，最后获得丰收。然而，多数村民并没有这样的生产力条件，有的甚至劳力都显不足，组织起来进行生产也就再次成为现实所需。

由于饶阳是冀中根据地的重要组成部分，中国共产党的组织基础较好，

---

① 《饶阳县五公农业生产合作社超过富裕中农生产水平的经验——耿长锁同志在社会主义建设农业积极分子会议上的报告》（1957 年 11 月 20 日），档案号：2 - 1 - 51 - 13，饶阳县档案馆藏。

② 下面所述除特别注明外，其余均引自《五公合作化、公社化运动二十年史料I》（1943—1952），五公村档案，档案号：76 - 1963 永 - 201，饶阳县档案馆藏。

③ 《河北省饶阳县五公村农业生产合作社调查材料》（饶阳县人民政府翻印，1952 年 1 月 15 日），档案号：76 - 1952 - 永 - 2，饶阳县档案馆藏。

建立了较为完备的基层党组织。1943年麦秋间，饶阳县报社就翻印了毛泽东的整风报告。此后，县委又组织各级干部学习毛泽东的"组织起来"等文件，提高了他们的思想水平和建设根据地的能力。该年冬初，饶阳县委又根据中共中央的指示精神，提出了"组织起来，生产渡荒"的口号，广泛发动群众。县政府财政科长刘孚斋在五公村组织了"隐经组"（隐蔽经济斗争组），通过贷粮，组织贫苦群众开展冬季生产。该"隐经组"由五公村教委主任耿秀峰、财务干部张万辰、公安员张振生三人组成。当时该村发动群众的口号是：勤的拉着懒的，能干的带着不能干的，组织起来，大家过好日子。由此全村组成了八个副业生产组：打绳组，共4户，贷粮200斤，组长乔万象；纺线织布组，共12人，贷粮300斤，组长李敬华；木厂组，共4人，贷粮350斤，组长徐福裕（玉）；磨面组5人，贷粮300斤，组长李元明；轧花组，共4人，组长杨管；小油坊三个组，共22人，贷粮450斤，组长张万辰。[①]

虽然这些互助合作组织在开展冬季副业生产、帮助群众渡荒方面发挥了作用；但随着第二年春季春耕农忙的到来，农业生产与副业和小商业活动产生矛盾，之前组织起来的副业生产组大多散伙。而乔万象的打绳组因之前在渡过荒年时帮助很大，各户也都愿意继续合伙打绳。为解决农副业生产之间的矛盾，在刘孚斋和耿秀峰的推动下，该组转为"土地合伙组"，也就是将组内各家土地合起来耕种，农副业统一使用劳力，统一分红。这不仅解决了农副业生产的矛盾，也一定程度上解决了劳力与生产工具的不足。

在此四户中，中农李玉田因土地较其他三户为多，自感吃亏就退了组。随后不久，在耿秀峰的介绍下，耿长锁参加了进来。如此，便仍是四户，也就是后来人们所说耿长锁农业合作社早期创建时的"老四户"。各户的具体情况为：芦墨林，贫农，军属，6口人，在家4人，有9亩土地；李砚田，下中农，3口人，有4亩土地；乔万象，党员，中农，6口人，有15亩土地；耿长锁，贫农，打绳工人，7口人，有12亩土地。全组共有耕地40亩，22口人，4个青壮年劳力，没牲口和大车，农具也很不齐全。[②] 由此来看，合作组

---

① 《五公合作化、公社化运动二十年史料Ⅰ》（1943—1952），五公村档案，档案号：76 - 1963永 - 201，饶阳县档案馆藏。

② 《五公合作化、公社化运动二十年史料Ⅰ》（1943—1952），五公村档案，档案号：76 - 1963永 - 201，饶阳县档案馆藏。

的各户生产力水平均较为低下，但充分发挥了互助合作的优势。在当年该地区遭遇春荒，其他村民或变卖土地或变卖其他财产的情况下，该土地合伙组仍保持农业生产，并能够以打绳副业补助家计和农业生产，不仅"一件东西都没有出卖"，还"天天有粮食吃"。① 在 1952 年对五公村农业生产合作组的典型调查中，五公村村民对此有着较为详细的描述："在春耕时白天 9 个人用镐镐地，晚上纺经子。不会打绳的妇女下洼锄地，不入学的小孩子拔草喂羊。副业上赚了钱买一二斗粮食几家分用，大家早起晚睡辛苦劳动，虽然是掺糠吃菜谁家也没断食粮。1944 年抗勤很多，别家无法做买卖，他组人很多，地也能锄，抗勤买卖两不误。全村比他们很好的户，都出卖了衣服农具，他们四户一点东西也没有卖，各户都有富余。同时，爱赌钱的李砚田也不赌钱了，抗属芦墨林家庭也和睦了。"②

另一方面，土地合伙组也得到中国共产党地方基层党组织的重视和直接物资支持。区委书记靳树芳曾把拆敌伪岗楼的砖拨了 3000 块给合伙组，他们用这些砖垒起猪圈，养猪积肥。同年 7 月，饶阳县大队截击敌人缴获一头骡子，交土地合伙组喂养，他们第一次有了牲口。

2. 农业合伙组

1944 年麦收时节，为了避免发生各种抢麦事件，五公村在村党支部的组织领导下将全村劳力统一组织起来护麦收麦，并成立了记工组、包工组、互助组，这样全村组成三个大记工收麦组，一个小记工收麦组，另有包工组一个，互助组十七个。短短七天时间就做到了全部地净场光，不仅家家未受损失，而且部分没种麦子的农户也能分到几十斤粮食。这极大地增强了村民对互助合作的兴趣，也使他们更贴切地看到了其好处，对此后该村互助合作组织的发展起到了一定的推动促进作用。耿长锁土地合伙组秋后结账时，除去平日借支，家家仍有余钱，且秋收每亩平均产粮 220 斤（麦收不算在内），就更加吸引了村民加入互助组的兴趣，越来越多的人要求加入土地合伙组。虽然耿长锁等四户对其中一些户的加入多有顾虑，也曾劝其另行成组，但到秋

---

① 《五公合作化、公社化运动二十年史料 I》（1943—1952），五公村档案，档案号：76 - 1963 永 - 201，饶阳县档案馆藏。

② 《饶阳县五公村农业生产合作组典型调查》（1952 年），档案号：76 - 1 - 5 - 3，饶阳县档案馆藏。

季时，合伙组仍吸收了 13 户，规模由 4 户扩大到 17 户。①

与此同时，五公村在讨论土地合伙组地劳分红时，采纳了八专署财政科派往五公村工作组的建议，即按减租减息政策的规定，地主得三七五、佃户得六二五，抗日负担双方负责；土地合伙组没有佃户一方，就完全由地户负责。土地合伙组也改名为"农业合伙组"，制定了新的章程。耿秀峰被选为大组长，耿长锁为打绳组长，乔万象为会计。新的合作组共 17 户，88 人，228亩地，内有园田 10 亩；上中农 1 户，中农 5 户，下中农 5 户，贫农 6 户；共有老骡子 1 匹，牛 3/4 头，大车 3 辆，楼犁耙盖齐全；有全套木匠工具、打绳工具、做豆腐工具和磨香油工具。在此影响下，五公村共组织起 3 个土地合伙组，19 个各种副业生产组，共 98 户，占全村总户数的 27%。②

1945 年 5 月，因耿秀峰被调到区供销社筹备会工作，耿长锁被选为农业合伙组大组长。然而，由于之前该合伙组规模扩大太快，加之分红办法改变，在随后的发展过程中，产生了一些矛盾，出现了组员退组现象。对此，耿长锁等分析认为，组员退组原因有这样几方面：（1）"今年迈的步子大了，由四户到十七户，也没经验，什么脾气的人也有，以后迈步小些。"（2）"一是人的脾气，二是地分的少些，除了纳公粮剩不多点玩意。"（3）"妇女出工太少，有的总不愿妇女出工，他们总说妇女工多男的分的少。"（4）"今年办这么大组，谁也没经验，是个试验，证明户多些人的脾气不一样，就是领导费点劲也能坚持下来。今年试验证明，成功了一半，对劳力多的户没有问题，对劳少地多的户还不适合。"③

到 1946 年时，耿长锁农业合伙组剩下 9 户，有一骡一牛一驴，土地 109亩。合伙组还对章程进行了一定的修改，主要是把地四劳六分红制，改为地六劳四分红制；又因物价波动，把副业资三劳七分红制，改为资四劳六分红制；妇女记工提高到八成（因早晨在家做饭）；以吸引中农的参加。此外，除耿长锁农业合伙组以外，五公村其他的合伙组织还有 1 个土地合伙组，3 个农

---

① 《五公合作化、公社化运动二十年史料Ⅰ》（1943—1952），五公村档案，档案号：76 - 1963永 - 201，饶阳县档案馆藏。

② 《五公合作化、公社化运动二十年史料Ⅰ》（1943—1952），五公村档案，档案号：76 - 1963永 - 201，饶阳县档案馆藏。

③ 《五公合作化、公社化运动二十年史料Ⅰ》（1943—1952），五公村档案，档案号：76 - 1963永 - 201，饶阳县档案馆藏。

业拨工、副业合伙组织，11 个副业生产组。吸取教训，耿长锁农业合伙组在吸收新组员时采取了稳步发展的方法。至 1947 年时，该合伙组共有 12 户，55 人，123 亩地，副业资本 16999 斤米，3 匹骡子，1 辆大车。此后又陆续吸收了部分村民入组，到 1949 年时，该组共有 16 户，186 亩地，5 匹骡子、1 匹马，副业资金 25244 斤米，7 口猪。① 实际来看，此时的稳步发展是符合情况的，避免了条件不成熟时因急于扩大规模而产生诸多矛盾，影响互助组织的健康发展。之前五公村其他合伙组的解散也即说明了问题。1943—1949 年间耿长锁合伙组的变化情况如表 5 所示：

表 5　耿长锁合伙组 1943—1949 年间历年组员、人口、土地变动表

年份	入组户	出组户	在组实户数	人口	土地（亩）	牲口（头/匹）	大车（辆）
1943 年	芦墨林　乔万象　李砚田　李玉田	无	4			无	无
1944 年	耿长锁	李玉田	4	22		无	无
1945 年	李辉廷　耿秀峰等 13 户	无	17	88	228	4	2
1946 年	无	李连柱等 8 户	9	42	104	3	无
1947 年	张觇　芦古楼　刘树方	无	12	46	128	3	1
1948 年	李坦子　李孟杰　李根立	无	15	55	181	6	2
1949 年	李连柱	无	16	64	186	6	3

　　资料来源：《河北省饶阳县五公村农业生产合作社调查材料》（饶阳县人民政府翻印，1952 年 1 月 15 日），档案号：76 - 1 - 5 - 2，饶阳县档案馆藏。

3. 农业生产合作社

　　1951 年，耿长锁农业合伙组发展到 18 户，有 82 人，218 亩土地，7 匹大骡子，1 匹马，大车 3 辆，又盖房 3 间，农具齐全；社员投资折合米 66540 斤。当年春季，耿长锁合伙组正式改名为"耿长锁农业生产合作社"。②

　　1952 年 2 月，政务院颁布《中央人民政府政务院关于一九五二年农业生

---

　　① 《五公合作化、公社化运动二十年史料 I（1943—1952）》，五公村档案，档案号：76 - 1963 永 - 201，饶阳县档案馆藏。

　　② 《五公合作化、公社化运动二十年史料 I》（1943—1952），五公村档案，档案号：76 - 1963 永 - 201，饶阳县档案馆藏。

产的决定》，其中要求"在全国范围内，应普遍大量发展简单的、季节性的劳动互助组；在互助运动有基础的地区，应推广常年定型的、农副业结合的互助组；在群众互助经验丰富而又有较强骨干的地区，应当有领导、有重点地发展土地入股的农业生产合作社。"该《决定》还要求，"老解放区要在今、明两年把农村百分之八、九十的劳动力组织起来，新区要争取三年左右完成这一任务。"① 饶阳属于革命老区，根据中央精神，中共饶阳县委为加强对耿长锁农业生产合作社的领导，从县农林局调干部常驻社工作。4月，作家胡苏兼任中共饶阳四区区委副书记，常驻耿长锁社；省农林厅特派农业技术员张书俊驻社指导技术工作。6月，省农林厅派耿秀峰回五公村专门开展农业合作运动工作。

1952年3月底至9月中旬，耿长锁跟随中国农民访苏代表团访问苏联，访苏之行对耿长锁有很大的触动，他在饶阳县多场群众大会上对群众进行了两条道路的教育和生产集体化优越性的宣传，并在秋收后筹备成立了全村加入的大社。而村民也寄予了很大期望，耿秀峰在给上级组织的一份报告这样描述到："一般群众高兴地说：长锁回来了，咱村还得变变样。今年这些社，明年得并并，后年差不多成集体农庄了，别的村还要跟咱们学。""单干农民参加社的要求更迫切了……现在不是群众不愿入社，而是只怕社方批不准觉着太难看而不好意思提入社了。"当时五公村内其他农业社的社长也多表达了想跟耿长锁社合并的意愿。由此，耿秀峰向省委农村工作部、省农林厅写报告，提出要扩大耿长锁农业生产合作社，他说，"根据以上情况，耿社发展到百户上下是较容易的。如果再加一段艰苦工作争取全村建立一个大社也是有可能的。"②

在大社筹备过程中，各方面都有自己的看法和要求。起初由村的主要干部和较好的小社社长组成的筹备委员会考虑全村成立一个大社，因当时时机还不够成熟，遂提议全村成立四个大社。一些村社干部认为"大社好是好，就是怕没有经验办不好"。而村民们的态度也分为三类，他们将其总结为"三

---

① 中共中央文献研究室编：《建国以来重要文献选编》第3册，中央文献出版社2011年版，第66页。

② 《关于扩大耿长锁农业生产合作社的意见向省委农村工作部省农林厅的报告》（1952年秋，耿秀峰），档案号：76－1－5－6，饶阳县档案馆藏。

痛快、三个怕、三大犹豫"，分别代表了积极的、随大流的、动摇的。其中，"三痛快"是指，"一是，土地连成一片，又得耕又得种，也省得为地边吵嘴、打官司；二是，青年们认为在一块干活，说说笑笑干活有劲又痛快；三是，孤老户认为有了依靠，入社松心多活几年。""三怕"是指，"一是，小社还有问题，大社人多心不齐，百姓百脾气，怕闹不好；二是，妇女们认为入了大社不如在小社里使牲口方便，怕人推碾磨；三是，既怕把自己原来的组社编散了又怕编进不对自己心的人。""三大犹豫"是指，"一是，年岁大劳力弱的怕入社不够吃，不参加自己喂不起牲口，顾虑大社成立后没处借；二是，有手艺人怕参加社后不自由，不参加又怕受孤立；三是，土地多自车自牛的富裕户入社怕吃亏，不入社又怕别人说他落后。"[1]

　　经过前期 42 天的宣传酝酿，便进入了签名表示入社态度的阶段。筹备委员会委员们认为，建立大社与组织小社不同，一个几十户的小社当面协商即能组成，成立几百户的大社就需要通过签名来表示入社态度的形式。签名的过程也非仓促间完成的，要求签名前各户开好家庭会议充分讨论是否入社，酝酿成熟后以组社为基础，以户为单位进行签名。签名时间则长达四五天，以免发生思想不通盲目签名现象。实际上，则经过长达 8 天的三次签名才得以完成这一阶段的工作。虽然经过前期较长时间的宣传酝酿，多次的解释与说服教育工作，在签名时仍有部分村民或犹豫不决或干脆阻拦家人签名，以至产生家庭矛盾。其后便是民主讨论、批准社员阶段，其方式是把所有签名的社员登记后拿到小组让群众讨论。但也出现了审查过严牵扯面过宽的偏向，把一些有个性，有不正确男女关系的，甚至个人之间有意见的都提出来了。经过纠偏，最后审查出不够入社条件的 26 人。再次就是社章的讨论，大社筹备委员会首先将若干具体问题提出来，拿到小组进行讨论，制定办法。这个过程需要解决的一个很重要的问题，就是避免只从个人利益出发的本位思想作祟。其解决的途径主要是在讨论问题时，领导上预先提出意见，首先在党内贯彻，党员领会后，再在群众中讨论，以做到思想一致，规章合乎政策、公平合理。社章的制定做到了有章可循，接着便是社领导的产生，其方法则是事前酝酿，分组讨论，大会通过的选举办法。根据社章规定的组织形式，

---

　　[1]　《大社是怎样建立起来的》（1953 年 12 月 27 日），档案号：76－1－6，饶阳县档案馆藏。

明确社内需用的干部数量和职务，让群众去进行讨论选举。社内的组织有社务管理委员会，设正社长 1 人，副社长 2 人，下设农业股正、副股长，副业、会计、总务、林业、畜牧、文教股长共 11 人；并设监察委员会，设主任 1 人，委员 4 人。最后就是生产队的划分。他们采取了以 20 户左右为一个生产单位，根据住址远近，以原来巩固的组社为基础的方法来划分生产队；共划分出 13 个生产队，在管委会统一领导下进行生产。①

最后全村 425 户有 401 户登记入社。11 月 8 日大社成立会召开，正式选举出了正、副社长及其他干部，耿长锁被选为社长，张振生、耿书普为副社长。河北省委农工部部长李子光、省农林厅长张克让参加了成立大会，反映出当时河北省对耿长锁农业生产合作社引领示范作用的重视程度。

实际上，大社的成立也引起了较大的争议。1953 年 1 月，《中国农报》报道了保定专区党委 5 名委员指出包括五公村在内的三个大社存在的主要缺点：在没弄清如何使用劳力之前，就把劳力组织起来导致有的村民无事可做，如村民李良桂看到别人报名，自己也勉强报了名；还有的卖掉牲口，砍下自己的树，害怕被充公。报道中建议，应把合作社限制在 100 户之内，其他地方不应轻率地冒进到大规模的合作社。4 月，河北省农村工作部接到华北局打来的电报，其中反映邓子恢认为"耿长锁合作社太大了一点"的意见。而此前不久，中共河北省委第二书记马国瑞则在视察五公村大社时鼓励把大社办好。对地方上出现的办大社分歧，随后中央委员会决定，纠正农业社会主义改造中的"急躁冒进"。②

大社成立过程中就在内部存在或多或少的各类问题。比如社队干部产生过程中存在的个别干部争私利和地位、部分人搞私人拉拢、选举后群众对部分当选干部不满等。在划分生产队时，未能充分考虑人与人之间关系的融洽与否，将相互之间有矛盾的几个人编在了一个队，也有个别人因性格不好或是手头不清，出现哪个队都不想要的问题等。正是由于大社问题十分复杂，又无借鉴，驻村干部很焦急，翻阅了政治经济学及访苏文件，均无适合办大

---

① 上述资料均引自《大社是怎样建立起来的》（1953 年 12 月 27 日），档案号：76 - 1 - 6，饶阳县档案馆藏。

② 转引自庞琳《国家与农民的关系研究——以耿长锁农业合作社为例（1943—1957）》，河北大学 2011 年硕士学位论文，第 21 页。

社的现成办法。而在耿长锁农业合作社内部也因缩减开支，撤销了总务处。①五公村大社的成立应该是耿长锁农业生产合作社发展中非常重要的一个环节，为其此后由初级社向高级社的正式转变奠定了基础，也相当于一次预演。但在此过程中也暴露了许多问题，对其进行必要的整顿也就在情理之中了。

1953 年 2 月 15 日，中共中央将 1951 年 12 月所发《关于农业生产互助合作的决议（草案）》改为正式决议，《决议》强调了各地发展的不平衡性，指出互助合作运动是在具体的曲折的道路上前进着的；《决议》批评了不问群众的条件和经验如何，企图用抽象公式去机械地硬套的行为是错误的，是会损害互助合作运动的发展的；同时决议还根据运动发展的一般规律和发展农村生产力的必要性，制定了稳步前进的方针。② 根据中央精神，1953 年 4 月 11日，河北省委农工部副部长郭芳率省委工作组 21 人到五公村进行整社，工作25 天，有 114 户退社，部分村民另组成了小社。在退社的 114 户中：第一类是土地多、牲口壮、农具全、劳力少的富裕中农，有 58 户，以劳力为主分红的办法损害他们的利益。第二类是土地不多、劳力很弱的人；或嫌社内做活太紧张不自由，出社自由安排劳动的人；或只有少量土地，在社内劳力弱挣不上工的人，他们觉得土地分红不多，怕生活没法维持，出社后投亲靠友还能种地，收获归己还能勉强维持，共 24 户。第三类是劳力特强、技术优越，在社内怕吃亏，出社后想发财的人，有 13 户。第四类是有一定手艺（木匠、绳匠等）的人，有 16 户，他们觉得在社不自由，出社外出挣钱谋取生活。③

整社工作组制定了对出社户的财产处理意见：（1）麦田：出社后自己原数带出，经过社加工的拿加工费。（2）已播种地，根据出社户自愿，负担种子费，如愿另改种，种子损失归社，由社上报。（3）社打成的井，在出社户地内，如愿要井者，可负责打井贷款，不愿要者，可与社换地或是用水拿水费。（4）出社户地，有的挖成井框，可与社换地，可以自填，用工由社补偿上报。（5）出社户地，经社加工者，如平整、耕、耙、耩等，可以与社换工，

① 《五公合作化、公社化运动二十年史料Ⅰ》（1943—1952），五公村档案，档案号：76 - 1963永 - 201，饶阳县档案馆藏；《大社是怎样建立起来的》（1953 年 12 月 27 日），档案号：76 - 1 - 6，饶阳县档案馆藏。

② 中共中央文献研究室编《建国以来重要文献选编》第 2 册，中央文献出版社 2011 年，第 454 页。

③ 《关于整顿耿长锁农业生产合作社的初步总结》（1953 年 5 月 1 日），档案号：76 - 1 - 9，饶阳县档案馆藏。

也可以秋后交纳加工费。（6）出社户的地由社起土者，社补肥料，挖成的坑由社填平，或与社换地种。（7）出社户地已育上树苗，愿经营者可交社种子费和加工费，不要树苗可与社换地。（8）出社户地已栽上防风林，由退社户自由处理，要不要都不纳报酬，损失由社上报。（9）出社户的地由社施上的肥料，由地户交社肥料款。（10）出社户的牲口由出社户带走，如瘦过多，由社补偿一部分款。如牲口已由社出售，还给同样质量的牲口，或按原价付款。入社后产的小驹，由出社户带走，交社一部分繁殖费。（11）农具原物退回，坏了由社修理。（12）已经喂牲口的草料，按标准亩负担。①

对此次整社，时任饶阳县委书记、驻社工作组耿秀峰和王玉崑、五公村党支部书记张振生、社长耿长锁都有不同程度的抵触情绪。整社后，省委派的驻社工作组留驻五公，直属省委农工部、省农林厅领导，每月向省汇报工作情况。整社也产生了很多遗留问题，合作社内又重新进行了整顿，把原来16个队合并成13个队，调整了牲口、农具、土地，推行了财务包干，② 又采取副业下放生产队经营，园田与生产队实行了定额包干。此次整顿解决了之前的一些混乱现象和复杂问题。

1954年1月，耿长锁农村生产合作社的入社社员又有所增加，全村426户，有395户入社。随后，大社进行了民主选举，耿长锁连任社长，乔利广、张振生、耿书普、乔文枝（女）任副社长，并将13个生产队调整为11个队。在经营管理上，则学习了晋县周家庄的经验，在以产定工的基础上，改进为"包工包产、超产奖励"的办法。此后又有村民陆续入社，至年底，社外只有7户单干。

1955年11月，毛泽东的《关于农业合作化问题》的报告传达到五公村，经上级批准，五公村半社会主义的农业合作社可转为取消土地分红的高级社。根据当时的调查，耿长锁农业生产合作社具备转为高级社的条件，主要原因包括：（1）1940年冀中区党委宣传过苏联集体农庄的优越性，1952年耿长锁访苏回国又具体介绍了苏联集体农庄的情况，人们对其抱有相当的期望。（2）

---

① 《五公合作化、公社化运动二十年史料Ⅰ》（1943—1952），五公村档案，档案号：76－1963永－201，饶阳县档案馆藏。

② 《耿长锁农业生产合作社关于财务管理定额包干暂行办法》（1954年8月31日），档案号：76－1－6－19，饶阳县档案馆藏。

牲口、大型农具、水井、水车及股份基金等共有 16000 元新币的公共积累，土地分红所占比例减少，由之前的地 6 劳 4 改为了地劳对半再到定额比例分红、超额奖励劳动，土地分红最多每亩不超 130 斤，土地私有观念较此前淡薄。（3）培养了以贫农为优势的领导骨干，全社 71 名干部中，贫下中农和新中农成分的就有 57 名。（4）在经营管理和劳力组织上，由"按日计工"，到"死分死计""死分活评""季节包工""长年包工""包工包产"，在财务管理上有一套较完整的"财务包干"和财务审批制度。①

虽然当时五公村大多数社员赞同由初级社转为高级社，但仍有 104 户虽有所顾虑但没多大意见，22 户劳力少地多的上中农顾虑最大，主要还是对取消土地分红无法适应，自感损失较大。其当时面临的主要问题有这样几个方面：（1）宣布土地为全社所有，以及弄清社员自留地的数目和村边树林地、场地等土地问题的解决。（2）发动社员评劳力出工数及评出受社补助的户及其户的出工数，确定补助的数量。（3）评定劳力搞好分级定额，使今后的劳动日报酬更加合理。（4）调整一个生产队及现有队与队之间土地悬殊问题，并拟定菜园及畜牧业的专业人员。（5）解决水车水井及个体生产资料公有，作为高级社的股份基金，并将旧账结算好向社员公布，树立新的制度。② 经过不断的思想教育，1956 年元旦，五公农业生产合作社正式转为高级农业生产合作社，简称高级社。五公村全部村民也都加入了高级社，之前的 11 个生产队也改为 10 个生产队。

五公村在由初级社转为高级社时也大体上经历这样的几个步骤：（1）大力宣传，解决社员思想顾虑。其方法是，先党内反复贯彻讨论，再支委包队，党团员包户，分片包干，固定任务，挨门逐户进行宣传教育，做到户户皆知，人人通晓，使全乡农民走上完全社会主义性质的农业生产合作社；再挑选有说服力的党员干部，对地多富裕农民通过算账方法解决思想顾虑；最后召开贫下中农、积极分子大会，妇女会、青年会，中农和上中农会，贯彻阶级教育，让他们起到带头作用。（2）宣传的同时，由乡总支吸收管委会干部制定

---

① 《饶阳县五公乡农业生产合作社是怎样由低级社过渡到高级社的》（1955 年），档案号：76 - 1 - 14，饶阳县档案馆藏。

② 《五公乡农业社关于过渡高级社的计划报告》（1955 年 11 月），档案号：76 - 1 - 14，饶阳县档案馆藏。

高级社的章程及转社的一些问题的处理。制定后，有党内到党外反复讨论再行修改定案。（3）章程制定后，进入实际问题解决阶段，拟定由初级社转高级社中各种问题的处理办法。（4）宣布高级社的正式成立，选出高级社的正副主席及其他领导人员。[①]

1958 年 9 月 7 日，由五公、小堤、北善、西里满四个乡 35 个村，合并成五公人民公社，耿长锁被选举为社长，五公村成为公社的一个生产大队。12月，公社调整组织，五公村和园子村合并成一个生产大队，下设四个连，五公村三个，园子村一个。公社实行统一核算，五公大队的油坊、打绳、猪厂、烧窑、大车运输、木场、脚行等都归公社统一经营。

三、合作社的管理与经营

20 世纪 50 年代初，工作组对耿长锁合作组进行调研时，将其成功原因归结为很好的经营管理。事实上，经营管理的完善与否很大程度上影响甚至决定了农业合作组织的成败。1953 年 12 月，在耿长锁农业生产合作社十周年纪念大会上，中共河北省委农村工作部李子光曾将其 10 年来成功的重要经验总结为坚强的领导、完备的经营管理。他讲道，办好合作社，一方面领导干部要善于发挥集体的力量，充分听取群众意见，发挥大家的积极性创造性。另一方面经营管理是保证增产的重要一环，不断地增加生产，不断地增加社员收入，才能使合作社巩固扩大起来。而随着生产力水平的提高，合作社也要有一套新的经营管理办法适应形势的发展。[②] 在总结大社是怎么建立起来时，他们认为，之前小社存在的若干一时无法解决的矛盾是促使大社建立的一个重要原因。这些矛盾主要表现在：（1）随着村里组社单位增多，领导骨干的缺乏显得尤为突出，除要有好的领导人，还必须有一个头脑清楚的会计。有的互助组就是因为找不到会计，而无法从互助组转为合作社。（2）社组单位增多，领导骨干随之分散，村里 11 个支委，都在社里担任领导干部，产生了社里工作与村里工作的矛盾，导致许多干部因无法兼顾而忽视村里

---

① 《五公乡农业社关于过渡高级社的计划报告》（1955 年 11 月），档案号：76 - 1 - 14，饶阳县档案馆藏。

② 《中共河北省委农村工作部李部长在耿长锁农业生产合作社十周年纪念大会上报告记录》（1953年 12 月 27 日），档案号：76 - 1 - 10，饶阳县档案馆藏。

的工作。①

　　管理的发展完善，首要的便是体现在其有没有一套完善的规章制度。因此，从互助组到合作社发展过程中的规章变化大体可以反观出其管理能力和水平的演变过程。1944 春耕时，乔万象等的打绳组遇到农副业生产的矛盾。为兼顾农副业生产，便发展为土地合伙组，此后又制定了如下章程②：

　　为了发展生产，解决困难，使大家有活做。有饭吃，孩子们有书念，我们发扬同舟共济的精神，自愿组成土地合伙组。办法如下：

　　甲、土地方面：将全组所有土地合起来共同使用，地权仍归原主所有。总产数提 10% 为公积金，其余按人地对半分。人分一半，按工分，地分一半按富力分（即标准亩，下同）。为了养牲口，草不分。

　　乙、副业方面：各户所有资金集中起来共同经营，所得红利按 10% 为公积金外，其余按资四人六分，人分六成按工分，资分四成按出资多少分。

　　丙、公积金用来补亏空和买农具。

　　丁、记工：壮男劳力一般一日记一工，女的记六成工，如与男劳力有同样能力可和男劳力同样记工，小孩酌情记工或雇工。

　　戊、工具：各户所有工具集中使用，坏了由组修理。

　　己、年终结账有声明出组者，盈余按办法分给；半路出组可立刻结账，盈余部分。如有亏损，补足后方可退组。

　　庚、组织：设组长一人，会计一人，生产一人，副业一人。

　　　　　　　　　　　　　　　　　　　　　　　　　　　　1944 年 3 月

　　这个章程仍显得比较粗率，随着互助合作组织的不断发展，经营管理的经验也逐渐丰富，规章制度也渐趋完善。1951 年，耿长锁农业生产合作组的制度已经较为完备。

---

　　①　《大社是怎样建立起来的》（1953 年 12 月 27 日），档案号：76 - 1 - 6，饶阳县档案馆藏。
　　②　《五公合作化、公社化运动二十年史料Ⅰ》（1943—1952），五公村档案，档案号：76 - 1963 永 - 201，饶阳县档案馆藏。

合伙组织办法①

一、精神：为了解决生活上生产上的困难，恢复和发展农业生产，以团结合作互助的精神，做到大家生产发家，劳动致富，在自愿的原则下组织起来，求得共向发展。

二、业务经营：以农业为主兼作打绳打油等副业生产，其他副业需要经营者，经全体家庭代表会决议后随时开展。

三、合伙资本：

1. 土地：全组各户所有土地，共同使用，所有权仍属私有。

2. 工具：全组各户所有生产工具，共同使用，坏了由组修理，出组时保证完整归还，组内新制工具为全组共有。

3. 牲畜：全组所有牲畜，按壮弱大小每使一天记工一或二，畜力不足由组购买为组所有（现牲畜都是组有）。

4. 资金：自愿入股，现金实物均可。

四、劳力：根据不同技术与工作需要，由组长统一计划分配，根据劳动时间、劳动力强弱、技术不同，规定一般记工办法，时间以一天计。

1. 男子：15—17 岁记六成工，18—65 岁记整工，66—75 岁记八成工。

2. 女子：15—17 岁记五成工，18—35 岁记六成工（现改为八成），和男子有同等能力者和男子同样记工。

3. 具体执行：依实际工作效率，经全体家庭代表会评议可以增加或减少。14 岁上下的男女和 46 岁以上的妇女及老人，都可以参加劳动，并可采用包工、雇工、折工等方式给以报酬。

五、盈余分配及负担：

1. 土地：土地全部收益，除 5% 公积金外，60% 归土地所有，40% 归劳力。土地收益，按畜力数比例分配到户，负担由地户自己负担。为了伙养牲口，草不分，为组共有。

2. 副业资本：副业盈余除 5% 为公积金外，资分三成，劳分七成，资得三成按各户出资比例分配到户。

3. 劳力：农业收益四成、副业收益七成，合起来按各户总出工数分粮。

---

① 《河北省饶阳县五公村农业生产合作社调查材料》（饶阳县人民政府翻印，1952 年 1 月 15 日），档案号：76 - 1952 - 永 - 2，饶阳县档案馆藏。

六、公积金：为全组共有不得分配，必要时经全组通过可购买牲畜和农具。

七、出入组：以自愿为原则。

1. 出组：年终结账声明出组者，按章程如数分给盈余，但公积金不分，半途出组者，经全体组员同意后，可抽回原资金，如有盈余一概分给，亏损时按比例补偿。有犯严重错误者，经全体组员议决开除，按半途出组办法处理。

2. 入组：有申请入组者，须经全体组员同意后，方得入组。

八、组织领导：

1. 设正、副组长各一人，会计一人，社务一人，管理生产一人。下设农副业组，打油组、打绳组，妇女组，各组设组长一人，每年选举三次，连选得连任。

2. 会议制度：

（1）家庭代表会及全体会（也加入劳动者为限），为最高权力机关，每十天开会一次，一切重大问题及工作计划，由大会决议再由组长执行，必要时召开临时会议。

（2）小组会五天一次，讨论如何进行生产工作。

（3）家庭成员会每年三次（正月、五月、八月），报告生产成绩，奖励模范，选举组长，聚餐娱乐。

3. 财政制度：

（1）账目日清月结，每月底向代表报告一次财产情况及记工账目。

（2）每年终了总结账目一次，作出盈余分配。

（3）各户借款按全月米价平均数折实记账。

九、其他：

1. 医药费：为组内工作积极而疾病者，药费由组内补助一半。贫苦者经全体会议讨论通过可全部补助。

2. 房屋修理使用：房子原是坏的，组内贴工料修起由组使用，组住坏了由组负责，组内建新房由组所有，但地皮权仍归私有。

3. 结婚：组内赠帐子一顶，聘女赠衣一身，由组开支。

丧事：补助小米或小麦2斗，由组开支。

十、本办法之修改补充权属于全体家庭代表会。

与 1944 年的合伙组规章相比，该规章明显较为完备，不仅对土地劳力等资本规定得更加详细，还制定了执行办法，对组织领导也有了更加明确的规定，同时兼顾到了医疗、房屋修理等其他事项，并明确了规章修改补充的权限。合作组具体的工作方式和途径在 1951 年有关部门对五公村农业生产合作社的调查中有过较为详细的介绍，兹整理如下①：

合作社以全体组员大会为最高权力机关，每年于农历正月十五，五月节，八月十五定期举行三次，听取组长报告，并选举大组组长、副组长及生产组长等。组员大会后，以家庭代表会为权力机关，一切生产计划、工作计划及较大问题均由代表会讨论通过。每月开会一次，开会时报告一月账目、工数。另外，每十天开一次检讨会，检讨工作优缺点，每人进行批评与自我批评。1951 年又决定实行奖励模范，规定三个条件：积极劳动，服从组织领导，肯批评建议。每月家庭代表会上根据条件进行评选，给予口头或者实物奖励，年终总评一次，作为全组模范。组织分工上，除大组组长、副组长外（现在组长耿长锁、副组长魏连玉），分为农业组（组长李连柱）、打绳组（组长芦墨林）、打油组（组长张岘），各负本组责任，并设会计一人（乔万象）、事务一人（李根立），牲口的喂养、车辆的收拾也有专人负责。该组每年都是农历正月初六开工，一直到十二月底停工。每天从天亮就行动，除中午按季节略有休息外，一直做到天黑，晚上很自然地聚在公事房碰碰头，有事商量商量，无事自由停散，这些虽未明文规定，却已成为习惯。记工的办法是每天10 分工，早上 2 分，上下午各 4 分，常做工的人只记脱工，妇女儿童记实工，每月总工一次。工的强弱由组员民主评定，年终折成实工，按实工分红。分红是农业生产种什么分什么，副业生产以前是按钱分，1950 年改为折花生分批。他们平常各家的生活用品，多由组内统一购买，各自分批，用多用少各由自便，批后记账。如各家单独用款，得向组内暂借，有款也得交组浮存，最初曾规定借款有数目限制，但以后各人都能自觉，有余数便交组，用款时

---

① 《河北省饶阳县五公村农业生产合作社调查材料》（饶阳县人民政府翻印，1952 年 1 月 15 日），档案号：76 - 1952 - 永 - 2，饶阳县档案馆藏。

随时支借，实际上没有限制过谁，很方便。现在各家习惯多是自留极少零用外，余款都交组了，觉得比自己保存还放心。该组规定，每次全体大会聚一次餐，前几年只能吃一次，现在是三次了。组内有粮食、蔬菜、又喂的猪，吃几顿花费不了多少，可是对组员团结友爱的增进作用很大，特别是青年儿童们影响很深，对于大组有无限的热恋。1949年他们为了做工方便，曾在农忙时集体吃饭（主要劳动），后来因为各家仍免不了做饭（有小孩、妇女吃饭），实际是多加了一个灶火，还多个做饭的人，不经济，1950年便停止了。七八年了，该组的制度长久坚持着，现在已经把执行制度变成习惯，毫不感觉拘束。

正是有了比较好的经营管理制度，耿长锁农业生产合作社才有了很好发展。到大社成立以至于此后的高级社，该合作社的规章制度更加完备，各项规定也较为详细。就组织体系来说，成立大社以后，因全村农户都加入了合作社，管理体制更加庞杂和健全。在合作社社章中首先强调了该合作社以户为基础，以人为单位组成，入社出社完全自由；对社员的组成、权利和义务等进行了较为详细的规定，对土地、工具、耕畜、资金、房屋、劳力的使用、收益、分配等规定的尤为详细明确。而合作社的组织也明确了民主集中制原则，要求少数服从多数，下级服从上级，个人服从集体；并成立由11人组成的生产管理委员会，直接执行社员大会的决议，处理社内一切日常事务，编造预算及起草各种生产建设计划，领导检查各单位的生产情况。生产管理委员会下设农业正、副主任二人，股下设若干田间生产队；副业主任二人，畜牧主任、林木主任各一人；总会计一人，下设会计员二人、采购员一人、统计员一人；另设文教主任一人。此外还有由三人组成的直接对社员大会负责的监察委员会。其中合作社章程还规定了社长及不能经常参加生产的社干部可享受社员平均劳动日的待遇，如其在完成任务外能抽时间参加劳动的，可增记劳动日；到年终结算时可根据社长及社干部贡献大小，由社员讨论增减其劳动日。社内制度方面除规定了会议制度和财务制度外，还要求建立学习制度、各生产队和全社评选模范。从这些制度建设来看，合作社开始更加注重思想教育工作。学习制度就要求五天读报一次，社员均参加大众识字班，每月一日为爱国检查日，进行思想检查及开展文化娱乐活动；评选模范分个人模范（包括生产、爱社、学习模范等）与集体模范（模范大队、模范小队等），根据不同作用，给予实物或名誉奖励。此次社章还对违反规则的社员和干部的处分进行了规定，对怠工、偷懒、破坏公共财产，有贪污行为者，按其情节轻重给予批评、劝告、警告、记过、开除五种处分。对故意破坏公共财产者，必须使其补偿社内损失。① 因此，以组织大社时设计的组织系统而言，合作社章程基本涵盖了村民生活的方方面面，此后到高级社也基本上大体沿袭这个组织结构。

合作社的规模扩大，矛盾自然也会随之增多，其中比较突出的便是社队干部与社员之间的矛盾，这层关系如处理不好势必会影响生产管理，以至于合作社的发展前景。对此，耿长锁农业社在总结经验时也认为，自 1952 年大社成立后，无时无刻不在发生着或大或小或多或少的纠纷和分歧，而多种矛盾中有个主要矛盾，也是较长时间未能解决的矛盾，就是社干部的工作报酬和社员劳动分红的矛盾。为解决此矛盾，农业社曾在社员代表会上大致确定了社干部报酬不超过一般社员收入的原则，并据此采取了三种办法：一是年终算总账，依据社员一年不可能天天入工的情况，给社干部规定留出两个月不记工时间，一年按 300 天计算工作日，每天记工 8 分，一个社主任全年得报酬 240 个工，其他委员根据工作繁简相应降低工作报酬。二是社干部工作一天写一天的工作日记，按工作日记的成绩计算报酬。三是到月底社干部根据自己工作占时间多久，自认报酬工数，再经队长社员去评议。但实际实施后，这些办法并不能做到切合实际，使矛盾逐渐表面化，引起社员的不满甚至气愤。某个生产队在给干部评工时说：像他们这个给点工就不少！甚至有生产队长说：俺们干不多，你们光会说，你们也来做嘛！而社干部们也认为社员们并不体会干部的劳累，自感非常冤枉，也多有抱怨。为进一步解决此种矛盾，他们采取了定出会议制度和明确工作范围、定出工作时间的办法。具体而言就是：细算出每个干部开某种会的次数，每个会议完成的工作计划和占用的时间，应得的报酬工数；根据以往情况算出每个干部需用的工作时间，做好本职工作。为了便于每个干部掌握执行，他们还印出工作范围和会议时间表，发给每个干部一份，贴在自己屋里；并推动社干部到生产队参加

---

① 《耿长锁农业生产合作社社章草案》（1952 年 11 月 8 日），档案号：76 – 1 – 13，饶阳县档案馆藏。

生产劳动，融洽与社员关系，提高工作效率。[①] 可以说，上述办法有助于缓解社干部与社员之间的矛盾。

当时人们曾总结耿长锁生产合作社成功的经验，从管理方面而言主要体现在：（1）坚持自愿平等基础上的联合，以自身组织起来发展的优越性吸引生产中有困难人们的加入。"只有这样的组织对贫苦劳动人民才是温暖的，高明的发展方式。"（2）民主管理。组的制度是民主集中制，少数服从多数，全体服从组员大会，家庭代表大会是最高权力机关，一切农副业计划及主要问题由大会讨论表决，分头执行，每月报告账目，报告各种开支及当月工数，由全体提意见，全年实行三次选举。（3）模范带头。组长耿长锁是该村支部副书记，为人忠厚，做活儿又快，干在前头，其他一些老组员也都能起到模范带头作用，能够形成巩固的中心，影响作用大。（4）制度与互助相结合。一方面计划要清楚，一切组员记工、用物、记账都很严格；一方面照顾又宽厚，到评均折价时，不过细计较，困难的人酌情多加照顾。既不使制度受到破坏，互助精神也能充分表现。从经营方面而言主要体现在：（1）农副业结合。农业收入的花生、豆类及农业的牲畜、大车都是发展副业的有利条件，而副业收入又可以购买农具、牲口来支持农业，做到农副业两不误，使农副业相辅发展。（2）增加劳动时间。农业生产的特点是半年忙半年闲，组织起来则充分利用了农闲时间搞副业经营。（3）物资的积累。各户收入除留自己全年消费外，其余完全集中到组内，用来扩大生产，经过逐年积累，集中起来购买牲口、置办农具，就能解决发展上很大问题，增加生产。（4）改良品种，提高耕作技术方法，集体生产形成改造农业生产的自然场合，能随时研究改进。[②]

另外一方面，在耿长锁生产合作社初期发展中只要能坚持不盲目扩大，就能够取得良好的发展效果。因此，当时人们在总结经验时也提到，"根据1946 年 8 户退组的经验，最初基础不巩固时，不应盲目扩大，而且加入的人一定要有一个共同思想，就是'共同劳动，从劳动中共同发家致富，不靠贪

---

①　以上引自《五公村农业社关于处理社内矛盾的经验》，档案号：76 - 1957 永 - 1，饶阳县档案馆藏。

②　《饶阳县五公村农业生产合作组典型调查》（1952 年），档案号：76 - 1 - 5 - 3，饶阳县档案馆藏；《河北省饶阳县五公村农业生产合作社调查材料》（饶阳县人民政府翻印，1952 年 1 月 15 日），档案号：76 - 1952 - 永 - 2，饶阳县档案馆藏。

别人便宜'";"再就是土地劳力应大体差不多，不能过于悬殊，悬殊大了矛盾就不容易解决。"①

事实上，在耿长锁生产合作社发展大社时，正是由于未能坚持这一原则，才产生了一些波折。当时，省里派驻五公村的工作组在进行整社总结时就认为，"这个大社是在逐级盲目冒进的错误思想指导下搞起来的，组织的基础是不健康的。"具体而言，主要表现在：（1）小社发展时间短、基础差，干部与社员都缺乏长期的锻炼与实际体验，领导经验不足，导致问题丛生。合并大社时全村有20个小社，除9个（140户）小社巩固和比较巩固外，有3个正在酝酿尚未批准，有8个存在垮台的危险。（2）社员思想非常复杂，部分人入社动机不纯、思想不一，其中有30%的社员认识到办社的优越和前途，能够积极生产，处处带头；有50%的社员只看到耿长锁社历年增产和优越性，带有很强的功利性和现实目的；有12%的社员入社带着极大的勉强性。而入社社员各种条件的悬殊，也增加了经营管理的困难。其中生产资料比较齐全的富裕户和有特定技术的人，因大社所给予的利益还不如自己单干，所以他们并不情愿加入大社，更希望能够退社。②

小社因人员较少，成分简单，经营管理相对并不复杂，一般采取评工或包工就可以，但到了大社就复杂得多。1953年底，耿长锁农业生产合作社总结了成立大社一年来的经营管理经验③：首先，劳动组织的划分，根据社内的土地、劳力、畜力及生产工具共分为13个生产队，编队后根据各队劳力多少分配土地，再按土地多少把牲口、农具统一搭配固定到各生产队；以队为单位进行生产，从春耕到秋收、种麦以及连续进行第二年的生产准备。耕作区的划分，不管土质好坏一队只分一片，固定经营。但也由此产生各队之间经营土地土质好坏不均，生产过于分散，不便于互相竞赛互相监督，以及受灾后各队之间受灾情况的悬殊等问题和矛盾。为解决耕作区划分产生的问题，该社计划根据全社土地分布情况按土质划分成若干大片，每片再分成几个小

---

① 《河北省饶阳县五公村农业生产合作社调查材料》（饶阳县人民政府翻印，1952年1月15日），档案号：76-1952-永-2，饶阳县档案馆藏。

② 《关于整顿耿长锁农业生产合作社的初步总结》（1953年5月1日），档案号：76-1-9-8，饶阳县档案馆藏。

③ 以下有关大社经营管理经验的总结均引自《耿长锁农业生产合作社一年来经营管理的经验》（1953年12月27日），档案号：76-1-6，饶阳县档案馆藏。

区分配给几个队固定经营；但原则上还要照顾土地集中，便利耕作和按各队社员住址远近适当搭配。

其次，定额管理。由于初建大社时没有经验，采用过去的办法产生了相互观望和严重窝工的现象。为了解决这个问题，便采用了社对生产队"以产定工"的办法。其具体办法为：

把全社的土地按实际产量评为若干等级，根据常年耕作水平，定出各等地各种作物的产粮数和每亩用工数，同时把每亩土地铡草、喂牲口、踩场、堆垛、修理农具、分配粮食等零工也完全平均计算在内，以每亩标准工数去分每亩定产数得出来的数即是一个工的定产标准数。秋后由实收产量内扣除种籽、肥料后用每个工的标准数去分队里的实际产量数，得出的数即是队里应得的劳动日数。为了更进一步奖励劳动，并规定每亩平均超过原定产在三个劳动日粮数以上者，其超过的工数每超过一个工增 0.5 个劳动日。如遇到确实不可抵抗的灾害而达不到原定产者，经民主讨论同意可仍按原定工数付给受灾的生产队，如果是能抵抗的灾害因不积极设法抗拒而达不到定产者，按实际产量计算劳动日。队里的日常用工数，与秋后按"以产定工"所得的工数有时不相符合，有的对计划周密用工少，讲究技术产量高，"以产定工"的劳动日数就可能队里的实用工数；相反地，有的队不够积极，窝工多，技术低收粮少，"以产定工"的劳动日数就可能少于队里的实用工数。不管队里实用工数多少，一般情况下都一律依照"以产定工"的劳动日数为标准，队里根据每个社员实出的劳动日按比例增减。

此办法虽然具有一定的效果，但他们总结后认为，由于奖惩的形式是工而不是实物，表面上看不如包产明显，执行起来仍有漏洞。

再次，财务管理上实行财务包干制。由于之前的组织不健全，制度不严，造成开支混乱等弊端。由此，合作社对各生产队需用的牲口、农具、草料及杂支等，制订出"定额包干制"。具体办法是：（1）牲口归小队所有，由队单独经营，以便于生产；牲口价按地亩，根据队里耕地亩数及人口，计算畜价总值，作为社内无息投资。饲草、饲料全年定额，由社统一支付，不足由队负责，有余归队所有，两项均根据队里耕地亩数计算定额总值。（2）农具根据各队总耕地亩数计算总值，作为社内无息投资；队里现有农具总值超过总定额者，超出部分由队付息，不满总定额者由社补足或因社内一时缺乏资金不能补足，则不足部分由社向队付息，直到补齐为止；农具折旧费、修理费全年定额，均由社统一支付；队里所有农具增值或降值由队负责。（3）其他杂支每亩定额 8000 元，由社统一支付，不足由队自己负责。此外，制订了为了减少"少开支、多分粮"的计划，以增加社员的实际收入。

最后，分配办法与副业经营管理。分配办法是，一般作物平均分配，各队之间进行调剂，绿豆、山药、芝麻、荞麦等特种作物通过折价进行分配，原则上掌握主要作物调剂，少量作物不调剂的精神。分配之前，大社要进行有计划的预分，采取地劳各半办法进行，每个标准亩（即分数）分 71 斤，每个劳动日分得 5 斤 13 两。副业经营管理在建社初期几个月采取的是全社统一计划，统一掌握，从各个生产队抽调副业的人员，收入归全社所有。随后发现此种统一的方式不利于发挥社员的生产积极性，且会形成摊子大、销路小、开支多、收入少等问题。1953 年 5 月份时，合作社内决定以生产队为单位，副业单独经营，收入归队所有，盈亏自负，在不影响农业生产的原则下，各队自己计划生产。

诚如前述，"以产定工"在执行中存在一些漏洞。特别是在 1954 年合作社扩大以后，又采用了死分活评，农活也是临时安排，各队每天晚上必须集合，记工和分配农活，队长十分忙累，也存有窝工浪费工现象。为进一步提高劳动效率，合理分配收益，耿长锁合作社从 1954 年开始，由"以产定工"提高到定质、定量、定时、定产的"包工包产"超额奖励的办法。其具体办法如下：

耿长锁农业生产合作社"包工包产"办法[1]

1953 年实行"以产定工"的办法，对加强计划性，克服窝工现象起了很大作用，但对鼓舞社员生产的积极性尚有缺陷。为了进一步提高劳动效率，合理分配收益，初步确定于 1954 年实行定质、定量、定时、定产的"包工包

---

① 《耿长锁农业生产合作社 1954 年增产计划与经营管理》（1953 年 12 月 27 日），档案号：2－1－1，饶阳县档案馆藏。

产"制。

一、为实施定额管理制，首先要进行劳力站队，即依据劳力强弱、技术高低，并适当照顾居住远近，配备好骨干，组成若干生产队，以队为单位进行生产。

1. 各队的户数、劳力与所经营的土地要大体相等。经1953年的体验和目前各队骨干的条件，以30户左右、整半劳力在四五十个为宜。但须注意将无劳力的孤寡户和领导骨干搭配均匀适当编入各队。

2. 各生产队根据生产需要和每个劳动力的特长，划分若干生产小组，按照农活忙闲，各组仍可机动编配劳力。

3. 在不同的农事季节里，各队如发生忙闲不均时，管委会得以统一调动劳力予以解决。各队内均设技术小组，以互教互学的办法，相互提高农业技术。

二、根据社内土地的分布情况和质量，依照因地种植便于耕作的原则，划分为若干耕作区，然后再按照各队的劳力多少和牲畜、农具等条件，将耕作区划分为若干耕作片，分给各生产队负责，包干经营。再依据水地、旱地、土质好坏（适当照顾远近）和耕作施肥计划的要求、不同作物的计划产量，制定出包工包产的定额标准，由各生产队承包。

三、劳动日的标准，是根据农副业生产的轻活、重活、巧活、笨活，按上中等劳力的耕作标准，提出数量和质量要求（如锄地，锄近地的旱地，旱地中的白土地，白土地的玉米地，锄二遍田时，锄得细、苗匀、没草、半指深，一般上中等劳力锄一亩半），定位一个劳动日工，超过者增工，不足者降工。

四、小组评分记工，采用两种办法：一是小组包工实行死分活评，就是将全组劳动的共得工分，由全组参加劳动的组员按照社内规定的劳力定额标准，民主评定，分别记工。另一种是实行个人计件制，如摘花、扬粪、耕地等一人能做的活，根据劳动定额标准记工。

五、劳力调往外队或参加社内其他生产时，应按照外队或社的工分标准记工，决算分红时应将所得报酬归原队收入统一分红。

六、各队之间或社员向社借用牲口，均按规定付给牲畜饲料费。

七、奖励办法：本社决定，由于社员积极劳动精耕细作而超产30%以内者，其超额部分的 70% 归队内劳力，按劳动日分配，30% 归社为公积金、公益金。超产 30% 以上者，其超额部分完全归队。无故减产者，经社员民主讨论，视其具体情况，适当扣除劳动日。一般情况下，减多少扣多少，但最多不得扣除原定产的 25%。如某队包产玉米一亩、高粱一亩，共需包工 30 个（全社计算每一劳动日分红定额为 15 斤），包产 450 斤，但秋后实产 405 斤，较定产减产 45 斤，折合为 3 个劳动日，该队所得工数应按 27 个劳动日计算之。

八、因灾减产者，按全社受灾各队的中间收获量计算，低于中间产量者，扣除其减产数额，高于中间产量者，给以超额奖励。如有甲乙丙三个生产队受灾，其减产量，甲队是 30 斤，乙队是 40 斤，丙队是 50 斤，即以 40 斤作为原定产额，减产 50 斤者，应扣除 10 斤，减产 30 斤者，应得超额奖励 10 斤。只遇个别生产队遭特殊灾害者，根据实际情况解决之。

为了保证该制度有效推行，合作社还明确了各生产队的责任。要求实行包工包产后，各队必须加强领导，根据不同情况划分不同生产小组，在可能条件下尽量做到小组固定经营土地，固定连续操作，既能加强小组的责任心，还便于检查。实行劳动自报制，做到有计划地使用劳力，各队作出每季使用劳力计划，一切农活在可能做到的条件下，均要采取包工，以防窝工现象。各队必须按照社内规定的各种作物一系列的操作技术要求认真执行，不准粗糙省工。同时，他们还制定了十分详细的各种农活定工标准和零工计算标准及定产定工表。[①]

事实上，"包工包产"在耿长锁农业生产合作社是一种主要的经营管理方式。我们在对村民进行访谈时，他们也回忆了 20 世纪六七十年代的情况。据村民徐根回忆[②]：

早些时候也搞承包，"三自一包"，后来上边不断批判，实际有时候这些事下边也不好闹。那时候人们都不愿意当干部，那时上边总批评，下边实际问题又解决不了。你包了他也没法，上边还老是批判，"三自一包""四大自

---

① 《耿长锁农业生产合作社包工包产办法草案》（1954 年 4 月 25 日），档案号：76 - 1 - 12，饶阳县档案馆藏。

② 徐根口述，采访时间：2013 年 7 月 18 日。

由”，那时候当干部也不好弄。（干部遇到这种情况）稀里糊涂的，有时候生产完不成就得承包出去，包出去了干得就是快。不包出去，老得一个干部带领一伙，有的还偷懒，愿意歇着。包出去了，你就别管了，到时候检查一下就行了。必须要承包出去，如果承包不出去生产提高不了。（社员）有的还是愿意包，他觉着包工比较自由，干完了就可以干别的。日工就不行了，比如八点上班，十二点收工，到时间人家才让你收，不说收工你回不去，你不听人家的提前走就少记工。包工比较自由，你早起天气凉快可以多干一会儿，天气热起来了不去了，活儿也没少干，落不下，家里有点儿事也不耽误。这样，人们还是愿意包工。干部也愿意包下去，这样也能省心。到时检查一下质量就行，质量不行就扣工分。

从另一个方面而言，集体化时期合作社的“包工包产”某种程度上孕育了此后家庭联产承包责任制的推行，或者说是制度变迁自下而上推动的一个生动体现。

四、合作社的成就与问题

诚如前述，五公村原本是一个穷村，村民终年劳作，勉强得一温饱即为满足。1943 年后，随着互助合作组织的发展，逐步缓解和解决了劳力和生产工具的不足，生产力有所恢复发展，村民生活不断改善。据 1950 年 6 月调查，全村老中农有 146 户，新上升的中农达 239 户，占全村户数的 97%，食粮有富余的有 37 户，够吃的有 326 户，不够吃的有 34 户。生产水平也有很大提高，增施肥料（1937 年亩施粗肥 904.7 斤，细肥 3.43 斤，至 1949 年亩施粗肥 913 斤，细肥 16.5 斤），精耕细作，提高技术，单位面积产量增加。耿长锁组 1937 年每亩平均产谷 220 斤，1950 年每亩平均产谷 470 斤，其他一般农民也都超过战前水平。农民们除农业收入以外，还有打绳、榨油、编织、养猪、养羊等副业，以增加财富收入。农民生活水平也有很大提高，据不完全统计，1950 年全村有 16 户新建砖房 45 间，1951 年春又有 17 户新建砖房 47 间、坯房 3 间，还有很多户已准备好材料，于秋后盖房。①

---

① 《河北省饶阳县五公村农业生产合作社调查材料》（饶阳县人民政府翻印，1952 年 1 月 15 日），档案号：76 - 1952 - 永 - 2，饶阳县档案馆藏。

表6　1944—1947 年全组各户逐年收入比较表

	现有人口	1944		1945		1946		1947	
		总收入	投资	总收入	投资	总收入	投资	总收入	投资
耿长锁	7		140	7059	291.6				
芦墨林	7		98.1	4040	589				
李辉廷	6			3691	3083				
乔万象	7		80.4	4198	2083				
李连柱	7			4388	340.5				
张近仁	4			6225	821				
李砚田	2		804	2350	166.6				
李义资	5			3642	1692				
张 觇	3								
魏连玉	3			3838	150				
芦鼓楼	2								
刘树芳	1								
李谭子	2								
李秀英	2								
李根立	2								
李德乐	4			3791					
魏书娟	3								
宋太元	6								
魏邵氏									
说明	1. 总收入副业收入未计算在内；2. 总收入除棉花、花生、山药折粮外，其他都按原数；3. 投资均按花生计算。								

表7　1948—1951 年全组各户逐年收入比较表

	现有人口	1948		1949		1950		1951
		总收入	投资	总收入	投资	总收入	投资	投资
耿长锁	7	8476	2500	10414	3128	7000		5000
芦墨林	7	8475	6500	11349	2272	6000		10000
李辉廷	6	6841	3500	6037	4091	7000		11000
乔万象	7	5759	1000	8806	4091	3500		6500

续表

	现有人口	1948		1949		1950		1951
		总收入	投资	总收入	投资	总收入	投资	投资
李连柱	7	5757	1000	8200	1363	3700		5000
张近仁	4	3979	2000	6819	1873	3500		6000
李砚田	2	2560	250	3183	1091	1800		3000
李义资	5	3277	1500	3415	909	1500		1500
张　觇	3	4142	1000	4744	909	2500		4000
魏连玉	3	4031	500	4497			2500	4000
芦鼓楼	2	3328	1000	4211			2500	4500
刘树芳	1	2174	1000	2184				
李谭子	2	1891	1000	2194			193	140
李秀英	2	921		1133			118	
李根立	2			3556			250	3000
李德乐	4	3440	1500	5134			2500	3000
魏书娟	3							小麦20斗
宋太元	6							花生200斤
魏邵氏								花生100斤
说明		1. 总收入副业收入未计算在内；2. 总收入除棉花、花生、山药折粮外，其他都按原数；3. 投资均按花生计算。							

资料来源：《饶阳县五公村农业生产合作组典型调查》（1952年），档案号：76－1－5－3，饶阳县档案馆藏。

表8　1944—1951年全组收益情况比较表

	1944	1945	1946	1947	1948	1949	1950	1951
户数	4	17	9	12	15	16	15	18
人口	22	88	42	46	55	64	63	73
地亩	40	228	104	123	181	186	179	208
牲畜		驴1牛1骡1	驴牛骡各1	骡3	骡5马1	6	6	骡6马1

续表

		1944	1945	1946	1947	1948	1949	1950	1951
	大车		2		1	2	3	3	3
农业收入	每亩平均施肥（斤）	300	500	1000	1200	2000	豆饼25，2000	豆饼25，2500	豆饼40斤，粗肥未完计
	每亩平均产粮（斤）	220	215	295	234	290	329	470	
	每亩平均分粮（斤）	110	86	175.8	140	174.6	197.8	280	
	每工平均分粮（斤）	11	13	9	7.3	8.15	10	11	
副业资金（米）		398	11261		16999	18350	25320	47120	
农副业平均分数（斤）			8.66			7.73	10	11	
盖房			砖房3间		坯房8间	坯房7间		坯房3间	
养猪						2	7	7	6
公积金								2500斤（米）	都是农具

资料来源：《饶阳县五公村农业生产合作组典型调查》（1952 年），档案号：76 – 1 – 5 –3，饶阳县档案馆藏。

从畜力方面看，1945 年每个牲口平均负担 57 亩，1951 年降到 30 亩；从施肥上看，由 1945 年每亩施粗肥 300 斤提高到 1950 年每亩施粗肥 2500 斤、豆饼 25 斤；在产量上，由 1944 年每亩平均产粮 220 斤，增加到 1950 年 470斤。从每户情况看，1950 年总收入最多的是魏连玉家，每人平均 2249 斤，最少的是李秀英家，每人平均 556 斤，除事故影响外各户都是上升的。从投资上说，耿长锁增加 50 倍，李德乐 1944 年是乞丐，自参加组后已有了不少的富余，现投资花生 2500 斤。[①]

① 《饶阳县五公村农业生产合作组典型调查》（1952 年），档案号：76 – 1 – 5 – 3，饶阳县档案馆藏。

耿长锁农业生产合作社从初步成立到发展到高级社前，优越性是很明显的。1953 年 12 月，中共河北省委农村工作部部长在合作社十周年纪念大会上有过高度称赞，他说：

> 组织起来可以克服个人所不能克服的困难。当你们组织起来的头一年，正是处在日寇抢掠、"扫荡"、搜刮地十室九空的时候，又逢那样极端困难的大旱灾之后的年头，农民们卖掉了牲口、农具、土地，甚至落得妻离子散，可是你们组织起来的那四户呢，不但胜利渡过了灾荒，而且每亩地的平均产量还比当地一般农民多打了 50 多斤。1952 年，这一代旱灾虫灾又是十分严重的一年，可是你们仗着组织起来的力量，在党的分支部领导下，男社员浇地，女社员灭虫，男女分工一齐动手生产，日夜不停……结果不但战胜了灾荒，保证了你们自己的收成，而且还教育和带动了全村农民，在原来全村 4 个小社的基础上，秋收后一下子发展成了 20 个社，互助组也发展到了 12 个，并且各社、组都打起井来，全村出现了高涨的打井精神。这些足以证明，组织起来就可以战胜许多困难；并且也证明了办好合作社即可带动互助组大发展。你们十年来的实际经历还证明了组织合作社可以带动孤寡户，解决他们的困难。①

即便是成立大社时，虽然也有很多问题存在，但其优越性也较为明显。诸如可以有计划地进行一些像建设防护林、改良沙地、变旱田为水田等较大规模的基本建设。特别是水井建设，克服了之前个体无力开凿水井，到小社时又因缺乏全面统一计划，打井时地点较为集中，只顾现时便利，而不考虑将来需要的问题。在发生自然灾害时，组织后的应对能力更加强有力。

当然，在合作社发展过程中大家也并不是一直都是意见一致的。实际上，当时人们对土地合伙有不同观点。有的说："组织起来也是一锄一镰，不组织起来也是一锄一镰，何必多此一举呢！"更有人对建立这类土地合伙小组是否会起到作用存在质疑。即便是到 1950 年，仍有一些部门领导对是否支持耿长锁农业合伙组持保留态度。1950 年 6 月，在耿秀峰将所写《饶阳县五公村农

---

① 《中共河北省委农村工作部李部长在耿长锁农业生产合作社十周年纪念大会上报告记录》（1953 年 12 月 27 日），档案号：76 - 1 - 10，饶阳县档案馆藏。

业生产组（社）典型材料报告》由省供销合作社转呈省委和华北供销社后，有人在到华北供销社开会回来时说："李主任对耿长锁土地合伙组的意见是：'只许精神动员，不许物质动员。只是说说行，不能拿出力量去办。'"而在11月份河北省劳模大会农业展览馆展出耿长锁土地合伙组事迹的讲解时，讲解员的结束语却是："这个组好是好，但目前还不能推广。"虽然耿长锁已经在劳模大会上介绍了土地合伙组的经验，《河北日报》也于11月28日以"耿长锁领导的农业合作小组"为题进行了报道，1951年夏，仍有人认为：耿长锁农业生产合作社既不适合群众要求，也不能走社会主义，只好入博物馆。①

1950年8月，河北省文联赵卜一到五公村耿长锁组做调查，并写了3份"饶阳县五公村生产互助组报告"，呈交省委。此报告中对五公村耿长锁农业合伙组的认识则要积极肯定得多。报告中写道：一、从以上材料看，是新民主主义经济性质的，是在小块土地私有制基础上组织起来的，而不是所传说"五公村合伙组是过左的、农业社会主义的组织形式。"二、这种互助组在提高生产量上已获得了显著成绩，其经验办法，可根据不同情况适当吸收。根据冀南、博野及保定附近了解，推行这种互助，群众已有所要求。三、农副业结合是提高生产增加收入的主要条件，也是广大农家的要求，但目前农村副业生产销路上存在很大困难，今后应多提倡与农业有联系的副业，如繁殖牲畜、养鸡、养猪积肥等。在领导农业劳动互助中，要特别注意发现群众农副业生产的创造。报告还分析了县区干部在知道五公村互助组效果不错的情况下，仍不敢发表肯定意见并积极领导的原因主要在于"过去有些人认为该村互助组是'超现实的、农业社会主义的'，给干部留下一个很深的印象，均怕犯农业社会主义的错误，放松领导，是原因之一"。②

上述对耿长锁农业合伙组的态度某种程度上也反映了当时从中央到地方有关如何发展农业互助组织的争议和审慎态度，随后中央对发展农业合作社态度的越来越明确，对耿长锁组的态度和评价也更多趋向于肯定支持。1951年春末，耿长锁参加了华北局在北京召开的互助合作座谈会。针对会上的争

---

① 《五公合作化、公社化运动二十年史料Ⅰ》（1943—1952），五公村档案，档案号：76－1963永－201，饶阳县档案馆藏。

② 《五公合作化、公社化运动二十年史料Ⅰ》（1943—1952），五公村档案，档案号：76－1963永－201，饶阳县档案馆藏。

论，华北局第三书记刘澜涛最后代表华北局作结论说：农业合作社，有条件的经过省批准的，可以试办。同年 10 月，《河北日报》发表《从个体经济走向农业集体化的过渡互助形式——饶阳县五公村耿长锁农业生产合作社介绍》，该文以编者按语的形式对耿长锁农业生产合作社给予了充分肯定。其中讲道："很多事实证明，这种农业生产合作社，是一种高级的互助形式。它在土地劳力农具等生产资料的使用上，达到了更合理，因而就大大提高了生产力。这种生产互助组织，是引导广大农民从小生产的个体经济走向农业集体化的过渡形式。根据我省目前的情况，我们应该根据就有的基础和条件，大量发展为广大农民所易于接受的临时小型的互助组和常年固定并与副业、提高技术、供销业务相结合的互助组。对农业生产合作社这种互助组织，应采取谨慎而积极的态度，在农民自愿的原则下，有计划有领导地加以扶助和发展，并要进行认真研究，以便帮助他们前进。"随后，《河北日报》又发表了《向耿长锁的农业生产合作社学习》的文章。① 至此，之前有关耿长锁农业生产合作社的争议告一段落。

　　耿长锁农业生产合作社的辉煌发展有其一定的主客观条件，也取得了相当的成就。随着形势的变化，在实行家庭联产承包责任制时，也存在着不小争议。这一点从我们在饶阳的访谈中能够非常明显地感受得到。据村民杨同回忆②：五公村实行责任制是 1983 年冬天开始，到 1984 年春天彻底分了。当时他是五公公社化最后一任书记。当时人们并不愿意分地，"当时大部分不愿意，都觉着没保障，集体有保障。不过到了真正分的时候，人们都觉得好了，沾了光了。实际上，刚分那几年越来越觉着好了，现在觉着更好了，成了这样了。其实，咱们当时要是不分，也一样能挺过来。当时上至干部，下至群众大部分不想分，觉着分了没底儿，有的找来说咱们可别分了。"言谈之中，他还表露出"咱们要是不分，也能挺过来，兴许比现在还好"。从耿长锁的角度而言，也不想取消集体统一经营。据当时饶阳县地方主政领导回忆说，"当时我和老耿（耿长锁）的思想是这样，五公村和常安村不应该分。为什么不应该分，因为这两个村集体的家底儿太大了。当时水利上合四五十亩地一眼

---

　　① 《五公合作化、公社化运动二十年史料Ⅰ》（1943—1952），五公村档案，档案号：76 - 1963 永 - 201，饶阳县档案馆藏。

　　② 杨同口述，采访时间：2013 年 7 月 18 日、2015 年 7 月 20 日。

井，几天就能浇一遍水，分了以后反倒不好办了。再比如五公的三队，副业搞得挺好，有编织袋、铝铁合金等，分了以后怎么管理？老耿也是这个思想，我也是这个思想。"① 李玉慎回忆认为："像这样的事，当时是分好还是不分好，到现在看也拿不准。当时来说，集体工副业很多，集体的水利配套设施都搞得很好，怎么分，确实很难办。可是那个村要是不分，对全区都有影响，别说全县了。（人们会问）你要搞承包，耿长锁还不承包哩！在这样的压力下，我觉着老耿不一定真心实意地来分。"②

回溯历史，重新审视五公村农业生产合作社的发展历程，不仅要以局外人、事后的角度去看待，更要站在局内人、当时的立场去分析，全面客观地评价，从中吸取经验教训，以为当前和今后我国农村社会经济的发展提供有益借鉴。

① 杨志勇、李玉慎、杨占恒口述，采访时间：2013 年 7 月 24 日。
② 杨志勇、李玉慎、杨占恒口述，采访时间：2013 年 7 月 24 日。

我走过的路[①]

耿长锁 口述

耿长锁 （1900—1985 年），男，河北省饶阳县五公村人，中共党员，1944 年响应毛主席"组织起来"的号召，创办了全国第一个"土地合伙组"，被誉为"花开第一枝"，1944 年加入中国共产党，1951 年、1979 年先后两次获全国农业劳动模范称号，曾任河北省政协副主席和人大常委会副主任，中共第八、九、十、十一大代表和全国人大第一、二、三、四届代表，被毛泽东誉为"群众所信任的领袖人物"。

七七事变前，五公村是个穷村。村虽穷，地主富农对穷人的剥削却很厉害。地主用高租子把地租给贫农和无地的户，每亩十几块现大洋的租钱，打的粮食大部分交了租，自己剩不下几颗；年头不济，租子也得照样交。除了高地租，地主还用大利钱剥削人。那时讲究"三分利"，十个月为一期，借十块钱，十个月后就得还十三块，到时要是还不上，利滚利，过三十个月，就得还二十块钱。村里的政权，也是由地主富农把持着，随便派差罚款，谁不纳，就叫衙门里的狗腿子来给抓进"官店"。那时候，不知道有多少穷苦人家，被地主富农们剥削得倾家荡产，欺压得家破人亡，妻离子散。

我家原有十亩地，一来纳不起差钱，二来遇上了荒年，在我父亲手里就卖出去了。后来就租人家五亩二分地种。除了交租子，剩下点糠糠秕秕哪够吃？没办法，只好纺经子、打绳。打绳没有本钱，就打手工。打手工同样受剥削：打一架子绳，才一个铜子的手工。头明干到点灯，挣的钱才够买一斤多粗粮。从大年初一到腊月三十不歇工，过年的时候连顿饺子也吃不上。有

---

① 选自《花开第一枝——五公人物志》，百花文艺出版社 1963 年版。

一年，又到了三十，我看爹和娘一天比一天老，娘还坐下了喘病，家里一点白面星儿也没有，觉得实在对不起老人。这时街上传来"谁买白面"的吆喝声。我从抽屉里抓出仅有的十几个铜子，端起个簸箕就出去了。一看见放在街当心的白面担儿，我心里不由得又犹豫起来：不买，心里过不去；买吧，明儿个吃了，后天就揭不开锅。我围着面担儿转了三四圈，捏得手里的铜钱出了汗，直等卖白面的挑起担儿走了，我还立在那里作难。

看看日子实在混不下去，我十八岁上，娘给我打了个行李卷，打发我到绳铺当工人去了。这是我头一回进饶阳城，我还记得当时的情景：护城河围着一道破破烂烂的城墙；几个嘴里叼烟卷的巡警，弓着腰站在城门口，他们看见阔人的小轿车，直起腰来行礼，穷人进出，裤兜子全给翻过来。我浑身上下被翻了个遍，憋着一肚子气进了城。大街上，来来往往的，是挺着肚子的阔财主和衙门里的当差的；扛脚的苦力、进城要饭的庄稼人，全得溜着墙根儿走。我心里说：天下老鸹一般黑，城里乡里一样呀！

我进的绳铺叫"协记"。东家叫董大车。这是个双料的坏东西：是资本家，又是地主。铺子里七八个伙计，简直是他的奴隶。顶星星熬月亮的一天干十二三个钟头，累得要死，他还找缝拿干工：晚上给他守门，早晨给他打水，麦响大热天，他靠在房阴凉里的太师椅上摇扇子，却让伙计们到场里干活。我觉得这董大车欺人太甚，就琢磨着跟他斗：叫上场不去，叫打水装听不见。董大车变着法儿找茬儿，我打绳时，他给藏了"瓜"（打绳工具），丢了水担子硬找我赔……后来我实在受不了董大车的气，就卷起铺盖回了老家，依然纺经子、打绳，过着吃糠咽菜的日子。

七七事变后，国民党军队扔下大片国土逃跑了，共产党发动群众，在五公村建立起抗日民主政权，世道才变了样。村里成立起农会、工会、妇救会、青救会，实行《抗日救国十大纲领》，推行合理负担，印把子也从地主富农手里夺了回来，我家才又有了土地。我家日子好过些了，五公村穷人的日子也都好过些了。大伙选我当工会改善部长，专门跟那些不执行政府政策的地主富农斗争。这时候，断不了有县上、区上的干部住在我家，他们经常给我讲革命的道理，讲共产党的主张，讲十月革命后苏联农民走上了集体化的道路。听了，我的心就更亮堂了。

自己有了地，就要安排着种。我先买了两条牛腿。耕地时，我到一个当家子兄弟家借犁，明明有，却不借给。我尽着力地从牙齿上往下勒，紧紧巴巴地买上了犁盆子、犁铧子，预备过些时候再买个犁身安上。哪知道犁身还没有买，日本鬼子就对冀中来了个"五月大'扫荡'"。五公村变成了敌占区，八里地以内，有四座敌伪岗楼。敌人天天出来"清剿""扫荡"，村里先后有四十多个人被杀害，从西到东小半截街被烧毁。我爹就叫鬼子杀害在村南花生地里。在这日月里又遇上七个月没下透雨的大旱灾，地主富农们趁这时机还曾经想推翻合理负担，把绳子重新套在人们脖子上。在这场敌灾加天灾的逼迫下，我卖了犁铧，卖了牛腿，卖了屋里炕上大大小小可卖的一切物件，卖得一家子只剩下一床破棉花套子。糠吃完了，菜吃完了，后来就砸树皮和煮槐连豆，吃棒子核、花生皮和秫秸穰。唉，光吃这种东西怎么行啊？我病倒在炕上了。有一天，我想到厕所去解手，刚一下炕，腿不管事，眼一黑，就摔在地上不觉事了。有抽锅烟的工夫，才缓过气来。

看看一家子实在没法过下去，三斗粮食打发了大闺女，德录的娘就拉上十一岁的德录，抱着没过周岁的闺女小捧，到饶阳城里一带讨饭去了。这一年，五公村有一百一十四户卖地卖庄基，二百一十八户卖衣物箱柜，十五人活活饿死。像我这样打发闺女、外出讨饭的户，就数不清了。

人们常说：党是太阳，党是爹娘，这话可真是一点儿也不假。就在这父母妻儿难相顾的年月，党的干部、战士，跟老百姓一样吃树皮、草根，省出粮食来，通过敌人严密的封锁，送到群众手里，还告诉人们：组织起来，和灾荒斗争。那年秋后，抗日民主政府通过村里的"对敌隐蔽经济斗争组"，发放了两千斤救济粮，还引导人们成立起"合伙组"，生产度荒。我入组以后，生产、生活再也没有遇见过困难；懂得了毛主席的伟大号召"组织起来"，真正是农民摆脱贫穷大家共同过好生活的道路，因此我越干越有劲。一九四七年开展土地改革运动，挖掉了封建老根，农民分到土地，更感到需要组织起来走社会主义道路。真是"一步一层天"：一九四三年的"合伙组"，到1951年改名为农业生产合作社，1952年秋成立了大社，1955年转为高级社，1958年，又在轰轰烈烈的"大跃进"声浪里，建立了人民公社。

二十年来，五公村已大大变了样子。过去到过这里的人今天重来，都会觉得惊奇：拖拉机耕地，"电井"浇水，地里的麦子齐胸高，果园里苹果、蜜桃密密成林，一亩只收一百多斤粮食的薄沙地，这会儿已变成亩产四百八十斤的高产田。家家不愁吃，不愁穿，只最近三年来，就盖起新房三百多间；平均四户就有一架收音机和矿石机，三户就有一辆自行车。

我家的生活也变了样：我和德录的娘，都担任社里、队里的工作，德录在发电厂当主任，差点饿死的闺女小捧和她妹妹都在中学念书。一九六二年，我一家做了九百多个劳动日，吃树皮、盖破棉花套的日子，早已一去不回头了。

这一切变化是怎么来的呢？是党的英明领导，是毛主席的伟大号召"组织起来"的结果。我常跟年轻人说：不是共产党，不是新社会，不是"组织起来"，咱穷五公不会有今天的变化；咱五公村的穷人，不会有今天的好日子。

我和老耿并肩战斗的日日夜夜

乔利广　口述　樊孝东　郑清坡　整理

采访时间：2013 年 7 月 18 日、2015 年 7 月 21 日两次采访。
2017 年 8 月 3 日、2018 年 8 月 5 日回访

乔利广（1928—　　），男，1948 年加入中国共产党，担任五公村团支部书记，1952 年冬加入大社，担任副社长，负责土地和生产，1954 年，随胡克实等人访问朝鲜。1977 年调入农业局，后调入小堤公社。

问：今年贵庚？

答：85 岁①。

问：身体还可以？

答：常吃药，没事。

问：您当年和耿社长组织互助组、合作社的情况，给我们说说？

答：老了，脑子慢。

问：别着急，随便聊聊。

答：我记得我 16 岁就跟老耿上耿口参加会议，我原来在青年团，1948 年入党，并担任五公村团支部书记。我们当年也是一个小社（组），五户，1949 年我爹领着我们全家人的社（组）。1950 年，河北省委副书记马国瑞来了，才改的耿长锁农业生产合作社，在那个后墙上写的，当时还是小社嘞。原来叫土地合伙组，后来改成社，就是在 1950 年。那时候还有副业，种地省心还省劲。我上小社，老耿让我领着人们管生产，那时候我年轻。到 1952 年冬

---

① 这是 2013 年第一次访谈时的年龄。

天，这个村的互助组有十几个，为什么这年冬天要成立大社呢？我觉得，主要是老耿到苏联参观集体农庄看到了拖拉机耕地受到影响，小社负责人不好找，有这个原因。老耿公正，正直，大公无私，为人们服务。1952 年冬天，成立了大社。当时我也参加了，我负责土地证，谁家地块多少，场、坟、庄户都画成图，头一年冬天分了 16 个队，4 个大队，一个大队 4 个小队。到了 1953 年，发生了"砍社"，让散社，人们都不愿意出去。后来说允许剩 300 户，退出一部分。另外经党支部研究，动员了两名党员徐满堂、李瑞生带出去两个小组（27 户），让他们退出去了。这样就剩了 287 户，由 16 个队变成 13 个队，后来又变成了 11 个队。成立大社以后有好几个任务，一个最大的任务就是平地打井。那时候耿社长艰苦朴素，自力更生，艰苦奋斗。成立大社以后，我也上大队里，我还是管生产（副社长），植树造林，号方，把地得分下去啊。那时候有耿秀峰，当时是以产定工，比如亩产 200 斤，多少工一亩地。

问：您当年画的那个图，真费劲了，还有吗？

答：我没有了。当时一家一户的地，一块一块的，都是小块，成立大社后要划成大块，地里的岔斜道，各队之间，甚至与外村的插花地，都得重新规划调整，我当时干了这个活。当时老耿成立大社，考虑到了这个事情，小社不好搞啊，有这个原因。我想当时有这样的问题，要不是成立大社呀，当时年轻人要结婚娶媳妇都不好办。为什么？一个主要原因是没房子、没砖地，净是三间两间土房，要结婚没房子怎么办？成立大社以后解决了这个问题。另外，成立大社以后，牲口、农具、树木、园林都作价归了大社。

问：办社过程中印象深的事情有哪些？

答：一开始办社嘞，一个是耿社长思想开放，要不是思想开放办不了大社，你要还是像早些时候小农小户的那个想法怎么成立大社呀？那时候就得解放思想，解放思想才能办大社。另一个是种地，抓农业，当时人们经过长期战乱生活苦啊，这个村净沙地，办成一个大社，思想不开放行吗？一个是思想开放，一个是种地抓农业，还得搞副业，这个村就是没有办起大工厂。实际上这村就是沾了成立社的光了，周围村也沾光，要没有前面铺的这个道呀。那时候这村里都沾老耿的光，沾"组织起来"的光。农业科学发展、密植、施化肥、改良品种这些都是那个时候搞起来的。

问：当时副业都有什么？

答：搞副业最早是打绳、加工油，后来成立大队以后，搞合线，还有别的副业。

问：成立小社、大社的时候大家愿意吗？

答：大部分愿意，当时是自愿入社，俺爹当时上那去，就是图省心省劲，还不少分（粮食），俺们是1949年（入社），那时是小社。成立大社时，有少数的不同意，后来1953年春天那些人就出去了。

问：为什么有的人不愿意入大社？

答：就是有私心呗，自己地多，有牲口，不愿意。这人哪，什么样的姿态都有。他觉着自己干好，还净跟社里比。到后来，他种地不行，没有社里的力量大，社里耕种、平地、打井。他个人没有这个力量，后来他不行。

问：李亨通①为什么入了大社？

答：他入大社，是之前那几年和小社里比产量（输了才入的）。他种的谷子一串一串的，提苗，比了几次还是没小社的产量高。小社那时候积肥，肥多，还有副业。1949年我们搞过小麦密植，种了2亩地，经过耩、耕、耢、耧，那2亩地还是打得多。1950年，我记得是河北省农场的技术员张书俊来，选了5亩地，搞密植种棉花，以前种棉花1000棵，那年种的3000棵，施化肥，石家庄不给，我还跑到省里去找的张克让，给了化肥。三腿耧也是从这村里兴起来的，开始都是两腿耧，通过密植试验改成三腿耧，原来是垄宽一尺二宽，改成五六寸。后来用播种机。

问：当年您主管生产，您是怎么组织生产的？

答：这村是个穷村。村南是滹沱河旧道，我父亲小时候还在河沟里摸过鱼。这河年年往北滚，到现在这才一二百年，这村地下还有行船用的锚呢。原先村里净是河沟，风沙地，种麦子不长，种点高粱，人们没有吃的，吃糠咽菜。我觉着最不好吃的是棉花籽，嚼也嚼不动，咽也咽不下。这个村，东头打麻绳，西头种点菜园子，就街当中有几家富裕户。当年土地合伙组就是因为没吃的，人们搭伙做买卖，连地一块种，就是这样慢慢起来的。当年搞生产，头一个任务是搞平地。先是把河沟整成平地，然后打井，自力更生打

---

① 五公村富裕中农典型人物。

井。以前小社的时候也一样，用副业的收入打上两眼井，能浇地，产量就提高了。原来是打砖井，后来是下竹管子、木管子，出水多。再一个就是养猪积肥。以后种玉米、花生、小麦、棉花，学习新技术，合理密植，施化肥，使粗肥，慢慢提高产量。1956年成立了高级社，取消土地分红。赶后来麦子产量到1000斤了。小麦品种头一个是北京八号，能亩产达到800斤，第二个是……后来山东的那个叫什么，挺矬，穗多，能产到1000斤。到1977年，1978年的时候，光麦子拿100万斤，一般的时候这个村交国家公粮占整个公社的一半还多哩，这还不算棉花、花生！

问：您亲自指挥打井吗？介绍一下打井的情况。

答：村东北一队地挺多，原来打不出水来，国家给打了一眼井。后来这村里派出去18个青年上保定学习了机井技术，回来以后我和他们一块打了一眼深井。

问：打多深啊？

答：打了200多米，300米。

问：原来这里有工作组吗？

答：（一九）五几年省委驻五公工作组，有一个人，总往上边汇报反映，有点关系。汇报也许有时候是真实的，有时候也加上他的想法。

问：讲讲成立高级社时的情况，当时人们愿意不愿意呀，取消土地分红？

答：当时人们还是大部分都同意，个别少数的不同意。取消土地分红，劳动劲头更高了，劳动工分分的多，原来土地分红，土地多的分红很少的不同意，如果我多挣点工，我一点也不少分粮食。那时候集体分红主要是分粮食。

问：当时村里推荐过工农兵大学生吗？

答：当时这村推荐了两个，（李）满劲和张戬。

问：成立人民公社时是个什么情况？

答：1958年成立的人民公社，我记得当时老耿还是社长，来的人很多。这村统一成立一个大队，那时候韩振超在这个村里当大队长。

问：咱们这里当时"四清"是怎么搞的啊？

答：来了一个姓臧的，地区交通局的，把干部集中起来，不让你干事了，上大队去，有时候晌午还不让回家，把干部集中起来，搞"四清"，查账，查事，也查不出来有嘛事。

问：当时干部怎么想的，村民是怎么看"四清"的？

答：上面来人搞"四清"，不让你干事了……我这脑子慢，有些事想不起来，脑子迟钝。

问：您跟耿社长出去开会多吗？

答：出去开会的时候多了，石家庄、天津、邯郸都去开过。

问：您和耿社长在大队开完会，您俩晚上一起回来？

答：嗯，一块回来，我们在东头。有些事现在想不起来了。

问：您和耿社长待的时间算比较长的吧？

答：我从 16 岁就跟着老耿，1977 年才出去，在一起三十几年，熟多了。那时候村里工作不容易，黑白折腾啊！白天干活，晚上碰头，天天开会，原先上大队，后来在工作组。1960 年以后晚上到 10 点歇，原先歇得晚。天天晚上得开会，哪个队什么地方有什么问题，生产方面的，其他方面的。那时候人劳累啊，还得干活，还得干工作，还得解决问题。那时候换种子换的不少，玉米种、麦子种、高粱密植，谷子密植，原来种得稀，后来搞密植，产量高，打的多，换的种。再一个就是春秋两季平地打井，那时候净河沟河岔。冬天也不歇着，积肥。那会儿都是找活儿干，人们还都不愿意歇着，劳动挣工分呀。我也是劳动出身，到十几岁上开始干活，因为我哥不在家，他 1937 年就出去了，在县里，到 1948 年当县委副书记，我没见他干过活儿。我十五六岁就干活儿了，犁地、耩地、扬场，村里老人们都知道我会干活儿。

问：您 1977 年以后去哪里了？

答：先到县农业局待了三四年，后来到小堤公社了。

问：谈谈耿长锁，他是个什么样的人，有哪些事？

答：老耿坚持实事求是，我和他出去开会出去的时候不少，一个最大的特点是咱话也不多，说出话来从不浮夸，从来不说大话，稳当多了。特别是粮食产量，从来不提前说过头话，从来不说保证亩产多少，不管上哪儿报，从来没这样的话。记得 1958 年的时候，省里来了一位领导，来了让五公放卫星。耿长锁说我产不了那么多，那不符合事实。这事我在场，都亲眼见了。讲了一个多钟头，走的时候说，你不放卫星，三年不让你上报。实际上，到不了三年，那半年多、一年就是没登报。期间来的人没少，参观的、学习的各地来人没少，就是没上报。老耿那时候讲自力更生，艰苦朴素，1960 年耿长锁有个活动，他穿的鞋净打补丁。耿惠娟刷鞋嫌旧不穿了，让他一顿好恼。那时候是这样，自力更生、实事求是、艰苦朴素。照相不抢镜头。老耿爱劳动，从小就干活儿，70 多的时候早晨起来还推土推粪，那时候养猪积肥，扬场。他大公无私，公正正直，为大伙办事，从老四户到小社再到大社，一直到后来人民公社，老耿的威望越来越高，他就是服众，像有的生产队长贪污，那不行。老耿收了秀英他们，照顾困难户，每逢过年，他都惦记着去看看，别的记不清了。

问：积肥怎么积？

答：一个是土，主要是草，一家一个猪圈，一家喂头猪。还有集体养猪。再一个改造厕所，当年就改造了，把人粪尿全收起来，单有人敛。劳动管理相当细，跟别的村不一样。

问：当时干活有偷懒的吗，您怎么处理的？

答：女的有，男的没有。成立社以后呀，有队长，副队长，干活有带班的，人家锄一垄你也得锄一垄啊。有领班的，领着干活儿，大家一起干，偷不了懒，偷懒也不行，除非有不出来参加劳动的，不挣工分。

问：这个村是怎么搞的副业？

答：一开始土地合伙组、小社就搞副业了。有搞农业的，有搞副业的，刚才不是说有打绳的，有加工花生。既抓农业，又抓副业，为增加收入呗。

问：一队里都有什么副业？

答：一个是打麻绳，油坊加工花生，原来是小作坊，后来越来越大，多赚点钱。"退社"风波以后，俺家是 1948 年①入的社。

问：当时国家提倡搞副业吗？

答：上面没怎么提。也提，也有。

问：除了干活、开会，村里有没有其他的集体娱乐活动，文化活动？

答：大队有个俱乐部，当时杨同他们就在俱乐部里，俱乐部有唱歌、跳舞、小的剧目。后来大队还有个广播站。别的集体活动没多少。

问：广播站是谁广播？广播些什么内容？

---

① 　两次采访说的时间不一样，见前文。

答：村里广播。村里的先进人和事，天气预报，唱歌。

问：根治海河的时候咱们经常出民工，是大队里管还是生产队管？

答：大队里管。

问：大队是怎么组织村民去的？

答：根治海河，第一个是找带班的，带工，至于劳动力，就从三个队里找，有时候人多有时候人少，带着大棚，自己带着铺盖，吃饭是公社管，到那了给你分工。

问：当时您出过海河工吗？去哪儿了？

答：去东光县。我为什么去呢，因为找不出带工的来，我和支书张端商量，没法了我就去了。

问：您多大去的海河？

答：40多岁，算岁数大的了，别的都是年轻的。

问：五公村的街道很齐整，是什么时候规划的？

答：1966年邢台大地震以后规划的。原来规划是8家一个南北车道，一边4家，因为村子大人户多，盖房子还不让占耕地，后来就改了，有3家的，4家的，5家的，少了一个车道。当时我去何横城村，那个村小啊，它在村外一搬家，盖新房；五公村子大，五六百户，不好弄啊。这个村子整个拆了往外搬，还不行，不愿占耕地，只能堵一根车道。成立社的时候五公和耿口人口、地都差不多，后来这村增加人口多。

问：您去朝鲜是哪年？

答：1954年。团中央组织的中国青年代表团，总共9个人。团长是胡克实，还有胡启立。

问：小火车道是什么时候修的？

答：1963年二十周年社庆，林铁来了修的公路，后来才修的小铁路。

从互助组到家庭联产承包责任制

杨　同　**口述**　樊孝东　**整理**

采访时间：2013 年 7 月 18 日、2015 年 7 月 20 日两次采访。2017 年 8 月 3 日、2018 年 8 月 6 日回访。

杨同（1932—　），男，高小毕业，初级社时在村里青年团负责扫盲工作，1960 年加入中国共产党，1967 年任党总支副书记兼管委会秘书，1973 年任党总支书记，1984 年到棉站工作。

问：您今年高寿？

答：82 虚岁。我是 1932 年出生，属猴的。

问：您还记得土地改革之前的情况吗？

答：那时候还小呢，上学呢。

问：上什么学呢？

答：1947 年我上高小呢。

问：您总共上了几年学呀，高小毕业吗？

答：我高小没毕业，上了一年半。那时候是一到四年级是初小，五、六年级是高小。

问：土地改革之前您家里是几口人，几亩地？

答：我家是下中农，五口人，有 7 亩多地。

问：那时候有没有租佃地？

答：租过 4 亩地，以后约（买）了 4 亩。

问：买地大概是什么时候？

答：平分以前，1945—1946 年。

问：1943 年耿社长搞土地合伙组，你家后来加入了吗？

答：耿社长的合伙组在村东头，我们在村西头。我们这边成立得晚，他们是1943年成立的互助组。我们呢，在他那个组的影响下，在我高小不上以后回家种地，（1947年）平分的那年成立了一个互助组，到1958年成立大社①。

问：土改后您家的土地有什么变化吗？

答：还是那么些地，租的地有年限，到了期得要给人家。土改的时候没分地，还是7亩多，一人一亩多地。

问：土改前后家里有什么副业吗？

答：没有。那时候我还小，我父亲没在家。

问：您父亲是做什么的？

答：他是兽医，那会儿在外面，有收入，要不我们买了地了。

问：村里您这个岁数的高小毕业的多吗？

答：像我这样高小毕业的，算是比较有文化的。当时村里有扫盲的民校，我在青年团负责民校扫盲，村里还有俱乐部（剧团）。

问：剧团是哪成立的？

答：村里。

问：剧团有多少人呀？

答：嚯，热闹的时候好几十人！

问：都是些什么人啊？

答：有老的、中年、青年人。

问：老人们也参加俱乐部？

答：会拉弦儿的。

问：那些家伙什是哪儿来的？

答：从保定买的。

问：都去哪演出呀？

答：村里，也上周边的村，也上县里，也上过北京。

问：演出有舞台吗？

答：有舞台。那个舞台是青年团组织搞的义务劳动，利用晚上业余时间

---

① 这里的大社指的是人民公社。

推土修起来的。五公村西边有个山崖疙瘩，实际上是五公有名的历史人物李德林的坟，县志上有记载。隋唐时期他们一家出了好几个宰相辈儿的大官，李德林、李百药等。从那儿推土垫了一个俱乐部的台子，太远啊，好几里，得有五里地。

问：相当于搞义务劳动？

答：经常搞啊，当时人们的思想单纯得多了，工作特别好弄，义务劳动比干自己家的活还积极。那时候做好事的也特多，你不知道那个事儿就做完了。那时候风气真好，人心齐，团结，说干什么就干什么！当时思想工作、思想教育抓得也紧，人们都特听话，人人要求进步。

问：那演出有收入吗？

答：没有挣钱一说，没有报酬，都是义务式儿的。

问：出去演出当地就管个饭吧？

答：去周围村里，饭也不管，自觉自愿。

问：演出的积极性高吗？

答：都挺有热情的，小青年们积极性挺高，天天后响折腾，拍戏。县文化馆的刘天增辅导，当时这个俱乐部挺活跃的。当时的人们愿意干这个，组织个事儿呀，开个会呀，容易多了，不用怎么动员，齐刷刷地跑着就去了，让谁去谁就去，现在可不行，时代不同了。

问：当时像这样的俱乐部周围的村也有吗？

答：有，邹村有，每个区都有。

问：您哪年入党？

答：1960 年。

问：当时村里有多少名党员？

答：100 多名。

问：您是什么时候上大队去的？

答：大概是 1964 年的冬天，粗线条"四清"结束前进入大队班子。1965年春天县委工作组到了村里。我上支部去了，分管支宣，文教、卫生、宣传这块。1967 年升的（党总支）副书记兼管委会秘书，1973 年当上了（党总支）书记，接的张端，到 1984 年就退下来了。

问："四清"查出问题没有？

答：没有。在哪里搞也能搞出一点事，在五公他就搞不成。

问："文革"时候闹得厉害吗？

答：也闹，总体来说没闹起来。这个村子风气比较正，有那么几个人想闹也闹不成。其他人整个大联合，以多胜少，他不行，就歇了。后来红卫兵来串联，天津、北京的，他们更不行，惨多了，想走走不了。就闹了那么几天，大部分人一看形势不对，咱们形成了一个大联合，他们成了少数了，他还能闹得了？

问：村里办民校是什么时候？

答：1956 年以前，初级社那段时间。我进支部以后管文教、卫生、宣传，就管民校扫盲分班什么的，一般是农闲的时候办班，利用中午或晚上。有青年班、中年班，就是针对文化比较低的或没上过学的人，扫盲。

问：一次有多少人呀？

答：多的时候七八十，百十来人。

问：村里有那么大的地方吗？

答：在小学、祠堂、教堂。后来教堂、祠堂都拆了，在"文革"以前就拆了。那时候大队还是老房子，大队东边是俱乐部，道南是祠堂。

问：扫盲的老师从哪里来的？

答：本村找的，中学文化程度就行。

问：有课本吗？

答：有课本，但也不是正式的课本。

问：您和耿社长交往过程中印象比较深的是什么？

答：我觉着他这个人和别人不一样，不一样在哪儿咧？他坚持认死理儿，他要是看准的事儿谁也驳不了他，这个特点太明显。最典型的就是在粮食产量问题上，他一点儿也不含糊。当时，如果按全大队平均来说，亩产到千斤不容易，我们三队产量最高，超千斤也差那么一点，但差不多少，他说差一点也不行，就得实事求是，有多少就报多少，这个人忒较真。再就是搞副业，从那时候来说，搞副业可能是对的。三队里搞副业多，愿意搞副业，副业比农业收入大呀。他的意思是，咱们是农业队，首先得把农业搞好，应该把重心放在农业生产上，他特别强调这个。在这个问题上，他有时候批评三队，别老惦记着搞副业。按说农、副业一起搞，以副养农，但当时提这个提得少。

那时候强调以粮为纲，这是大的政策，所以三队老挨批评。再一个，老耿不和一般的劳模似的，开会时好说好道，扯东道西，闲拉套儿，说这说那，尽是那一类的话，说话挺随便，没尺寸。他是说话挺有分寸的一个人，都考虑好了再说，不随便瞎说，给人的印象非常正派，有正气，说话有分量，让人一听挺服气，张扬取巧的言语没有。回想起来，他真是个有特性的人。

廉洁奉公，不好闹着哩，一般人做不了，好多干部在这上头犯错误，人家耿长锁就是犯不了这样的错误。记得那会儿来人请了客后剩下两瓶酒，放柜子里一二年了没有人动，在那儿撂着，就不想这事，想喝自己买。你要说兄弟社来人需要招待，去不多两人陪着，吃了就走了。很多时候不吃饭，领着去安置好就走了。有时陪着喝点水，说说话，要不然显得不礼貌，一会儿也就走了。老耿在这方面要求更高，根本就不沾边儿。那时候在吃喝这方面可以说没有，起码我们那几任里都没有。那时候风气正得多了，社员们也承认。三队原先那棵枣树，社员们天天下地在生产队里集合，枣红了，熟了，没有人摘一个吃。人们已经养成了习惯，干部们能做到，社员们都可以做到，当年风气正啊。

除了实事求是、廉洁奉公，再就是没架子，走的是群众路线，他眼睛里就只有老百姓，不搞特殊，非常朴素。再一个印象深的，就是老耿开会回来，你要上地里去，你一准见着老耿，他每次回来先上地里转。后来年纪大了，别人说别转了，这么大岁数了，他还那样，看看庄稼长得怎么样，去大队里转转，有什么事儿提提建议，始终是这样，始终是这个态度。他后来当了省级干部，还老惦记着村里这点事儿。

问：1968 年他升为省革委会副主任，以后从省人大到省政协，他那时候一年待在村里多长时间？

答：他始终在村里，就在家里住，除了开会的时候出去。他那么大岁数，有时候还得到别的村转转，县里发文件说给他弄头小驴吧，他不要。后来配了一辆车，也是不坐，说不坐不行。在这个问题上，真是谁也比不了！

问："大跃进"的时候全国"放卫星"，咱们这里放了吗？

答：没放，因为这个挨批了，挨批就是不放。某位省领导批评说你不放卫星，几年不能上报。

问：当时压力也比较大吧。

答：压力大。

问：那还是顶住了吧？

答：顶住了。老耿不在乎这个，坚持实事求是，虚的弄不来，你多大官儿我也不听，你不对，没打那么些粮食，放了卫星算什么。当时一般人都随大流，也扛不住啊。

问：三年自然灾害时期咱们这里是怎么个情况？

答：1960 年我去三队里管食堂，大食堂。当时的情况，哎呀，忒惨啊。"瓜菜代"，你知道吃什么呀？吃山药蔓，干了的山药蔓，棒子核儿，棉花皮儿。哎呀，那个惨，吃不饱啊！我在食堂里，搞粮食增量法，那时候为什么搞这个？当时好像是搞试验似的，搞试验搞成了，让人们学，顶粮食吃，行吗，不行还得说行，咱们做了没说不行的，谁也不敢那么说。那时我和张端去深县开会，他是书记，一个人吃四两，不但要吃饱，还得有富余，你说这不是胡来吗？这是在县里，深县当时是大深县，当时饶阳划归了深县，大深县。"瓜菜代"，哎呀，真是！咱们这个生产队没那么穷过，没有那么缺粮食过。"瓜菜代"，真够呛。

问：村里饿死过人吗？

答：这村里没有。咱们这村比较来说基本上是富裕。咱们这里粮食产量高，比周围村都高，就是 20 世纪 60 年代"瓜菜代"，比周围村还是强。当时我在食堂里当管理员，管七八个伙夫，管账、管粮食、物资发放。

问：这些做饭的都是什么人呀，他们能吃点好的吗？

答：老头老婆儿、中年妇女。社员们也说你做饭的，肯定吃点好的，实际上不像人们想的那样。那时候无非就是蒸玉米面窝窝头，熬玉米粥、小米粥，当时高粱还很少。白面卷子？没这个，没有。

问：那会儿不种小麦吗？

答：种小麦，大部分都征购了。

问：这里征购粮食主要是小麦吗？

答：规定一年征多少斤，有时候把秋季的粮食在麦季就预征了。我记得有一年咱们村把全公社的都交了，那年交的最多，那是哪一年咧，有年头了。

问：当时有没有自留地？

答：有点。自留地不种粮食，就是种点菜，有限的点。一家子也不定有二分地，一个人有三两个畦，太少，也种不了什么粮食。咱们这儿地少人多，当时一个人合一亩三分地，最多的时候一亩五。

问：咱们村有多少人、多少地？

答：我当支部书记的时候，全村是 2600 多人，这是 1973 年，1974 年。后来这村没怎么添人。原来地多，平分的时候 4000 多亩地。后来，这儿也占那儿也占，修路、医院、学校（五公中学）、种子站，这个村本身扩建也占了不少地，庄户比原来大了一倍。现在一人连一亩也合不上，估计也就剩下 2000 多亩。

问：修京九铁路占咱们村的地了吗？

答：占了。

问：怎么补偿的呀？

答：应该是给钱。

问：您再谈一下 1963 年发大水以后村里出工海河的情况。

答：一年两次去。

问：您出去过吗？

答：出去过。

问：带队的？

答：不是，我是干活的。

问：去的哪里？

答：那早了，上城里东北挖河，就在本县，没出过县。我出去不多，也就是两三次，赶后来在村里当干部。

问：您说的是根治海河以前，在本地挖沟挖渠。从 1965 年开始每年两期根治海河，咱们村大概派多少人出去呀，怎么选的那些人？

答：派呗。大队总的一个带队的，三个生产队各有一个带队的，一个队出三十人、二十人，一年春秋两季出去。当干部的，当分支书最挠头这事，他得负责落实人、物、工具。

问：是抓阄还是派工？

答：直接派工，咱们这儿没有抓阄的，外村有抓阄的，咱们这项工作做得还算到位。

问：当时人们是想去还是不想去呀？

答：有想去的，也有不想去的，大部分还是不想去，都怵悸这事，那活儿了不得，队里干活儿没那么累呀。想去的是在村里不能吃饱饭的，因为在海河那边吃饭管饱，敞开吃。

问：当时咱们村一个工值合多少钱？

答：那时候少，就几毛钱，后期到 20 世纪 80 年代以后才到一块钱。三队的工值相对来说高，最多到一块多。

问：没人出去的话，村里是不是有一些补助，激励一下？

答：这村没怎么补助，有的村好像补。我觉着尽管人们不愿意去，还比较正常。我说的正常的意思，是该怎么着还怎么着。有人不愿意去就做工作，怵悸归怵悸，派上你了，该去还得去。谁管这个事儿呢？村里有三个生产队，一个生产队一个党分支，分支书管着这个事儿。这是一项最艰巨的任务，不好闹啊！分支书在生产队就跟连队指导员似的，主抓政治思想工作，分管人事，这个任务大啊。这时候（现在）的人们真叫好啊，过秋过麦，没事儿没事儿地就完了，全部机械化，机器一进地，麦子三天就完活了。集体的时候在场里得一个月。

问：集体化时期从五公出去工作的人多吗？

答：不多。当时想出去的多多了，但是村里不放人。你像有点关系的、有点门路的，想出去找个工作，找个事儿干，五公不放行。特别是你在村里担任个职，负责点儿事儿，你更走不了。你在村里负责一摊儿，应该以本村的工作为重，最好别出去，当时就这么做工作。要不后来人们埋怨，干嘛那会儿不让走，不然到现在的岁数一个月能挣个几千。

问：人们为什么想出去，出去挣钱多吗？

答：那时候出去不是为了挣钱，主要是想离开农业生产，反正是愿意出去。张全最近去世了，当年张朝可就拦着他不让走，因为他负责电工组，他要走了村里不受影响啊？张全就是张戬的哥。

问：咱们饶阳的那条小铁路是怎么修起来的？

答：咱闹不清。

问：国家推行家庭联产承包责任制，村里是什么情况，耿社长跟您聊过吗？

答：当时划分土地包产到户，我是五公公社化最后一任书记，我盯到最后把地分下去了，我也就歇了。换了届，换上张满囤，后来我到粮站上待了几年。

问：五公实行责任制，分地是哪一年？

答：1983 年冬天开始，到 1984 年春天彻底分了。

问：分地的时候人们愿意吗？

答：不愿意。

问：那怎么办，工作怎么开展呀？

答：做工作呗，除了做工作也没其他的办法。当时大部分不愿意，都觉着没保障，集体有保障。不过到了真正分的时候，人们都觉得好了，沾了光了。实际上，刚分那几年越来越觉着好了，现在觉着更好了，成了这样了。其实，咱们当时要是不分，也一样能挺过来。当时上至干部，下至群众大部分不想分，觉着分了没底儿，有的找来说咱们可别分了。

问：当时压力不小吧？

答：压力不小。工作组来了，我盯着。

问：20 世纪 80 年代以前，集体化时期五公村与周围村子比，比他们强吧？

答：是的。

问：那现在来比，是否还比周围的村强呀？

答：不好说，不好说。咱们有个好基础，农业技术好，水利条件好、电力好，地也好，产量上得去。现在种了这些年了，人家超过五公的也不少，从产量上。

问：现在跟人家横向比较，咱村发展是相对慢一些吧？

答：是的。咱们要是不分，也能挺过来，兴许比现在还好。

问：这个村的井是什么时候打的？

答：原来的井早不行了，淘汰了，后来陆陆续续换了。最早是 1953 年那会儿，省打井队给打的两眼铁管井，当时那个井，水哗哗的，不抽自流。当时村里也打，是人工打，一个大轮子，用的是竹管子，以后是洋灰管子。原来是浅井，现在浅层水已经没了，都得是深水井。现在用的井都是分了地以后打的。

问：现在的井都得打多少米？

答：打个三百米往上，地下水深了。

问：您从书记职位上 1984 年退下来以后，您去哪里了？

答：我去棉站了，饶阳县供销社和五公公社、五公大队三家联合成立的一个棉站。纪念馆是那个供销社旧址，大队拿出了七十二亩地建立的。

问：棉站主要是干什么的？

答：棉站那时候是收棉花，加工后把棉花打成包交给国家。

问：当时效益怎么样？

答：一开始效益还行，到后来就不行了，越干越不行。一开始种棉花的多，生产棉花也多，那时候还行。后来地里的棉花种的少了，产量也低了，行市也不行了。后来的棉站都倒闭了，县里有三个棉站，这是县里三个棉站之一。

问：您在棉站干了多少年？

答：干了二十多年。从 1984 年到我歇，我歇的时候，差不多是 70 或 71 岁。

问：棉站最后就破产了，给了点钱吧！

答：是，一次清。

问：您现在有工资吗？

答：没有。棉站破产了，因为是临时的，所以一下结清。

问：您在村里当这么些年干部，现在有点生活补助吗？

答：有一些任职老干部的钱。

问：一个月有多少？

答：2013 年填表落实的。我眼看不清，我孩子们拿着呢，我大概是多少也弄不清。当时一个人和一个人的也不一样，大概是几十块钱，和老人的钱一样。一个村干部和一个村干部不同，按任职时间长短给。必须是正职连续任职十年才有，这就是条件。

问：干够十年的不多吧？

答：少呀！五公村干十年的就不多，更何况是连续任职，中间还不能停。

问：您天天在家干点什么？

答：出去遛会儿弯儿，看看报纸、听听广播，看电视眼还不行。

两位老人的土改印记

李二刚　索兰芬　**口述**　郑清坡　**整理**

采访时间：2013 年 7 月 22 日。2014 年 8 月 5 日、2015 年 8 月 3 日回访。李忠信既是采访人又是被采访人。

李二刚 （1922—2018 年），男，抗战时期的堡垒户，参加五公村青年救国会，1943—1945 年在冀中区当交通员，1952 年回五公村，在县委驻邹村工作组，后调粮站工作。

※索兰芬（1929—　），女，19 岁迁到五公村，曾在大队缝纫组工作。

问：您老今年高寿？

李二刚：92 了，1922 年生，这村数我大了。

问：您年纪大，经历的事儿多。

李二刚：经历的事是多，我记不住。

问：没关系，把您记着的一些事给我们说说。

李二刚：我闺女退休前当县妇联主任。

问：那您经历过抗战吧，打日本鬼子？

李二刚：经历过也记不清。

李忠信：你哪一年去冀中当兵的？

李二刚：记不清了，大概是 22 到 24 岁在冀中。

问：去冀中之前一直在村里？

李二刚：一直在村里的青救会，那时叫青年救国会。

问：您在那里做什么工作？

李二刚：就在村里工作。

李忠信：那时候闹日本没有？

李二刚：闹了。

问：怎么闹的？

李二刚：那时候打日本鬼子，我也不怕，就想和他们撞撞。

李忠信：日本人来了，别人跑他不跑，后来挨了打了，他说，敢情日本人不说理啊，真打。

索兰芬：咱们当堡垒户的时候，你出去了没？

李忠信：张曙光、韩启民①在家住的时候，你走了没？

李二刚：那时候在村里。

问：您跟他们一起工作过？

李二刚：嗯，工作过。

李忠信：张曙光当年看望老耿的时候，每次出来都来他家里看看。

问：咱们这进行过减租减息没？

李二刚：记不清了。那时候我在八分区。

问：您做什么工作？

李二刚：没什么正式工作，当交通员什么的。

问：每天都干什么？

李二刚：记不清了。

李忠信：他岁数太大，有点糊涂了。

问：打日本的时候您跟耿长锁在一块待过吗？

李二刚：那时候，我不是正式工作，主要在青救会。

问：耿长锁成立互助组的时候，您在哪？

李忠信：1943 年互助组当时规模和影响不太大，1948 年合了组之后才逐

---

① 张曙光（1922—2002），男，河北饶阳人，新中国成立以前，历任中共饶阳县委青委书记、县委委员，冀中八分区青救会主任，中共献县、武强、青县县委书记，中共冀中区党委青委组织部长等职。新中国成立后，历任共青团河北省委书记、共青团中央办公厅副主任、中共昭通地委书记处、中共云南省文山壮族苗族自治州第一书记、中共张家口地委第一书记、中共河北省委书记、河北省省长，内蒙古自治区党委书记等。1987 年任中央顾问委员会委员。是中共第十二届中央委员、党的十三大代表。

韩启民（1917—1992），女，河北清苑人。抗战时曾任冀中区妇救会主任，解放战争时期任晋察冀边区妇救会副主任、中共冀中区党委妇联会主任。石家庄解放后任石家庄专区第一位专员，中共石家庄地委第二书记、地委书记处书记，历任河北省卫生厅厅长、党组书记，河北省副省长，省人大副主任等职。

渐壮大。到（一九）五几年以后开始初级社、高级社，这些就比较清楚了。

李忠信：您是（一九）五几年回来的？

李二刚：我是 1952 年回来的，具体的记不清了，老了，我的脑子不行了。

问：没事，就是随便聊聊。1952 年回来后都做了什么？

李忠信：他回来后就去工作组了。

问：工作组都做什么工作？

李二刚：工作组没什么规矩，什么也干，村里有什么事，开个会。工作组驻邹村。

李忠信：工作组是县派下来的，因为这里成立互助组、合作社比较早，属于县里派下来的驻村工作组，主要工作是搞互助组。

问：当时是怎么组织村民搞互助合作的？

李二刚：依靠村里边（村行政组织）。

问：那您举一个具体的例子，怎么组织的，对不想入社的村民采取什么办法？

李二刚：那时候糊里糊涂地，就是去了串串门，说说谈谈。

李忠信：就是动员，说互助起来好。

问：往后您在村里干啥？

李二刚：什么都干。

问：主要做什么工作？抓生产吗？

李二刚：生产抓的不多。

问：管副业吗？

李二刚：那时候没什么副业。

李忠信：您从去工作组到粮站是哪一年啊？

李二刚：年号我记不住了。

问：您去粮站时，大概多大？

李二刚：二十五六。

李忠信：三十五六还差不多。

李二刚：对了，脑子记不住了。

李忠信：粮站在邹村？

李二刚：一开始在邹村，后来挪到这村里来了。

李忠信问索兰芬：你哪一年嫁过来的？

索兰芬：我是 19 岁上。

问：您今年多大？

索兰芬：85 了。

问：土改时咱们村是怎么开展的？

李忠信：咱们村土改早，不是 1946、1947 年，解放区土改比较早。我是 1947 年生在东北，1950 年回来的，没赶上。土改工作组成立贫下中农组织负责平分，有张端他爹，我记得他上里头了，我听他老婆儿说过。

索兰芬：让人们交东西闹平分的时候我来了，我赶上了。

问：怎么分的？

索兰芬：……把他圈在大队里，圈起来了，他媳妇就快坐月子了，有半袋麦子，他家是上中农……

李忠信：那时候开始搞平分有点"左"倾，上中农的都分了。

问：那半袋麦子谁家的，也给分了？

李二刚：李宗祥。

问：怎么分的他的麦子？

索兰芬：他媳妇坐月子了，有人把麦子给偷出来了，把他家的地分了。

李忠信：实际上那时候碍不着村干部，平分工作组来了以后成立一个组织——贫下中农小组①（索兰芬：对了，都是那些穷人们），村里干部没那个权力。叫"搬石头"，是不是？

索兰芬：嗯。他家里也得吃点饭吧，过年了，给了一点饽饽……

李忠信：哦，把钱捐献了，谁拿了他的麦子了？

索兰芬：××家拿的，埋到柴火垛里面……没分他家麦子。

李忠信：哦，是这么回事：实际上没分他家麦子，一个邻居把他家那半袋麦子偷出来藏到柴火垛里，赶李宗祥媳妇坐月子时，觉着人家没吃的，又给他拿出来了。那时候是一种极左思潮，有那么一段。平分那时候大名叫"土地改革"，小名叫"土地平分"，该匀出去就得匀出去。这个村里没多少

---

① 贫下中农小组指贫农团。

地，地主、富农也没有多少地。

索兰芬：那时候这儿穷着哩，没多少地。

李二刚：那时候的财主也一样，这村是个穷村啊。

问：当时平均每人有多少地？

李二刚：一亩地。

李忠信：不是现在，是 1947 年平分那会儿。

问：1947 年平分时候你家有多少地？

李二刚：一亩地。

问：您家有多少人？

李二刚：十来口。村长家有二亩多地。

索兰芬：他家早先穷啊！

李忠信：那时候大户人家也没多少地，小户更别说了，这个村里没佃户。

问：没有佃户，那有地主和富农吗？

索兰芬：没有。

李忠信：有。一个村一个情况，比如一个村平均一人三亩地，你要平均上六亩就分你的地。定成分的时候，基础差的村也划地主，各村划分标准不一样。

问：您家分到土地了吗？

索兰芬：分了没分，俺没记住。

李忠信：这村里的地，一个少，一个大部分是贫地，除了盐碱地，就是沙土岗子。

索兰芬：种麦子不长。

李忠信：那时候有"搬石头"。你不老实把你圈起来，实际上就是集中在一块给你做工作，叫你学习，给你讲政策。

问：你们这个村有没有"搬石头"？

李忠信：没有，主要就是搞平均。

问：人们怎么对付搞平均政策的？当时都穷啊，还得拿出点东西来？

索兰芬：不用拿出多少东西。

李忠信：咱们这儿东边这家是地主，他也下地干活，也是靠自己劳动，没雇过人。

李二刚：四十几亩地就算地主。

问：家里几口人，才四十几亩地就划成地主？

李二刚：五口人，四十几亩地就算地主了。

问：那时候村里组织过贫农团、农会吗？

索兰芬：组织过。

李忠信：搞平分的时候分人家的地和东西。张端他爹就在贫农团，我记得他说过，那老婆儿给我说过。

问：贫农团和农会怎么开展工作？

索兰芬：动员人家。

问：后来这些组织一直保留着？

索兰芬：没有，这些都是临时的，就那些穷人们穷得没饭吃，到别人家里要地要东西，平分完了就完了。

问：平分土地之后，有没有发土地证？

索兰芬：发了，当时归小堤管。

李忠信：当时是四区。给了土地证之后才搞的互助合作。

问：您家什么时候加入的互助组？

李忠信：1949 到 1950 年，咱村里已经有二十多个小组。

问：您家加入了吗？

索兰芬：加入了，有个十来家。

问：你们怎么加入的？

索兰芬：那时候我们不当家，我们出去做活，听我公公开会回来叨叨过。

李忠信：实际上是受老耿这边的影响，他们组织起来的早，上头区里也宣传动员。

问：土改时，妇女有什么活动？

索兰芬：参加劳动，加入妇救会。

问：怎么动员你加入妇救会？

索兰芬：那时我没来。

问：参加互助组有没有什么条件？比如出资入股之类的？

李忠信：没有，一般就是两方面：一个是土地入股，一个是土地和劳动分红。一进入初级社，土地就不分红了，只剩劳动分红了。①

问：如果这样的话，土地入股，骡马和生产工具怎么办呢？

李忠信：也分红，就是按整个收入的百分之几。当时一般的穷户没有骡子和马，个别家有牛。想知道当时入股的详细情况，问问乔利广，他十几岁就参加工作了，当时咱们村成立青年团，他 1953 年就访问过朝鲜。这个情况可以问问乔利广，肖献法可能也知道一部分。

李二刚：献法来了？他多大岁数了？

采访人：这几天，天天跟着我们跑这跑那，75 了，身体挺好。

问：乔利广他们知道怎么组织的吗，我是想问你们家里是怎么搞生产的？

李忠信：年久的事记不清了，当时她主要弄着孩子，主要是靠老人，公公婆婆。

问：您哪一年生的孩子？

索兰芬：老大是 64 岁，属虎的（1950 年生）；老二是 58 岁（1956 年生）。

问：您生孩子之后是一边看孩子一边下地？

索兰芬：孩子一周多没下地，两三岁时才做活。什么活都做过，不劳动怎么挣工啊！

李忠信：那时候小孩都跟着大人干点活，叫带着"铃铛"做活，我 1953 年上学以前就给大人做饭送饭，那时候我父亲不在家，家里劳力少。

问：从加入互助组到加入合作社，怎么动员？

李忠信：召集户主开会动员，他们当时主要听老人的。

索兰芬：几户商量，几家（关系）不赖的，就成立一个小社。

李忠信：离得近，投脾气的，多种条件呗。再一个找一家子的，当时宗族观念很强。

问：小队的时候，你们队（三队）有多少户？

李忠信：200 多户，1100 多人，到承包的时候是 1113 人，这个队人数最多；二队 700 多人，一队 900 多人。1990 年时我们村是 2747 人。

问：小社的时候就有 200 多户？

---

① 初级社土地还参加分红。

李忠信：没有，那时候 5 个队是 170 多户。

问：入小社的时候，土地和生产工具怎么算？

李忠信：有底儿，有初级社章程，土地怎么分，人怎么分。外宾来的时候也找过这段的资料，也是回忆资料。那时候秀峰有，他写了几本书。

索兰芬：对了，他有。

问：有没有不愿意入社的？

索兰芬：没有。

李忠信：这村里没有，曹庄（现属饶阳县饶阳镇）有一户，就我知道的，从公社以后全县也不过这一家。

索兰芬：对对。

问：他为什么不愿意入？

李忠信：单干户。

索兰芬：他没个媳妇，有个老娘，就这么放光棍，就不入，有点地就种着。现在还有他没？

李忠信：有哩。

问：上级组织不找他，允许他单干？

李忠信：找他也不入，到联产承包一直没入过。

问：像这样一直不入社，政治上不会有问题？

李忠信：大部分都随大流儿，他就是不入。

问：他家有多少地？

李忠信：土改时多少就多少，多不了。

问：他不入社怎么过呢？

李忠信：老困难了。

问：他要是浇地怎么办？

李忠信：他都是旱地，集体的井也不让他用。他家里老困难了，承包之后，也没人和他一个组。

问：之后也没批斗过他？

李忠信：没有。他以后想加入了，但是没人要他。

问：那时候妇女们参加劳动讲不讲男女平等？

李忠信：也讲。平常生产队记工，一天是十分工，年底再给你评。

问：如果给你评少了，你不愿意怎么办？

索兰芬：不愿意也没法啊。

李忠信：大伙给你评的，不过这个村里的评分差距相当小。队长、副队长们一天 10 分，普通社员最高也达到 9.8 分，男的还有 9.6 分、9.5 分、9.4 分的，有的还不如女的哩。

问：那时候妇女一般干什么活？

索兰芬：以前在小队时候什么活也得干，后来都上大队副业组了。

李忠信：缝纫，大队成立的缝纫组。

问：缝纫组每天的活是怎么接的，上级派任务？

李忠信：自己接活，也有公家的活，做过劳保服。

问：您平时在缝纫组的活都是村里社员个人的活？

索兰芬：对，村里的活。

李忠信：就是集体搞副业，该记工分，记工分。

问：怎么记工分，计件还是日工？

李忠信：包活没？

索兰芬：没那样过，一天一天的记工分。

李忠信：那时候人们的思想单纯，不计较。

问：每天的活不一样，比如今天活特别多，明天又没活，那工分一样吗？

索兰芬：今天去给个工，明天不去就没工。

李忠信：加班加工，活太多给人家做不出来，得加班，加了班给你补点工。

索兰芬：也不给啊！

李忠信：大部分时候给啊。

索兰芬：我那时候都没给过，哈哈哈。

李忠信：有时候白天耽误点，晚上也得加加班，也就不扣工分了。

索兰芬：你说那时候人们的思想咋那么好！白天做了活，回家赶紧吃了饭，还得去地里拉两车棒子，哪一个也积极地不行……现在的小年轻们，露着胳膊露着腿儿，（当年）没那样儿的。这一代人们可不如那会儿好了。

李忠信：那时候都是以社为家，讲爱国主义，单纯得多了。一说参加义务劳动，要是谁没去，自己都觉着丢人多了。集体活动非常积极，也有依赖集体的思想，你看分的时候谁愿意分，谁也不愿意分。

问：可是现在人们的生活好了。三年自然灾害那会得多饿呀，这村有饿死过人吗？

索兰芬：也没有饿死的，吃棉花籽。

李忠信：就是浮肿的比较多。吃棉花籽窝窝，去了皮就是好的，不去皮一咬一股黄水。

问："文革"影响生产吗？包括副业，"文革"期间受冲击了没？

李忠信：这个村基本没影响生产，大队里老耿和徐树宽，有几个游街的，但是三个生产队队长们都没倒，照常进行生产。

索兰芬：检讨了几天。

李忠信：你说的是"四清"。

我在五公做会计的工作记忆

徐根 **口述** 郑清坡 **整理**

采访时间：2013 年 7 月 18 日。2014 年 8 月 2 日、2015 年 8 月 3 日回访。

徐根 （1934—2019 年），男，高小毕业后任五公村会计，1965 年进入党支部，任民兵连指导员，二连分支书，后到大队担任秘书，再后到五公村油脂化工厂工作十余年。

问：您今年高寿？

答：我今年虚岁八十。

问：看着可不像。

答：现在浑身是病，眼睛也不行，有糖尿病、高血压。

问：到了这个年纪多多少少都会有点，您的精神状态挺好的。我们就开始聊吧，想到哪说到哪。您是哪年出生的？

答：1934 年。

问：您对抗战时期的减租减息有没有印象？

答：抗战的时候我才十几岁，当时生活条件也不好，敌人经常来"扫荡"，那时候年龄不大，但是也记得一些事情。这个村里地少，村东头的一般打些绳维持生活，西头那边的种些菜园，生活比较困难。东头耿长锁同志组织起来四户农民，当时生活困难，耕种牲口也挺少，都是用犁，有时候是人拉，组织起来以后力量比较大一些，容易维持生活。慢慢地，组织起来的规模就越来越大，把村里各户都组织起来了，村里生产队比较多，一共有十个生产队。我那会儿正在上学，因为经常闹病，老是头疼，神经衰弱，考过一回中学也没有考上，所以没再上学。我高小毕业以后就回农村劳动，在生产队当了一年会计。又出去待了七八年，然后 1963 年就回来了。

问：您哪一年进的大队？

答：1964 年粗线条"四清"，"四清"完了以后，1965 年我就进到党支部，这时候已经成了三个生产队了。进了党支部以后，我在民兵连当指导员。生产队也就比较大了，我当了一个分支书。那时候老耿也经常去别的地方参观，也有人来这个村里参观。

问：对耿社长哪些事情印象比较深？

答：在勤俭办社这方面，无论是出去开会也好，或者是参观也好，耿社长总教育人们：自己带着饽饽，不能上饭馆吃饭，不能总是贪图享受，自己带着还便宜啊。耿社长当时的思想是一心为公。那时候村里的社员干部出去参观，比如去大寨或其他地方，都是自己带着干粮。那时候吃顿饭就是沾集体的光，不能有这种思想。在耿社长的带领下，尤其是这村土地不平整，都是滹沱河的故道，旧的河沟，沙滩。耿社长领导人们平整土地，打井，以后慢慢地产量也就这样一点点增长起来了。原来是旱地，打井以后，水浇地逐步增多了，农民的生活也就逐步改善了。总体来说，耿社长确实带着人们从穷社会一步步地把生活提上来了。

问：耿社长在省里任职后，他是在村里住还是在省里住？

答：他就是在村里住，没去过别的地方，他是全国劳动模范。

问：他到省里任职以后村里有什么变化？

答：那个时候，说变化也不像现在，当时农民就是种地，从土地上，从农业产量上来提高，副业是逐步才认识到的。只有副业上去了，以副养农，农业上去的就更快了。在以前不行，以前你种地就是种地，以后逐步认识到土地的产量到头了，一亩地一两千斤就到头了，产量再上也上不去了。以后各个生产队才搞些副业，以副业来支持农业，变化也就一步一步大了。

问：村里从什么时候开始搞副业？

答：从 1970 年副业才开始多了，以前就是农业，以前不行，从 1970 年以后才开始搞。

问：以前为什么没搞副业？

答：以前总是研究打井，平整土地，在这些方面下的力量比较大。

问：1970 年以后搞副业都搞什么？

答：一般时候就是织布、合线、打绳，有时候弄点橡胶，都是些小的副业。

问：副业生产怎么组织的？

答：一个连（生产队）一个连地搞，哪个连干得好，你的收入就多。各生产队都出去找副业，大队也组织。

问：副业产品往哪里销售？

答：像合线都是给人家加工，打绳一般也是加工的比较多，挣一些加工费。

问：（一九）七几年你们搞副业，上面有没有说搞资本主义，割资本主义尾巴？

答：那个时候是有，也批判这个。但是人们都意识到这个问题了，因为你不搞副业，农业也支持不了。那个时候从思想方面也是这样的认识，小的副业也是集体搞，你个人搞，好多说不行，说支持不了农业，都是集体来搞。

问：当时耿长锁有没有支持副业？

答：他一开始有阻拦的思想，阻拦劲儿比较大，也是逐步逐步改变的，后来逐步认识到副业的重要性，没这个支持不了农业发展。比如农业上，种粮食需要施肥，打井需要资金，你资金从哪儿来呀，没办法。你卖点粮食，那时候化肥也挺少，产量也不如现在。你交的粮食多了，多给你点化肥，交的粮食少，就少给你点化肥，当时就是这么个情况。

问：当时粮食亩产量有多少斤呀？

答：那个时候，一般麦子就是八九百斤。

问：什么时候产八九百斤？

答：（一九）八几年那会儿。

问：（一九）五几年那会儿呢？

答：那时候产量低，那时候开始打井，因为井少，又是旱地，产不了那么多。慢慢以后就是五六十亩地一眼井，基本上五六天就普遍能浇一水，产量就上来了。

问：那时候怎么组织打井？

答：以连（生产队）为单位，刚开始用人工，利用早先种园子的井驼，用人工打个眼，下竹筒，再放上抽水机就可以出水了。逐步地以后就用大管，再后来就用机器打井啦，这样一步步来的。

问：五六十年代麦子的亩产量大概有多少呀？

答：那时候也就是六七百斤吧，600多斤吧。一般都是算平均的，能够浇上水的地，产量就高多了，那时候浇不上的就不行，平均是600多斤。

问：600斤在五六十年代比其他地区真是高出不少，用什么方法让产量这么高？

答：一个就是平整土地，土地平了以后就打井，浇上水了，产量就上去了，浇不上水产量就上不去。

问：土地改革时候的事还记得吗？

答：那个时候的事情记不太清楚，因为那时候我正上学呢，还小。那时候就是平分土地，土地多了拿出来，土地少了就可以分到土地。

问：五公村当年是怎么组织起来的？

答：那时候就是四户。打个比方，你种着五亩地，你有头驴或者马，可是我没有，那咱们就一块儿种一块儿收。否则我就种不了，犁地就得用人，有个牲口还方便。这样一起插伙种地，问题就能解决了。有一个人手头有资料，整个大队的情况他都比较清楚。

问：说说您高小毕业怎么当的会计呀？

答：当时生产队里识字的不多，一说高小六年级毕业算是有文化的。我在那个时候算是有文化的，后来干了一年感觉身体不行，就申请不做了。

问：干会计的时候给人家记工是按什么标准？

答：那时是劳动一天，早晨2分，上午4分，下午4分，这10分算一个工。每天晚上他们报出工情况以后，我记下当场往墙上一贴，这算是一天的劳动。那时候一个社户数也不多，三四十户，劳动都是自己报，别人谁都能看得清，这个算劳力分红。那时候还有土地分红，土地分红就是入社后谁家的土地多就多分点，谁的土地少就少分点，最后结算的时候再算分红。那是1954年、1955年左右。

问：是不是别人报多少你就记录多少呀？

答：是。谁来了以后报完就记上，他自己也不虚报，因为别人都能看得到，大家都是心明眼亮的。

问：分红的时候怎么分呀？

答：我记得是二八分，主要是劳力分的比例大，土地分的比例比较少。我走了以后时间不长就取消了土地分红了。

问：分红的时候有没有发生争吵的？

答：基本上没有。

问：20 世纪 50 年代初期人们是怎么看待合作社的？

答：那个时候基本上刚组织起来，人们觉得新鲜，人们都是挺积极的，觉得是个新鲜事儿。七八个人，十来个人一吃饭，干活就走了。

问：有偷懒的吗？

答：后面也有的偷懒，偷懒就偷点，也不好说。无非就是队长领着你干活儿去，误不了大伙也没什么事。如果偷懒了，大家都能看得见，评工的时候大家都会反对，就评的少了。评工分不是哪一个队长指定，是大伙儿评。你偷懒，完事评工的时候，一天 10 分算一个工，人家都得 10 分，就给你评 8 分、9 分，你也没办法，大家给你评的，凭这个你也不能老是偷懒。

问：1963 年您回来的时候当时"四清"，村里清出了什么问题没有啊？

答：我是 1963 年回来的，1964 年就是粗线条"四清"，1965 年进大队。

问：去支部都做了什么？

答：我算是大队党总支的委员，一开始兼职二连的分支书，是这么分的工。时间什么的也记不大清了，现在我这脑子记不住事了，这个岁数脑子也退化了，本来挺熟悉的一个人，让讲讲什么呀，有时候好长时间才能想起来。你去问那个人，大队的资料他老管着。在二连当了十几年分支书，后来我说不行，太累，总是领导人们干活儿。后来我到了大队，在这边算是个文书，秘书呗，当了也有个十来年，后来又去油脂化工厂待了十来年。

问：油化厂是什么时候成立的？

答：生产队后期，（一九）八几年那会说要搞副业，大队里说搞个油化厂，榨油的，就是收花生呀、大豆呀回来榨油。后来这个厂子大队里老觉着投资太大，最后公社里兜起来了，就让我去那里面干活儿。

问：二连当分支书做了十来年，真是不短呀！

答：当分支书十来年，秘书十来年，后来到油化厂。当时宋欣茹搞了个造纸厂，当厂长，她在河北省来说也是非常有名，这时候人们就逐步认识到要搞副业。油化厂干了十多年我就歇了。这两年老闹病，记忆也不行了，都忘了。

问：您在二连当支书的时候怎么组织生产呀，怎么分配任务呀，分红呀，如果社员有了矛盾怎么处理，怎么执行上边的政策等。没事，慢慢想，想到哪说哪。

答：那时候处理问题，在二连我是个分支书，队里有队长，有副队长。队长他们都上地里了，我主要就是抓政治思想工作，有时候学习，到地头上念念报纸，有什么新闻之类的，利用休息的时间给人们念念。处理问题也短不了，分配的时候人们不听说，不听说就做思想工作呗。那时候主要的问题就是去挖河，一年需要两次，春天一次，秋天一次。那时候挖河很累，不像现在都是用机器，那时候一开始是人抬，两个人抬，后来用小推车，从河槽里往外推土。那时候，这个活儿不好做，人没那么大的力量，人不愿意去，累呀，那你也得去。那时候干得慢了上边来抓你的典型。总体来说，挖河这个工作不好做，一年两回，但是不好做也得要做，不做也没法儿。

问：一年两次是不是根治海河？

答：是的，就是根治海河！那个活累啊，一开始是两个人抬，用编的那个大抬筐，后来用小车推。人和人的力量不一样，有的力量大，就觉得轻松点，有的力量小的就觉得吃累。因为活儿很累，不好干，他去的多了你去的少了，就发生争吵。弱一点的人说我去我顶不住，经常让他去，他就要计较这些。

问：您去挖过河吗？

答：实际我没去过，我就是在连里做工作，得做通了工作。我这里做通了工作以后，连里再找出一个带工的去领着做活儿。但是做工作我就得亲自去做，要不组织不成，走不了。

问：说到根治海河，我们来这之前去了保定高阳县村里访问，那个地方也是根治海河出工，他们那里的人都说愿意去，因为他们说在工地上吃得饱。

答：确实，那时候在生活上比较一下，去了能吃个饱饭。这村从整体上说比周围的村强一些，也有些困难户，是极少数。当时用工分分红，个别人口多、劳力少的户，分到的粮食少不够吃的，或是愿意去给家里节省点粮食的，那时候就愿意去。所以说出去能吃饱的话，人们去的积极性就高点，他觉得去了有好处。不愿意去的呢，是因为没有那么大的力气。

问：到承包土地的时候村里是个什么样，（一九）八几年那会儿？

答：早些时候也搞承包，"三自一包"，后来上边不断批判，实际有时候这些事下边也不好闹。那时候人们都不愿意当干部，当干部有事儿以后，有时老耿带着人们，都是这个思想，那时上边总批评，下边实际问题又解决不了。你包了他也没法，上边还老是批判，"三自一包"、"四大自由"，那时候当干部也不好弄。

问：那大概是什么时候？

答：（一九）七几年的时候，那个时候挺不好闹的。

问：那干部遇到这种情况怎么办呀？

答：稀里糊涂的，有时候生产完不成就得承包出去，包出去了干得就是快。不包出去，老得一个干部带领一伙儿干，有的还偷懒，愿意歇着。包出去了，你就别管了，到时候检查一下就行了。必须要承包出去，如果承包不出去生产提高不了。

问：20 世纪 70 年代以后村里有往外包土地的吗？

答：有啊。

问：怎么包的？

答：地里农活儿，比如锄地，按一个壮劳力来说一天能锄五趟儿，按这个标准（五趟）完成了就给记一个工，如果完不成，你锄了四趟儿就少记，这算是包工。根据活儿的质量，比如说打井，打多深，就算多少工。给你说透了，比方打井，一口井正常来说打五天，五个工，如果你打了四天完成了也给你记五个工，打三天完成也是五个工，如果打了六天、七天才完也就是五个工。他就是按照一个劳动力一天能干多少，定下来，人家认为定的标准行，就按着标准算。

问：社员对于包工怎么看？

答：有的还是愿意包，他觉着包工比较自由，干完了就可以干别的。日工就不行了，比如八点上班，十二点收工，到时间人家才让你收，不说收工你回不去，你不听人家的提前走就少记工。包工比较自由，你早起天气凉快可以多干一会儿，天气热起来了不去了，活也没少干，落不下，家里有点事儿也不耽误。这样，人们还是愿意包工。

问：村干部对此事是什么态度？

答：干部也愿意包下去，这样也能省心。到时检查一下质量就行，质量不行就扣工分。

问：麻烦事就是上边总批？

答：是呀！

问：干部遇到这样的批评怎么办？

答：稀里糊涂就过去了，有时也包，你要较真就没法办，实际情况就是包工比较好。大年初一吃了饺子也去干活儿，平整土地，推着小车子去，去了以后也干不多，日工，一个来回的工夫就歇了，赶晌午回来了。一天天就这么耗着过去了。你说你不去吧，反正总共就是那么多粮食，你不去就挣工少，人家去就挣得多，反正也没什么事儿，去混吧，大家都混。

问：当时包工是有人提倡，还是从别处学的，是怎么开始的？

答：这个早就有，也不是在外面学的，就是自己搞的。

问：当时合作社对包工包产有没有批评？

答：记不清了。

问：这村里有过包产吗？

答：一般没到达包产，大多是包活，还没到包产那个程度，就是包活儿、包工。

问：这个村是1983年分的土地承包到户的吧？

答：是的。

问：当时是怎么分的，大家是什么态度，有没有引起一些争论？

答：1983年以后把土地划分了等级，分一、二、三等，按照每家的人口，比方说你家两口人，一等地给二分，二等地给五分，三等地给一分，好的坏的搭配。根据土地质量分成等级，按人分。

问：听说咱村里分地比较晚，当时投票说不愿意分，后来政策下来了不得不分，是吗？

答：1981年那会儿周围的村都分了以后，生产队干部不好闹了，觉着那会人们都不听话了，别的地方一分，人们思想和以前不一样了。不分的时候人们都觉得不分好，等别处都分了，人们的思想也就不一样了。

问：有想分的有不想分的，村干部怎么处理？

答：开始一般的是观望的劲儿大。后来，看着不分也不行了，也就放弃了。那种情况下，你不放弃也不行了，周围都分了。

问：是不是三队分的最晚呀？

答：差不多吧，我也记不清了，大概是晚一点。

老耿是我们学习的榜样

杨志勇　杨占恒　李玉慎　**口述**　樊孝东　**整理**

采访时间：2013 年 7 月 24 日。2015 年 8 月 5 日、2017 年 7 月 30 日回访。

杨志勇（1937—　），男，河北深州人，1954 年参加工作，1956 年加入中国共产党，1975 年至 1983 年任中共饶阳县委副书记、书记，县人大主任。历任中共深县县委副书记、中共安平县委书记、衡水地区纪委书记，衡水市第一、第二届人大常委会主任等职。2004 年退休。

李玉慎（1933—　），男，河北枣强人，1950 年加入中国共产党，曾任枣强中学教师、校长，后任中共枣强县委常委，中共安平县委副书记等，1983 年至 1987 年任中共饶阳县委书记。

杨占恒（1938—　），男，河北深州人，1960 年加入中国共产党，1958 年至 1986 年先后任深县城关公社书记、中共深县县委副书记、书记等职，1987 年至 1989 年任饶阳县政府县长。

问：您几位当年都在饶阳县担任过主要领导，对五公村、对耿长锁应该是比较熟悉，我们这次来就是想了解一下集体化时期饶阳县耿长锁和五公村的相关情况，我们想通过采访整理一个口述史方面的资料。

杨志勇：我是 1975 年 11 月份去的饶阳，1983 年那次机构改革走的，我在饶阳待了八年。

问：您今年多大岁数？

答：77 岁，1937 年出生。

问：您是饶阳人吗？

答：不是，我是深州人。深州东北边，离五公村十七八里地。虽然是两个县，但是离得挺近的。我认识老耿比较早，但是对他有深刻认识是我在饶阳工作的八年。这八年，也是学习老耿的八年，用老耿的言传身教工作的八年。八年当中，我与老耿建立了深厚的感情。我体会老耿一生最大的特点是实事求是，当然他的长处非常多了，最突出的是实事求是。在任何情况下不说假话，不弄虚作假，有一是一，有二是二。在这方面的事迹，肖献法知道得多，过去他去五公去得多，五公的一些东西知道得多。除了献法，还有白新学，现在衡水学院的副院长，他原来一直在新闻单位，在咱们衡水市政府当过秘书长，以后到《河北经济日报》社任总编。饶阳五公的情况，长锁同志的情况，新华社侯志义去得多。河北记者组老尹，原来在衡水当站长，他知道得多。还有杨殿通也知道得多。再一个就是老耿同志对自己要求非常严格，确确实实这个同志是廉洁奉公，廉洁自律。为个人的事，为家庭的事，为村里的事，从来不给组织上添麻烦，我在那儿八年，他没为个人的事儿提出过什么要求。

问：1975—1983 年这一段，耿社长还在县里挂着职吗？

答：有一段是，后来他是省革委会副主任，再到后来撤销革委会建政府，担任省人大副主任，这个时间长。所以县里一些重要的会议，都请他参加，有时不参加也个别的征求征求意见。老耿同志联系群众比我们做得好，什么样的群众也能说上话，群众想什么、盼什么、要求什么，有什么希望，有什么难题，老耿同志掌握得多，所以开会时候把这位老同志请上。他会知无不言言无不尽，咱们安排部署某一项工作，就不会脱离群众，贴群众贴得比较近。习近平总书记讲话，领导干部要接地气。老耿有什么想法建议，他会及时跟我们交流、谈话。那时候饶阳有三个志勇，我姓杨，叫杨志勇，县长姓王，叫王志勇，武装部政委姓刘，叫刘志勇。老王是饶阳人，他过去当过五公公社的书记，所以他跟老耿同志接触也多，我们两个跟老耿同志联系得多。老耿有什么特点呢？只要是县委县政府研究的事儿，包括公社党委研究的事儿，他都带头去执行。所以，我们身边有耿长锁这面旗帜，有五公公社的旗帜，工作就好做得多。五公当时的粮食产量在全区比较高，当时都是"过黄河"、"过长江"，都过了长江了。当时五公的产量是经得起检验的，是比较实的。

问：1983 年正好是五公"组织起来"40 年，当时搞活动了吗？

答：五公"组织起来"互助组是 1943 年，到 1953 年是河北省委主持召开的五公"组织起来"十周年大庆，以后每十年搞一次社庆活动，连续搞了三次。我 1975 年去了以后，到 1978 年，当时考虑怎么用老耿同志这面旗帜教育广大干部，怎么推广五公的经验，搞农田基本建设。五公那时候合四五十亩地一眼井，抗御风险的能力就增强了，当然那是艰苦奋斗闯出来的。为了宣传五公的经验，经过我们研究，给当时的地委书记李铁同志打报告商量，经他同意加开一次社庆活动，所以 1978 年加开了一次五公"组织起来"三十五周年的社庆。这次活动的目的就是为了宣传老耿精神，宣传五公的经验。会后，饶阳县掀起了农田基本建设的高潮。饶阳那一段时间确实是抓得紧，平地、打井、修路、划方、搞林廊，农田基本建设那几年干了不少。上上下下就是一个心，全县的面貌发生了变化。水浇地增加了，抗旱抗风险的能力强了，粮食产量也就上去了，农业在那几年确实有所变化。

问：农村平坟建公墓是那几年吗？

答：划了方得修路啊。当然不是说就哪一年，1978 年以前也搞，70 年代中期以来一直在搞，1978 年以后那几年力度就大了。

问：当时平祖坟有阻力吗？

答：哪一项工作都有阻力，关键就看各级党组织。干部带头，认真去抓，下死手去抓，就没有克服不了的困难。

问：1983 年四十周年又搞了吗？

答：又搞了一次。当时饶阳县招待所那个小楼已经盖起来了，正好用于接待。就是现在招待所的北楼，正是那个时候盖的。开了那一次会以后时间不长，我就因为工作需要离开饶阳到了安平。

问：离开饶阳后，您和耿社长还有联系吗？

答：1983 年 11 月份离开饶阳，在饶阳待了整整八年。离开饶阳以后，我家属没跟着去安平，还在饶阳。我去安平以后办的第一件事，就是修饶阳到安平那条路。没修路之前回家还得骑车子，四十里地，我下了班有时候就回去了，赶早晨一早再去上班。我那时候年轻，骑车子几十里地还不当回事，所以还断不了回饶阳。再一个，我老家离五公十几里地，我坐车回老家，正经过五公。所以说，我虽然离开饶阳了，还不断到老耿那儿去，有时候走到那儿就去老耿家转一圈。有时候去见着老耿，有时候见不着他，他不光在家里。老耿的大闺女跟着他，是西沿湾村的婆家，她比我大八九岁，最近她也没了，活着的话八十大几了。五公的情况也知道不少，没断了联系。老耿长我37岁，他是1900年生人，通过八年的接触，成了忘年交。我去五公，走到那儿，看见吃饭了就吃，有时候还得喝两盅，个人关系确实不错。

问：耿社长从石家庄住院回来，您去看他了吧？

答：1985年我在安平，有一天刚上班，饶阳县委办公室的同志来电话说老耿同志身体不太好。我听到这个信儿以后，让司机开了一辆破上海就往五公去了，一路上我说开快点儿，很快就赶到五公村，我怕见不上面。我去了以后，一看老头没事，挺精神，头脑也挺清楚，和他摆的工夫不小。那天确实人也挺多，大部分是村里的、县里的。待的时间不短了，我就给他说，我说我给人们说会话，他住在东间啊，我就到西间跟他家人嘱咐了一顿，我看着没事就回安平了。等回了安平，不是当天就是第二天老耿就走了。他走了，我得回去呀。听他闺女说，你走了以后，中午他非得找你，让你吃饭，非得让孩子们抬着他找去。孩子们对他说，已经吃了饭了，不愿意耽误你休息，他就走了。这是惠娟给我说的。那一次见了面竟成了永别啦！这是我一生当中的一件憾事，我要是知道的话就多待上半天，或者我回去再回来，就能送他一程。这件事，我觉着非常对不起老耿。我从饶阳去安平那几年，安平县的风气确实跟饶阳一样，就是实事求是，一点儿也不造假，跟老耿有很大关系。

问：给耿长锁、宋欣茹这些全国劳模每月五六十块钱的补助和医疗证是哪一年？

答：这个事情我记不太清了，也许是我在的时候，也许是在我去之前。但是，老耿也好，老宋也好，有什么事儿，县委、县政府都非常重视。

问：在同时代的劳模当中，耿社长有哪些方面是别人比不了的？

答：当时衡水地区农业战线上的全国劳模一共是5个人，冀州的郁洛善，深州的甄春双，安平的王玉坤，饶阳有两个，耿长锁和宋欣茹。实实在在地说，人无完人。当然这些劳模非常好啊，我除了跟郁洛善不熟以外，下余的四位都很熟悉，有的还经常打交道。这些人里面，其他人有说长的，道短的，老耿没有。他在村里也好，公社也好，县里各个单位，都没有。老耿这个人平易近人，他曾经是中共八大到十一大代表，第一、二、三届的全国人大代表，他两次当选全国农业战线的劳模，后来当了省一级的领导，省人大副主任。他职务变了，待遇高了，荣誉多了，但是为人不变，还跟过去一样。我有什么话也敢跟他讲，这一点非常令人钦佩。我觉着，老耿虽然走了，但是老耿的精神长存，他的精神还在，还在发挥作用。如何把老耿的精神一代代地传承下去，在咱们干部队伍当中让老耿精神发光，让五公农村的经验起作用，这是各级政府应该办的事，大家伙都有这个责任，责无旁贷！我和老耿同志就了八年的伴儿，实际上认识不止八年，我确实是老耿同志的一个见证者。他处处给我们做了榜样，应该很好地学习老耿，老耿的精神确实应该传承下去。

问：您离开的时候，当时全县范围内已经实行了家庭联产承包，当时您作为主持全县工作的一把手，就联产承包这个事与耿社长有没有交流，当时是个什么情况，简单介绍一下？

答：这个事啊，也可能是我的思想不够解放，或者说是解放得慢，我和老耿的看法是一致的。我们经常交流意见，老耿曾经给我透露过说，我跟不上了。我说怎么跟不上了？他的意思，他到省里去，有关领导也给他提这一方面的事。当时我和老耿的思想是这样，五公村和常安村不应该分。为什么不应该分，因为这两个村集体的家底儿太大了。当时水利上合四五十亩地一眼井，几天就能浇一遍水，分了以后反倒不好办了。再比如五公的三队，副业搞得挺好，有编织袋、铝铁合金等，分了以后怎么管理？老耿也是这个思想，我也是这个思想。当时为了稳住局势，县里派人下去做工作，我给下去的这些人交待，这个事我们只能是正面引导，不能说是这个村就不能分，或者说这个村就得分了。怎么有利发展生产力，怎么便于管理，我们做这一方面的工作。实际上五公村始终多数人不愿意分，个别的愿意分，迟迟没分。常安分了一次不行，又返回去了。其实当时我也不同意常安分，但是我也不能搂着，也是和五公一样，多方面做工作。这个事我给你说，后来五公怎么分了？当时省里派了一个工作组来做五公村的工作，最后跟着形势也就分了。

问：除了省里做工作，跟当时周围村都分了这种整体环境和形势有关？

答：压力大啊，老耿为什么说那个话，不行了，不行我就歇了吧，我跟不上了。

问：在 1981—1983 年这一段，周围已经分了村里的效果怎么样？

李玉慎：那时候分了的，农业机械部分都没分，该统的还统着哩，浇地呀什么的还都是集体化，有一个过程。

杨志勇：这一段的影响还小，该统的还统着哩。

李玉慎：像这样的事，当时是分好还是不分好，到现在看也拿不准。当时来说，集体工副业很多，集体的水利配套设施都搞得很好，怎么分，确实很难办。可是那个村要是不分，对全区都有影响，别说全县了。（人们会问）你要搞承包，耿长锁还不承包哩！在这样的压力下，我觉着老耿不一定真心实意地来分。

杨占恒：这个地方责任制的情况咱们都了解，省里派工作组来这儿。一个基层组织，省委派人做工作。基层党委怎么着？从实际出发，在生产力和生产关系问题上，他觉着当时是适应的，觉着不错，那么些工副业，所以老耿不同意，他了解这些情况啊。但是最终还是分了。刚分的时候也是个过渡。刚才老杨说的这个事，该统就统，统分结合，统加分，统一分地，麦子统一种，分户经营。可是一分户经营就有矛盾了，矛盾出现以后，上头政策你处理不了。实际上没问题，但没有政策依据，那就得按着政策，顺着政策走了，就分了。就是这么个形势。

杨志勇：这个事儿，弄来弄去，我觉着还是得回到集约种植，你现在怎么管理？你说要种麦子，他说种棉花吧，你说怎么弄？这不好弄啊！到了一定程度还是得看怎么有利于机械化，怎么有利于管理。

李玉慎：我记得有一位领导同志去了以后，汇报情况的时候，他说耿长锁和五公村当初坚持该统的统，该分的分，实际上五公这样做就对了。集体浇地、耕地，该统的都统包着哩。我要浇水该怎么浇，还怎么浇，地是你的，你种什么、怎么收割，都是你的事，这样的话就省很多事了。当时别的村里发现什么问题了？不统了以后，井坏了，干脆就没人管了；机器坏了，没人管了，你要浇地，你个人买机器，他要浇地，他个人买机器。

杨志勇：实际上造成很大的浪费。

李玉慎：一开始提的很好啊，该统的统，该分的分。结果呢？统统包了，不管好的坏的一刀切，当时这确实是个问题。我在的那几年，反正五公浇地什么的还都是该统的都统着呢，集体企业都搞得挺好的。

问：李书记多大岁数了？

答：属鸡的，81虚岁。

问：您是哪一年去的饶阳？

答：1983年11月，他（杨志勇）走我去的。

问：您是哪里人，之前跟耿社长认识吗？

答：我是枣强人，之前也知道这个人，也非常清楚他，但是不认识。

问：您去饶阳后和耿社长接触多吗？

答：当然，接触多了，那个人挺好接触的。我常去他那里，他也常去县里，出去共同办事，都挺好的。

问：说说跟耿社长接触的一些事？

答：我在枣强待着的时候，就知道耿长锁这个人，人很了解，但是没接触过。后来上安平，在安平待了几年，也没接触过。在安平组班子，他（杨志勇）是书记，我是县长，刚组完又把我调到饶阳了。我一去饶阳就去看他，他非常朴实，非常谦和。你说他别管到哪里，担任什么职务，跟老百姓比没一点特殊，都一样。总的来说，我觉着老耿这个人的思想与时俱进，还是能赶上形势。虽然说承包的时候有一个转弯子的过程，那时候我也不同意分，当时常安大队书记说，不能承包，不愿分，我说行，那你再合着再干几年。从我内心来说，也是觉着这么好的村，这么好的条件，就这么分了，散了，接受不了。我对老耿说，你也动员他们承包，照着常安似的，说不同意，那行了，你们就再试二年，也不是不可以。常安村是先分了一次，后来不行又合起来，我去的时候正是刚又合起来。在当时把地能承包下去，能让人们同意了，这就很不简单。以前搞合作化，搞了几十年了，承包和合作的概念是不一致的。在这个问题上，既要看到全国的大趋势，又要看到五公村的特殊地位和影响，大趋势是要分，不是合。五公怎么行动，对于全县、全区甚至全国都有影响。在这样的情况下，在这里搞承包是一个很难很难的过程，真是不容易。再一个，究竟该分不该分，在这个问题上认识也不一致，在当时说实在的好多干部觉着不应该分，可有些人就觉着应该分，所以感觉压力太大。当然，到现在来说，一般认为当时一刀切也不是一个挺好的办法，五公的道路，当时能坚持也挺好。统分结合，该统则统，该分则分，按照这样的政策确实也挺好。搞一刀切，像五公那样的，你把井分了怎么闹，所以该统的统着，该分的分了。当时我说，强调一个"包"，后面得还有一个"统"。有些村子地里有井，都挺好的，现在一分，好了，你这几户二十亩地，井坏了，谁修？机器坏了，水泵坏了，谁修？谁也不拿钱。那只好一户买一个机器，一户买一个水泵，你浇地用你的，我浇地用我的，造成这样的结果。你要队上统起这个事，统一管着，就不浪费了。当时说统分结合，该统则统，该分则分，实际上没有做到这一点，都分了。好多集体的东西，该卖的都卖了。说实际的，老耿过这一关确实是不容易的。

杨志勇：最后五公也算落实宜统则统、宜分则分，承包以后没受多大影响。一直坚持十多年，一直到后期，村里的井还是集体的。开始那一批井都不行了，水位每年下降，都抽不上水来了，再重新打。

李玉慎：他那个村集体企业多，分了以后还在办。上边抓商品生产，老耿一听这个很积极啊，我们一起上天津招商。

问：农工商联合社是那时候吗？

答：嗯。去天津招商，老耿去了。1984年，他84岁的时候，去天津招商，帮着村里发展商品生产。回来搞了一个项目，就是油脂化工厂。你想想，84岁去天津找人办厂子，他这个人思想跟形势跟得挺紧。

杨志勇：就是现在耿长锁展览馆那个地方。

答：像种葡萄，当时全县并不多，那时候很不容易。怎么回事呀，当时石家庄葡萄研究所搞了一批葡萄苗，据所长说正定原来想搞葡萄种植，后来不搞了，要搞旅游，盖大观园。饶阳派人到他那儿看了以后，决定种葡萄，发展一个新项目嘛。所以说他这个人，思想发展很快，跟得很紧。

问：您到饶阳后不到两年，耿社长就去世了，这期间和他有接触吗？

答：我1983年底去，差不多就是从1984年开始接触。工作上的事杨书记说了不少，我就不说了。我觉着老耿这个人待人，不管是跟老百姓，还是跟干部，包括省里的一些领导，因为他特谦虚，人际关系特别好。1985年他生病以后，张曙光每个礼拜准去。一到礼拜天就去五公陪他一天，一直这么坚持。为什么呢？这是他们在抗战时期结下的友谊。当时张曙光还小呢，一直在饶阳这块，耿长锁掩护他。他去，我也陪着去，陪着他说说话。省里的领导们，邢崇智、解峰等，还有各厅的厅长们，大部分都去看他了。那一段我每天接待很多省、厅的领导。这证明老耿这个人人性好，品质好，待人好。

他最后病危期间，我在那儿守了三天。他去世以后，河北省委、省政府、省人大、省政协的领导，还有各厅的，好几十口子人去吊唁。最后把他的遗体送去石家庄，我去的。快到石家庄了，老远里警车来接，骨灰盒放到五峰山。从这些事反映一个问题，就是这个人这一辈子品德好，人性好，人缘好，是非常让人尊敬的一个人。他确实为人们办了很多事，人们也非常惦念他，一些领导们也很尊敬他。我对他具体的问题了解不多，就是这一年多的时间。

问：您是哪年从饶阳离开的？

答：1987 年，待了四年。1984 年、1985 年、1986 年。我走了以后他（杨占恒）接上了。

问：耿社长对您的工作方面有哪些影响？

答：一个是实事求是，一个是与时俱进。搞承包能在五公包下去，他这个人真是不简单，他转不过弯来也执行。我就转不过这个弯来，他能转过这个弯来。他也考虑当时的影响，都实行承包，就是你五公不执行，在全县、全区造成什么影响？说到底，他还是以党的利益为重，个人利益服从党的利益，从大局出发，他有大局意识，确实不容易。

问杨占恒：杨书记，您是什么时候去的饶阳？

答：我是 1987 年去的饶阳县，去的时候是县长，那会儿老耿已经去世了。在此之前，我和老耿虽然不在一个县，但见面很多，对他很熟。

问：您是哪里人，之前在哪里工作？

答：我的家在深州，来饶阳前在深州当县委书记。

问：您和耿长锁怎么接触的，印象中他是什么样的人？

答：俺俩见面的时候也不是因为我当县委书记，因为他是农业线上旗帜，我呢，也是在农村工作，可以说管老耿叫老师，他是旗帜啊。我原来在村里当支部书记，他也是支部书记，但是他的经验多、成绩大，是我们学习的榜样。我后来一直跟着他学，学的东西不少。有些是言传，再一个也看到实际了。在我的印象中，老耿这个人听党的话，心里装着人民，听组织的话。

问：能介绍一些具体事例吗？

答：我那时候经常是哪儿有什么困难，有什么事，就请老耿去讲话，讲经验。搞农机拖拉机站，搞农业生产，搞科学种田，怎么增产，都找他。我记得 1969 年 11 月，请老耿去深县做团结工作，怎么正确对待群众运动，讲这个问题。他在"文革"期间也挨整了，但是他没怨气。他说，这是搞群众运动，有则改之无则加勉呗，群众帮着咱提提醒，这不挺好嘛！当时干部、劳模们好多请去了，有些人讲话就很难听，说得乱七八糟的。老耿讲团结，怎么正确对待群众运动，群众说的话对不对，说完就完了，要向前看，跟党走，为人民服务。他是这么讲的。

1943 年，咱们冀中平原大旱，老百姓遭了难了，老耿是那时候成立的合伙组。开始没有工具啊，就三条大镐搞起来的。从合伙组、互助组，1953 年初级社，到 1983 年，三十年合作化道路。在这三十年合作化道路上，他一直是听党的话，心里装着群众。他这杆旗帜，他的威望，不是说一句话，是一点一滴做出来的。好多基层工作非常具体，比如除虫子，玉米有玉米钻心虫，棉花有棉铃虫，谷子上有黏虫，早先时候没有农药啊，1966 年才有六六六粉。六六六粉什么时候使，这里面就有学问。你早了，它没有出来，晚了，虫子长大了。（周）元久还有他呗？（肖献法：周元久，"虫子怕"，没他）元久给我介绍说，老耿跟着虫子跑。他为什么叫"虫子怕"呀？他的"虫子怕"是老耿教给他的。元久没他了啊，我还觉着挺遗憾的！治虫子，稳、准、狠。怎么叫稳、准、狠呢，掌握它的规律。什么时候蛾子产卵，什么时候孵化，孵化几天出来，出来几天治。原来有什么仪器啊？有什么理论指导啊？没有。全部是从实践中来的，都是看这个东西，按着规律去治，一治就好，一治就了。刚才说"虫子怕"，这个"虫子怕"是老耿教给周元久的。老耿心里装着群众不是一句空话，群众生产生活当中遇到哪些难题，需要怎么处理，全部记着。这就是贴近实际，贴近群众。不贴近群众，就没这些成果。

老耿讲奉献，不讲索取。刚才志勇、老李同志都说这个问题了。从合伙组到他去世，一直是记工分，工分不是工资，工资是国家给的生活补贴。他在任省革委会副主任的时候，发补贴，什么补贴，开会的时候给会议补贴，另外都是记工分，跟支部班子里的人一个样。他的凝聚力、影响力、号召力为什么大，有了难处，第一个就是我——老耿。职务在一线，深入在基层，这样的人能不树立他的典型吗？老耿实事求是的精神，在饶阳讲实事求是，在衡水地区讲实事求是，在省里谁一说老耿还是实事求是。

1958 年"放卫星"，当时各地的粮食产量，有火箭，有飞机，有火车，还有牤牛。上地区、上县报喜，第一个去敲锣打鼓去接你，第二个吹吹喇叭，第三个换成小鼓了，第四个没了。老耿不放，不是因为产量低，老耿始终坚持是多少就是多少。实际情况是什么呢？饶阳县里1958年才打机井，当时还不是水泥管，是拿柳树、杨树刨了，用木板接成管，木管井，买点铁丝还得托人。后来老耿打井我在深县当书记，还跟我说要铁丝。当时打井不像现在用机器打，都是人工，大轮子。所以说，1958年的时候，种地基本上还是靠天吃饭，五公亩产五六百斤（全县平均二三百斤）那就了不起。当时五公增产靠什么，靠深耕，多锄地，多施肥。肥是什么肥？那会儿没有化肥，要提高产量，施什么肥呀？灶膛、土炕、锅台、碾棚的土当肥施。你说增产了多少粮食，那不是瞎说吗？所以，别人放卫星，老耿不放。在饶阳来讲，饶阳的人们没谎言。那是上头那么一股子风！我记得1958年，安国有一个伍仁桥，那儿有一块千亩千斤田，那片的土质非常好，净浅水层，浇地多，产量高。用一个大牌子竖着"天下第一田"，千亩千斤田，一千亩地，亩产千斤，陈毅还题了词"安国亩产今作证，东风强大压西风"。那时候亩产千斤也是觉着挺惊奇，后来就多了，三千、五千、一万斤，就上去了——"放卫星"。但是老耿这儿不放，就是那么闹也不放。饶阳县没出现高征购，三年困难时期也没饿死人。所以说，他的作风对饶阳全县都有影响，用一个新词，叫"真给力"，真是给力呀！老耿的精神，现在提起来还是新鲜的，还是务实有用的。所以实事求是，听党的话，心里装着群众，这种精神永放光芒。要是离开了群众，不想着群众光想自个儿，就什么都不是，就不是这个结果，这是我的体会。要说一尘不染，放在老耿身上，不虚。老耿的精神确实应该好好挖掘一下，这是党的财富，是人民的财富，也是饶阳的财富。

问：耿社长生病以后，您去看他了吗？

答：我看了他两次。去了问农业上的事，问工作上的事，拽着手不让走，对同志非常热情。

问：20世纪50年代，打井以前五公的小麦亩产量能达到多少斤？

答：200来斤。

杨志勇：打井以前能到200斤吗？那时候可打不了200斤。

杨占恒：打200斤得说好地，1958年那会儿打200斤麦子得是瓜茬才行啊，知道什么叫瓜茬吗？西瓜收了以后，瓜蔓还有一段时间在地里歇着，因为种瓜的地施的肥料多，种瓜的时候要施芝麻饼当肥料，在没有化肥以前芝麻榨油以后剩下的渣子是很好的肥料，瓜长一季用不了。这个地种麦子能打200斤，比较稳当。再一个就是留麦地，什么叫留麦地呢？以前种地，春天顾不着种，人们说1943年五月十八下的雨，五月十八是阴历，阳历到了六、七月份。这时下雨种什么，种荞麦，如果不种荞麦，留麦，这一季算完了。再一个，安平、饶阳五公河滩里过了水以后种麦子，安平比饶阳长得还好。

问： 到六七十年代打井以后，小麦亩产能达到多少？

答： 也就400来斤。

问： 到70年代末80年代初，联产承包之前，亩产量能达到多少斤？

答： 两季七八百斤，麦子四五百斤到顶了。

问： 算是"过长江"了吗？

答： 800斤，过了。

李玉慎： 800斤就不容易了。那时候，整个农业科学技术不行，你说上化肥，现在都是复合肥料，氮肥、磷肥、钾肥，需要什么就上什么。

问： 突破过千斤吗？

肖献法： 怎么也突破不了千斤。按说那时候水、肥都不少，管理方面也很周到，看来是种子不行。

杨占恒： "水、肥、种、土、密、保、管、工"这是农业八字宪法。在自然经济条件下，老耿是种地的老把式，他主要是靠看天气、墒情，还有加强管理等增产。

杨志勇： 五公跟别的村还不太一样，这一片地下水位比较浅，像附近邻村小堤、园子村主要靠种菜，一亩园子十亩田，种菜园子收入高啊。这个地方地下水位浅，打井相对容易，原先挖个坑就有水。留楚这边打井都得打三百米。

问： 当时五公大队交公粮能占到整个公社的多少？

杨志勇： 百分之几十吧，没算过这个账，档案馆有数字。对老耿同志体会比较深的得说是杨同，还有他那个外甥张满囤，再一个是他小女婿张启，还有（邹）立基，他们掌握的情况比较多。

五公村的文艺活动与农田水利建设

李忠信　口述　刘百恒　整理

采访时间：2013 年 7 月 26 日。2015 年 8 月 1 日、2018 年 7 月 23 日回访。

李忠信（1947—　），男，1968 年后任五公村民兵营文书、副教导员，1973 年加入中国共产党，1974 年进党总支部，任民兵营专职教导员，曾带领村民参加 11 期根治海河工程，现任五公村党支部副书记。

问：您大名叫？

答：李忠信。

问：今年多大？

答：1947 年生人，67 岁了，属猪的。

问：您是哪一年去的民兵营？

答：我是 1968 年上民兵营当的文书，当时衡水军分区在这儿搞点。1970 年当民兵营副教导员，1973 年 12 月 30 日入党。1974 年 1 月是专职教导员，当时进的党总支部，因为专职教导员必须是党总支委员。我一直在民兵营，在那儿光写东西了。

问：您是哪年结婚的？

答："文化大革命"以后，村里结婚都是集体婚礼。我是 1969 年正月初三，集体婚礼，和张启他们一批。

问：村里除了民兵营，还有个俱乐部吧？

答：有个俱乐部，实际上是个会议室，叫俱乐部，俱乐部是由青年团组织的。当时的青年组织有两个，一个是青年团，一个是民兵营，这两个组织下面再分成若干个组织。民兵营主要是组织大比武，青年团主要是组织俱乐部。当时这村里搞文艺活动挺活跃的。1964 年搞"四清"的时候，中央实验话剧团来五公，咱们这儿就组织了 8 个组，有文学创作组、鼓乐组、武术组、文艺创作组等。天津美术学院也在这儿待了一段时间，天津音乐学院待的时间挺长。

问：俱乐部有多少人？

答：出去演节目来全的话，得有 80 多人。

问：都有什么节目？

答：基本上那时候的样板戏都有，《红灯记》、《沙家浜》等，大部分是自编自演的小节目，比如有好人好事，就编成快板啦，小文艺节目啦，都是为当时农村生产和政治服务的。省里、地区、县里的汇演，俱乐部年年都参加。当时我是俱乐部的负责人。

问：俱乐部的收入情况？

答：都是义务的。白天在生产队参加劳动，晚上集中起来排练、演出。

问：出去演出呢？

答：都是自带干粮。

问：俱乐部成立是哪一年？

答：最早是 1953 年，杨同他们那会儿成立的。

问：俱乐部的舞台是哪年垫起来的？

答：1964 年，那个大台子是搞义务劳动一个晚上就垫起来的。

问：俱乐部什么时候最活跃？

答：冬季最活跃，其他时候也都有活动。冬季农歇以后，晚上时间也长，副业摊儿上抽出一部分青年搞活动，每天晚上八点以后开始，演小节目、排样板戏、讲评书。当时讲无产阶级占领农村文艺阵地嘛，那些老说书的开始说新书。我当时也是评书演员，讲《红旗谱》。当时农村的政治气氛比较浓厚，五公大队有个广播室，生产队的创作组成员每天把当天的好人好事写成稿晚上广播，起到树立典型、鼓舞士气的作用。这也是一项政治思想工作，为当时的政治和生产服务。

问：广播室是哪年有的？

答：我记得从 1963 年以后就比较活跃了。

问：还有别的宣传方式吗？

答：有黑板报，俱乐部门口大街上有个大黑板报，每个生产队都有，还有读报专栏。黑板报也是宣传好人好事，用广播室的稿子，把党的最新政策、毛主席的最新指示等写上去。当时农村的政治宣传气氛相当活跃，特别是1963年毛主席提出"向雷锋同志学习"以后。原来生产队干部每天晚上碰头，安排第二天的生产劳动，因为一个生产队有1000多亩地，得分若干个组织，由副队长、小组长们领着干活。到麦收，特别是秋收，当时运输（拉棒子、送粪）主要靠牲口拉车，还没有大的机械，拖拉机主要是耕地，不用于运输。比如说明天耕地，队长们晚上开会安排明天的活计和劳力分配。开会的时候，青年团、民兵连就有人去"偷听"了，听到队长说明早起几点去送粪，吃了饭拖拉机要耕地。你看吧，等这边晚上生产队里散会了，那边已经组织了一伙人上地里干活了。赶早起去猪场一看粪早没了，地里的粪早泼开了。当时人们的劳动积极性特别高涨，队长说早起5点割麦子，到3点准有人已经去了。白天正常劳动，晚上再组织一伙人搞义务劳动，把队里着急的活给干了。我说的这些现在好多人听起来都不相信，但是当时这种集体观念，义务劳动的意识，学雷锋办好事的思想，人们的劳动积极性确确实实是强多了。

问：当时为什么会这样，人们怎么想的？

答：那时候人们思想特单纯，和现在人们相比，确确实实那时候单纯得多，学校教育和社会宣传也都是强调集体，根本不考虑自己。你看那时候五公村出了"铁姑娘"，还没结婚的大闺女，每天早晨起来去户里去敛人粪尿，这些都不是在正常劳动时间干的，是没有报酬的。当时讲"以社为家"，有大家才有小家，生产队里打不了粮食，社员的饭碗里就没吃的。当时学校麦收、秋收都放假，小孩儿们麦收放了假都自动去生产队集合，单找一个年轻妇女领着去地里捡麦穗。大一点儿的，中学生们到秋收拉着小拉车送粪、拉玉米。放假了孩子们也没歇着，村里没闲人。我上学时候，赶上了1960—1962年"瓜菜代"。记得地里收了花生后，把花生秧拉回来垛起来。我们放了学就围着那个大垛摘留下的小花生果，摘了还不能吃，还得交给集体。这个村里交公粮，三个生产队都是比着啊，争取年年提高，我们村最多的时候一年交100万斤公粮。交的还得是好粮食，上风头的、头料的先装起来，准备交公粮，社员们分的是二料的，剩下的连麦糠带秕子喂牲口。

问：一个生产队有多少大牲口？

答：按骡马算，一个队有三几十头，也不少吃。每年种一部分黑豆、高粱，大部分是喂牲口了。这些都不交公粮，交公粮主要是玉米、小麦。那时候没机械。从（一九）七几年以后各生产队开始买小麦脱粒机，一个生产队一台。大型脱粒机，用 40 千瓦的电机带动，速度很快。

问：那是哪年？

答：我记得不是 1973 年就是 1974 年，开始有的大型脱粒机，三队买的最早。后来到 1976 年、1977 年开始买 8 马力的小拖拉机，用于播种，收割的时候光能把麦子割倒，割倒以后人再去捆。当时觉着劳动力解放多了，这是村里机械化的过程。

问：马车从什么时候全部换成胶轮的？

答：从我记事那时候已经换了一半了，那种铁轮车我记事起（一九五几年）一个队里也就两三辆，老牛拉的还是那个铁轮车，大骡马拉的都换了。1956 年成立高级社，到 1958 年就变成三个生产队了，之前是 10 个生产队。那时候就觉着大胶皮车好着哩！1968 年以后就有了小拉车。各生产队还喂着小驴儿，也不少嘞。哪个队也有个十几辆，这玩意拉得少，但跑得快。那时候家家户户有小推车。

问："大跃进"时期农田基本建设搞得怎么样？

答：1957 开始大搞农田水利建设，高潮是 1958 年，大搞平整土地。当时秀峰把县里搞测量的找来，从 1958 年水浇地逐步多了。之前这村里的水浇地不到一半，之前也打井，是下的竹管、木管，（一九）六几年以前基本是木管和竹管井。1958 年以后开始打水泥管井。我记得从 1966 年以后，有百分之八九十的是水浇地了。

问：木管井一般使用多少年？

答：一般十来年，最多三十年，这样的井容易堵。

问：木管井打多深？

答：一百八九十米，二几百米。

问：地下水位也在下降吧？

答：从 1963 大水以后，水位开始下降，这以后十来年静水位下降了十多米。1975 年以前抽水用的是离心泵，离心泵用柴油机或电动机带着。水位逐年下降怎么弄，在井房里面挖坑，开始挖两三米，后来挖下去七八米，开始用铁管离心泵，中间一根轴，那玩意儿特别容易坏。1976 年、1977 年以后开始用潜水泵，泵在底下。当时还经常停电，一眼井得两套设备，一个柴油机、一个电动机。有电时用电动机，停电了赶紧发动柴油机，用皮带。原来这里的静水位是二三十米，现在大概是 48 到 52 米，浇地潜水泵得下到七八十米。

问：1963 年以后水位下降的原因主要是什么？

答：华北地区地下水贫乏。

问：跟 1958 年大修水库有关系吗？

答：当然有关系了。以饶阳县来说，原先有一首民谣是这么说的：饶阳过去有三宝，水蓬花，稗子草，长流水，断不了。饶阳县城北面就是滹沱河，说明以前滹沱河常年有水，并影响了这里的小气候，这是自然条件；再一个，大部分是人为的。从（一九）五几年到（一九）六几年才开始水利化，那时候人们挖个井就有水，浇园子都是靠辘轳。记得我们上学的时候，1958 年、1959 年还推水车嘞，我就推过水车。50 年代民谣唱道，饶阳现在有三宝，水车响，骡马跑，拖拉机，耕地了。当时人们大田作物水浇地还很少，浇园子都用水车。但是 60 年代后随着上游岗南水库的修建，滹沱河干了，加上打井大量开采地下水，到七八十年代后，上面的民谣变成：大风刮，流沙跑，蒺藜棵，扎蓬草。

问：打井国家给投资一部分吗？

答：没有，都是生产队打。（一九）五几年以后这村国家给打了三眼深井，都是铁管的。村西一眼，村东一眼，南边后来又打了一眼，出水量相当大，这是国家投资的。那一眼井灌溉 200 多亩地。国家一个是给你打井，二是搞勘探，检测水质、水层。

问：这村原来也有盐碱地吧，怎么治理的？

答：原来（一九）五几年的时候这村三分之一的土地是盐碱地，治理盐碱一个是靠肥料，一个是靠打井，井水一压就下去了。这里的盐碱地是一小片一小片的，不是太多。咱们通过深翻、开沟、起垄来治理，盐碱顺沟随雨水排走。以后水利条件好了，通过浇地压碱。到 1963 年以后基本治理好了。

问：说说六七十年代民兵营的事？

答：民兵就是不脱产的武装力量。我从文书到副教导员，再到专职教导员，主要是抓思想政治工作，写稿子。60 年代全国大办民兵，全民皆兵，特别是 1969 年中苏关系紧张时，有句口号"七亿人民七亿兵，万里江山万里营。"1963—1965 年，从部队到民兵都搞大比武，我参加了 1963 年的大比武。民兵分为普通民兵、基干民兵、持枪民兵。五公大队民兵营，三个连，光持枪民兵就有 130 多人，有 100 多条枪。民兵营组织了一个尖子排，下面有三个尖子班，一个生产队一个，一个班 12 个人。尖子排直属民兵营，采取集中训练、集中劳动的方式，半天训练，半天劳动。在五公村南原来有一个靶场，上午在那儿练习射击、瞄准、投弹，搞军事技术训练，下午到生产队参加劳动。1963 年尖子排派 6 人参加了北京军区的大比武，1963—1965 这几年，参加过河北省军区、衡水军分区的各种大比武，五公村的民兵在衡水地区一般是第一。从 1963 年到 1974 年，主要是 60 年代，外宾来五公参观，咱都有民兵表演——打气球。当时搞战术，搞爆破训练，自制手榴弹、火药、地雷等。

问：村里的公墓是什么时候建的？

答：1958 年。原来村边四厢，仨一堆，俩一簇的，到处是坟头，太占地啊。

问：迁祖坟的时候人们有意见吗？

答：没有。当时形成那种气候了，1958 年一并社，推行农业机械化（当时主要是耕地）。五公拖拉机站负责全县耕地，当时五公公社 36 个村。

问：耿社长关注民兵营的训练吗？

答：当时咱都不愿意叫他，他上点岁数了，也顾不过来。基本上每次紧急集合（主要是持枪民兵），他只要听见了都要溜达过来看看。像青年团俱乐部，他没事就过去转转。没有特意去叫他，很多时候都是他自己去转转。1969 年我带着俱乐部几十号人到衡水参加地区汇演，从五公出发步行拉练 100 里地去衡水。耿社长知道后，和支部书记张端、乔利广去送我们，给大家鼓劲，到那儿衡水地委领导们还来接俺们。老耿这个人，对村里的方方面面都挂心着呢。

问：紧急集合怎么搞？

答：紧急集合是为了提高战备观念和军事素质，一般是持枪民兵，大队广播室一吹紧急集合号，最多不能超过 20 分钟三个连必须赶到指定地点，排队跑上几公里再回来。当时经常讲训练的目的就是"召之即来，来之能战，战之能胜。"

问：当时社员有外出的机会吗？

答：有，特少，一般外出都是公事，私事很少，得请假。你得挣工分啊，不挣工分没饭吃。

问：耿社长是种庄稼的老把式，有这方面的具体事例吗？

答：在农忙季节的关键节点上，什么时候该浇地了，该除虫了，这方面很有讲究的。比如小麦返青水到底什么时候浇，如果浇的时机不对，反而有害。如果今年春天冷，浇得早就不是返春水，就成了蒙头水；而上年是冬天冷，春天暖，冻死的麦苗不少，你就得早浇促使分蘖，蒙头水也得浇；不浇的话也得抓紧锄划，提高地温促使分蘖。当年别的村的人们依惯例都愿意晚点浇，耿社长却根据当时的季节、气候条件和麦苗长势等具体情况，坚持提前浇。宋欣茹所在的常安村一开始不早浇，她得派人跑这村里来问了张朝可以后才浇，那时候其他地方都保守。当时这村有个"虫子怕"周元久，什么时候喷药、什么时候治虫子、什么时候治什么，他都掌握，通过广播通知给社员。一直到包产到户以后10年，饶阳全县在农业方面还得看五公村的。集体的时候，从农业技术这块儿来说，各生产队组织管理严密，劳动分工细致明确。比如每个生产队都有农业技术员，大队里也有，什么时候开始干什么活，专门盯着。各生产队都有浇地组，专门管理机械。当时水泵、柴油机坏了以后都是自己修，必须有专人负责。一到晚上生产队干部们都集中到队部开会，各方面是什么情况，大家通通气，然后队长统筹安排，浇地的、积肥的、养猪的都有专门组织，该怎么干怎么干。

问：生产队集体养猪最多时候有多少？

答：一队的每年出栏三百来头。集体养猪最关键的问题是积肥。麦子收回来，脱粒机脱粒以后，一垛一垛的麦秸都得拉到猪场里去。一个猪场有三四十个大猪圈，一个猪圈五六米长，三米来宽，两米多深。老头儿们把麦秸填进猪圈，灌水，让猪踩踏。一般的一个月一个圈得出5次圈肥，然后在雨季前把肥料用小推车拉到地头上堆起来，用泥抹上封起来发酵，这叫高温积肥。户里也有猪圈，家家户户都有，出了肥，弄的四四方方的，队里给你量好，按方给你多少工分。户里的肥料土肥比较多，也拉到地头，和集体养猪的圈肥掺和起来。当时是化肥和农家肥结合使用，现在农家肥基本上没有了，都是化肥了。五公信用社西边是原来的养猪场，南北120多米，东西80多米。这个猪场后来盖的房子挺多，到冬季还得去那儿搞副业，地里种山药收了以后拉到那儿做干粉。做的干粉一个是在市场上卖，再一个分给社员。还做过绿豆粉，那个绿豆粉真好啊，当时一斤的成本是九毛钱，卖给社员才合一块一，现在三块钱也买不到啦。

问：社员吃菜吃油怎么办？

答：集体有菜园子，给社员印菜票。一年一个人免费发几块钱的，超过部分拿现钱买菜票。油，每年队里种棉花、花生、大豆，都榨油，三队最多的时候一个人一年 10 斤，一般的时候 5 斤左右。

问：六七十年代社员盖房得花多少钱？

答：村里有盖房班，记工分。自己脱坯，集体给拉坯、拉砖、拉土，盖一间房收费 15 块钱，归大队。1975 年我盖了 4 间房，总共花了 60 多块钱。相当便宜，相当不错了。

问：根治海河您出过工吗？

答：我出去过 11 期，每期一般一个多月。大概从 1968 年开始，每年去。

问：当时社员出河工的积极性高吗？

答：还可以。当时上海河的这部分人，劳动强度比较大，各生产队集体也理解支持这个事，给他们的条件就好一点。在村里一个好劳力一天挣一个工，上海河是一天一个三。再一个集体给带上油，买一部分菜，菜也不是太好的菜，生产队有花生，把花生炒了一压，弄成花生粒儿，去了以后买点腐乳，给一部分这样的补助。一般上海河的都是年轻的，去那儿比在家里生活上好点儿，能多挣点儿，大部分愿意去。再一个生产队综合掌握情况，今年去了明年就别去了。带工的一年一般去一季，生产队的专业小组不能抽人，管浇地的、管机械的、管电的，不能去，一般时候民兵营里正职副职带工去的多。有时候从海河回来了，县里也有些工程，滹沱河北堤、南堤，直接拉过去再干几天。

问：出河工有现金补助吗？

答：村里没有。海河上有土方钱，吃剩下的，回来结算了钱分给社员，不多。上五八四生活条件特别好，分钱也多，干了 72 天，一个人分了 30 多块钱，差不多合一天 5 毛钱。加上生产队的工分，按一个工值一块钱算，一天能挣到一块八。在村里的社员们一天才挣八九毛，差不多是在家的两倍了。

问：出去挣工分多，在家的人有意见吗？

答：没有。出河工劳动时间长、强度大，再一个，出去的人顾不了家里的私活了。

问：从工地回来有几天假吗？

答：一般的两三天，休息休息，都给记着工分。

问：您是大队带工还是生产队带工的，在工地干活儿吗？

答：大队带工的。农村带工的出去了不光要干，还得领着头儿干。到那儿不用指挥，你带头儿干就行了。这个活儿都是分段包工土方，你去了就得赶紧干，还得算计好，一个算计不到，人们就得跟着受累，可了不得。带工的很少推土，一般时候干平土、测量这些活儿。如果有病号，你得替了他，让病号平土，让他清闲点儿。

问：带工的工期中间能回来吗？

答：不能回来。村里有时候去人给带点吃的。

问：工地上吃的怎么样？

答：大部分时候还可以，平均起来每天都有一顿细粮，一般是中午，一个人5个馒头。五八四那次最好，一个星期吃玉米面也就是不超过四次，大部分时候吃细粮，当地粮站供应。最不好的一年是去故城，数那年不行，那年闹红眼病，三四天一个工棚三分之二的人都传染了。

问：上海河五公村去多少人？

答：一般时候三十六七个人，最多四十三四个。

问：30多人住一个大工棚吗？

答：3个工棚，一个生产队一个。就有一回，在故城住村里户家。

问：出工的事情耿社长过问吗？

答：不过问。这个活儿人们已经形成习惯了，公社里派到大队，大队里带工的组织这个事，三个生产队带工的选人。

问：五公村的房子街道非常齐整，这是什么时候规划的？

答：1966年邢台地震以后搞规划。1993年开始搞街道路面硬化，2004年以后又搞了一次，2005年开始搞绿化带。从2009年又开始搞，预计今年还能铺1400多米，最晚明年全村6米的车道铺完。资金自筹一部分，社员每人20元，上边支持一部分。去年国家按一比二支持，今年按一比一补，其他用工什么的，都是村里负责。每年村里做好本年的规划，连筹到的款一起交给县里，县里给买料。

难以忘怀的在五公村与耿长锁工作生活的日子

肖献法　**口述**　樊孝东　刘百恒　**整理**

采访时间：2013 年 7 月 23 日。2014 年 8 月 6 日、2015 年 8 月 1 日、2017 年 8 月 1 日、2018 年 7 月 23 日回访。

肖献法（1939—　　），男，饶阳县东留吾村人，1959 年参加工作，曾作为饶阳县委工作组成员两次驻五公村，后任饶阳县委报道组组长、县生产办公室副主任、县区划办公室主任、县农业开发办公室主任，出版《耿长锁传》等书。

问：您贵庚？

答：75 岁，1939 年生人，属兔。

问：您上过什么学啊？

答：我是 1958 年上的高中，饶阳县的第一届高中，我是高一班。

问：饶阳县之前没有高中？

答：对。那年招了两个班，一共 80 人，高一班、高二班，我是高一班。上了不到两年，因为生活困难就不上了。

问：当时的学制是几年啊？

肖：学制是三年。

问：离开学校后干吗去了？

肖：出来教学了，教高小。

问：您什么时候到县里工作？

答：1963 年发大水以后，农村出现了很多模范人物，当时县委宣传部抽调了五个老师，整理县里的抗洪模范材料准备出一本书。因为我之前在教学的过程中，爱看书看报，在报纸上发表过文章，宣传部知道我这个人，当时就把我选中了。这本书写成以后，留下了我和另外一个人。我去了团县委，那个人调到了《衡水群众报》，也就是现在的《衡水日报》。

问：您参加过"四清"吗，当时是个什么情况？

答：参加了。到县里以后，我先在青年团里工作。1964年冬天全县开展"四清运动"，那时候叫粗线条"四清"，主要是清经济，就是在冬天搞二三个月。当时饶阳县村村派工作组，五公村是地区派去的工作组，组长是地区交通局的一个负责人。我在京堂公社搞试点，衡水地委的一个常委驻那里，领导全县"四清"工作。当时在执行政策上偏"左"，怎么个搞法呢？先开贫下中农会议，然后贫下中农、大队干部、生产队干部分组，贫下中农代表开始揭发，怀疑什么就揭发什么，大队干部、生产队干部开始检讨多吃多占的问题。这样，就出现了什么问题呢？工作组也不经过深入调查，一揭发就落实，很快进入退赔的阶段。我们在京堂试点不到半个月就召开现场会进行退赔，会议规模要求一万人参加，要求退赔一万斤粮食和一万元的实物。这种做法对五公工作组的影响也相当大，他们也是完全按照这一模式来执行。他们的重点是清大小队干部的工分，看谁多拿了工分。特别是有人揭发徐树宽说，你为什么能挣那么多工分，不可能，就让耿长锁他们家退工分。当时徐树宽是场头，什么叫场头？就是整个麦季、秋季指挥人们在麦场干活的工头，劳动强度很大，非常累人，所以挣工分就多。实际上，人家工分多都是实干的，这时候让她退工分。期间，耿长锁正在北京开人代会，他到1月5号才回来，回来以后班子都乱了套了。

问：为什么京堂公社成了全县"四清"工作的样板？

答：因为京堂公社"四清"工作组负责人是衡水地委的常委，所以五公工作组就吃亏了，都要按照京堂公社来。1月27号，中央"二十三条"文件下来了，开始"刹车"，纠"左"。五公的工作组也就撤了。

问：您什么时候去的五公？

答：1965年3月到五公村。1965年春节以后，县委重新组织工作组进驻五公，开始整顿"四清"工作，去扶干部。那时候我在团县委做青年工作，也参加了工作组。新的工作组由县委常委武装部政委李国强带队，有五公公社的一个副社长冀锁柱、于更善，文化馆的刘献增，还有县社的曹孟喜，我是团县委的，一共六个人。具体工作分工是，我和李国强包一队，就是耿长锁家在的这个队，于更善和曹孟喜包二队，冀锁柱和刘献增包三队。我那时候住在大队俱乐部，除了和李政委包一队，还负责青年工作。1958年建立人民公社以后，这里是一个大公社，我们去的时候刚分开，分为四个小公社。当时执行"左"的路线以后，农村出现了这种情况，生产队干部春天是"红人"，夏天、秋天是"忙人"，到了冬天成"罪人"。怎么春天成了"红人"？因为当时村里的干部们都不想干了，县、社派出工作组去村里扶干部，你得又说又劝做工作呀！

问：哦，冬天闲下来，干部就要挨批斗？

答：那不就是"罪人"嘛。

问：整顿效果怎么样？

答：通过工作组开会做工作，当然耿长锁也帮着，把五公村干部群众的积极性调动起来了，生产不能落下，各队继续搞生产。

问：新工作组也是在村里吃住吗？

答：在村里大队俱乐部住，在社员家里吃饭。我在一队，平均一户吃五天，这是1965年。1966年工作组一撤，冀锁柱和我留下了，这时大队俱乐部开始拾掇房子，我就住在耿长锁家里了。

问：工作组撤了以后您为什么留下了？

答：这是县委的决定。因为耿长锁有些事需要帮忙，需要宣传，我那时候爱写点儿东西。还有冀锁柱，他长驻五公。我搬到耿长锁家里后，跟耿长锁最小的儿子耿占录住一个屋，所以1966年3月8日邢台大地震时我正在五公。地震以后，我们就在他家院子里搭了个窝棚，晚上我和耿长锁就住在窝棚里。我和耿长锁接触最多的就是这段时间。

问：耿长锁当时都忙些什么呢？

答：一个是搞生产，一个是落实地震后的安全工作，保证不能出事儿。晚上，他经常叫着我拿着手电一起出去转，碰上民兵值班的，说耿社长你不要出来了，他说不行，可要注意。那时候主要是防火，春季怕失火，当时没有偷盗现象。地震以后，每家每户都在院里搭了窝棚，那个年代，没有塑料布，都是柴火秸秆搭的，所以他很担心社员们抽烟失火。

问：您在五公待到什么时候？

答：一直到1966年秋后，农村"文化大革命"比较热闹起来后我离开五公，这是一个阶段。再就是 1969—1972 年，我又驻五公，这是第二阶段。1970 年 2 月《河北日报》刊登了《永做普通劳动者》，就是报道耿长锁常年坚持劳动的时候，我正在五公呢。

问：这次离开五公之后去哪儿工作了？

答：回到了团县委，后调县委宣传部。我们饶阳县的革委会成立比较早，1968 年春天建立的。当时县委宣传部改名叫政治部。2015 年 3 月份郭华①在《共产党员》发表文章说，他通过看一些材料，当时河北省筹备建立革委会的时候，开始把耿长锁列为一个革委会委员，后来由周恩来亲自批示让耿长锁担任革委会副主任。

问：您第二次驻在五公是干什么工作？

答：主要是去写材料。

问：写什么材料？

答：主要是给五公村总结各方面的经验，搞宣传吧！因为那时候一个主要任务就是毛泽东主席发表最新指示后，五公村群众干部有什么反应，要立即用电话反映上去。我第一次驻五公是县委工作组，这次去是属于县委报道组。五公接待站，就是现在的五公村委会那儿，就是我这次去以后建立起来的。那时候"农业学大寨"的劲头很足，人们经常去五公参观，各地的人，本县的、外县的都有。后来说不行，得建立一个接待站。当时去了以后觉着任务很重，光报道任务还好说，还有就是外地参观的人特别多。

问：那个接待站什么时候建的？

答：1969 年我去了以后，到 1970 年就开始建了。

问：那您中间这一段儿住哪里？

答：中间这一段儿，我住在原来省委工作组的空房里。那里有很多空房，最早就是没有接待站这么一个组织，房子早就有。这些房原来是省委工作组 20 世纪 50 年代待的地方，后来五公工委在那里住了一段时间。等到大公社分成四个公社以后，五公公社自己在北面盖了一些新房，这个地方就空出来了。我去了以后开始建接待站，接待站建了以后，县委调去几个人。我不管接待，我是专门写材料的，这方面就由他们负责。当时五公公社已经有了广播站，

---

① 郭华（1954—　），男，曾任衡水日报社记者，共青团衡水地委书记，团省委副书记，时任河北省政协副主席。《想起耿长锁》，《共产党员》2015 年 3 月（上）。

外地参观的来了以后，耿长锁讲话的时候就开始录音，耿长锁的录音都是那个时期通过大转盘录音机保留下来的。

问： 当时您和耿长锁接触多不多？

答： 1965—1966 年这段接触比较多，后来住到接待站接触就少了。1966年在耿长锁他们家里住，吃了三个月的饭。记得 1966 年 6 月，他 66 岁生日那天，吃的面条。他自己不知道那天是自己的生日，他的家里人也忘了。当时是他杨各庄的姐姐①给他弄去的肉，按当时农村的说法，六月六过六十六。②

问： 他怎么忘了自己生日了吗？

答： 不知道，我查他的各种登记表也没有查到。他姐姐给他把肉送去之后，吃的面条，肉酱打卤。那时候我在他家里吃饭。

问： 那天没喝点酒？

答： 没有，那个年代很少喝酒。到后期，他每天晚上会喝一点酒。

问： 您当时要是给耿长锁写一篇宣传文章的话，是找他聊一会儿还是有其他的办法？

答： 需要聊一会，连《河北日报》的记者杨殿通给他写《什么常堵塞自己的耳朵》的时候都住在那里，他是个大笔杆子。

问： 您觉着耿长锁是个什么样的人？

答： 耿社长具有求真务实、廉洁奉公这两个最主要的品质，他是一个道德高尚的人。求真务实，按农村的话来说就是有一说一、有二说二。求真务实对一个农村干部特别重要，所以才有 1958 年顶住压力坚决不"放卫星"的事情。他对浮夸风非常反对，对一些不切实际的做法有时候采取拖的办法。比如当时修平原水库，五公没挖。城关挖了，在同岳附近。那时候我在饶阳中学上高中，我都来这里挖过。后来我问过他，为什么上面高层说的一些话，下面干部不敢公开顶，会采取拖拉的办法。他说我需要考虑是否影响大多数群众的利益，要是影响了大多数群众的利益的事就不能办，能拖就拖，能变就变。特别是当时在粮食征购上多产多征，导致先进队多打粮食却不能多吃，

---

① 据编者与耿惠娟访谈，应为妹妹。
② 据耿惠娟说，父亲的生日好像在冬季，但具体日期确实没人知道。

伤害了群众的生产积极性。他给中央写信①反映这个问题，引起了中央的重视，毛主席开会谈了好几次。当时正是庐山会议后"反右倾"，处于这么一个阶段。所以有人觉得这时候给中央写信是不是犯了"右倾机会主义"啊，但是他说我必须说实话。廉洁奉公，这方面的具体事情很多。包括他的孩子们也是始终保持着艰苦朴素、廉洁奉公。耿长锁再有一个脾气是不抢镜头。许多人在领导来了愿意露脸，非得和领导合个影，他就不爱抢镜头。

问：这封信是他自己写的还是谁代笔的？

答：别人代笔，具体是谁代写的我也不知道，但是，是以耿长锁的名义写的。很可能是冀锁柱代笔的，因为他是长期住五公，比我住的时间还长。他儿子冀英俊写过关于他父亲在五公的一些情况。

问：冀锁柱已经去世了吧？

答：早去世了，"文革"当中五公村的少数人把他批斗得很厉害。冀英俊现在也退休了。我问他你把你父亲当年的笔记本保存了吗？他说处理了，多了，两箱子全给处理了。可惜了，这里面有好多东西。

问：您1972年回了县里以后还来过五公吗？

答：去是断不了去，就不是在那里常住了。去了在五公接待站住，接触也就比较少了。后来我就离开了县委宣传部，去了农业部门，而且我包的那一片是留楚。

问：您后来还搞过五公的宣传工作吗？

答：1976年我找县里的"土记者"们写过一本书，书名叫《怎样当好生产队长》。以生产队长的口气，写了全县50个生产队长，计划由河北人民出版社出版。我委托赵树标以耿长锁名义写了一篇1500字的前言，就是给生产队长说几句话，核心思想是生产队长必须要实干，光说不行，要在实干中指挥生产。生产队长必须吸取教训，懒了不行，懒了就馋，馋了就占，占了就贪，贪了就变，懒、馋、占、贪、变，讲干部腐败的一个过程，就是防止干部怎么一步步变坏，要吸取教训。这本书的稿子领导签字、编好了，责任编

---

① 指耿长锁给谭震林写信。1961年2月12日，毛泽东在与张平化、胡乔木的谈话中提到了这封信。详见中共中央文献研究室编：《毛泽东年谱（1949—1976）》（第四卷），中央文献出版社2013年版，第544页。1961年9月29日，毛泽东在给中央常委的信中，再次提到这封信。参见中共中央文献研究室编《毛泽东文集》（第八卷），人民出版社1999年版，第284—286页。《毛泽东文集》注释中介绍了信的主要内容。

辑和出版社的一个领导说咱们弄好了去唐山玩去。正赶上是星期六，让会计拿了钱坐火车去了唐山，当天晚上就赶上了唐山大地震，都砸死了，结果这本书最后没有出版。

问： 五公村早期合作化的一些情况您了解吗？

答： 合伙组成立后，开始的四户在 1944 年生产取得了显著成绩。一些户纷纷要求入组，1945 年成了 17 户。合伙组的章程①最早是由工作组耿秀峰搞的，在分配政策上规定劳四地六，土地分六成，劳力分四成。当年冬天工作组②为了体现按劳分配，修改成劳六地四，结果地多的人感觉吃亏了，有些人就退出了，就剩了 7 户。耿长锁接受了这个教训，认为必须对地多的群众进行照顾。1952 年成立了初级社，初级社的分红形式和当年土地合作组差不多。等到 1956 年从初级社变为高级社，实行按劳分配，取消土地分红。当时看来这是中央的政策，但很多群众不太满意，耿长锁在这中间做了大量工作。他的思想怎么转变的我搞不清。原来是照顾土地多的，到 1956 年高级社取消土地分红，这是咱们国家对农业的政策不是？

问： 您是怎么考虑的？

答： 我考虑，耿长锁这时候应该是考虑以国家利益为重，群众利益服从国家利益。当时国家建设的经济资金来源主要以农业为主，从农业中抠了钱补贴工业，支持工业建设。所以这时候耿长锁思想转变，以服从国家利益为主，农民利益该牺牲就要牺牲。我是这么认识的。

问： 当时这是大势所趋，耿长锁作为全国劳模支持国家政策。

答： 河北省第一次评全国劳模的时候没有他，第二年就有他了，就是华北局开会的时候他顶了一次。张启曾经说过这件事。你在网上一查就知道，河北省第一届全国劳模没有他。

问： 他有一个爱国丰产奖吧？

答： 有这个奖的时候，他还没有当全国劳模呢！

问： 县档案馆存有耿长锁一部分讲话录音，您听过吗？

答： 有的听过。他从说话水平和技巧上不如饶阳县另一个全国劳模宋欣

---

① 有误，应为：1944 年合伙组章程规定，收入分配分为土地收入副业收入分配两项，其中土地收入扣除 10% 公积金，其余按人地对半分；副业收入扣除 10% 公积金后，按资四人六分。

② 冀中八专署减租减息试点工作组。

茹。宋欣茹的谈话水平很高，和她的谈话不怎么修改就能发表。

问：五公村的副业发展怎么样，都有哪些？

答：副业搞得相当不错，特别是三队的最好，集体经济相当雄厚。五公实际吃亏就是在这里，要是坚持不分，和晋县周家庄①一样早就发展起来了。那时候五公集体经济很好，副业除了有打绳、果园、林场，70 年代后期还有配件厂等，副业占经济收入多少我也不知道。当时就是以农业为主，以粮为纲，粮食过千斤。耿长锁对农业和副业的关系是按国家政策来的，副业不能和农业争原料，五公工业就没怎么发展起来。

问：晋州的周家庄没有分，这里为什么分了？

答：那时候省里来做工作，五公分了，常安也就分了。因为耿长锁是全国劳模，省里先后派了几个人来五公村做工作，后来看着实在不行就分了。当时五公村里出现社员偷拿队里的化肥给亲戚朋友用的情况。周围的村已经都分了，五公村还没分，还得集体浇地，特别是到浇麦子的时候要追肥，不少社员就把集体的化肥扣下来给了亲戚。人们看着不行了就分了。那个时候搞分地，就是周家庄没分，它是唯一的。

问：五公村是什么时候分的？

答：1983 年冬天。分了地以后，当时河北省委宣传部让杨殿通办一个刊物《共产党员》，给县委打电话让我去那里工作。我说不行，当时家里已经分了二十多亩地，我是属于"一头沉"的干部。我这也受了耿长锁的影响，说老实话。当时每年有自然减员农转非的指标，县长说给你老伴儿转了吧，县长签了字了，我就上报了给老伴儿农转非的材料。我同事孩子已经上班了，从学校开了个在校证明，就把户口转了。我孩子也上班有半年了，但没开假证明，只上报了老伴儿一人。当时公安局说照顾有小孩的，给我砍下来了，所以我老伴儿始终没有农转非。谁知道十年河东，十年河西，现在我家里还有二十来亩地也挺好的。

问：五公村现在经济发展怎么样？

答：一般吧，当时五公的粮食产量在全县是最高的。

---

　　①　周家庄，即河北省晋州市周家庄乡，位于晋州市中部，距石家庄市五十公里，1949 年创办互助组，1952 年成立合作社，1985 年建成人民公社，自 1952 年至今，一直坚持人民公社体制，号称"最后的人民公社"。

问：当时发展好是不是与国家的扶持政策有关系？

答：有一定关系，但不是决定因素。比如化肥，当时的国家政策是化肥供给量和交粮多少挂钩，五公交粮食多，供给的化肥（平价）就多。五公的粮食产得多是人们干出来的。

问：有材料说 1958 年五公一年积肥是 4 亿斤，真有那么多吗？

答：我 1965 年、1966 年在五公的时候，特别强调每亩地必须施肥十方。那时候以粗肥为主。

问：县档案馆的老照片中，有不少非洲外宾来五公参观积肥，这是一种什么技术？

答：就是高温积肥。粮食亩产过千斤，那时候很难。土地施肥以粗肥为主，必须是高温积肥。当时麦收以后，把杂草、柴火、人粪尿、畜肥推到地头空闲地方就堆起来，连道路上都有，当时是一亩地十方肥。

问：家庭联产承包以后五公村的情况您了解吗？

答：不太了解。要说饶阳县种葡萄是我们兴起的，当时我在农业区划办公室。我和科协、科委、林业局的 4 个人给县里写了信，建议饶阳县种植葡萄，县委挺重视，批转了我们的方案。开始由石家庄果树研究所的人进行技术指导，引进他们的品种。县里定了几个点，孔君道、草庐、小官厅，重点是这几个村，其他村可以少量种，五公当年也种了十几亩地。

问：种葡萄是什么时候的事？

答：刚分地的时候。我跟县政府办公室副主任几个人一起去河南考察，还去了兰考。看怎么生产葡萄酒，是以甜食葡萄还是以酸食葡萄为原料。

问：后来五公村种葡萄了吗？

答：没怎么种，但是五公村的副业搞得不错。开始搞养殖，特色养殖，养貂、貉、鸡，还有纺纱、面粉加工，五公的面粉很出名，花生豆也不错，当年也有自己的品牌。

问：现在饶阳县搞得好的都是什么产业？

答：大棚葡萄，后期人们从大棚蔬菜转成的大棚葡萄。这几年种大棚葡萄的赚了不少钱，一个棚一年大概三五万。

问：工业都有什么？

答：工业不行，没什么像样的。

答：五公村现在有种大棚的吗？

答：个别的，比较少。五公村一直地少人多，村子发展得快，人地关系比较紧张。

问：这些年在宣传五公和耿长锁方面您做了不少事情。

答：五公镇的书记说我立功了，耿长锁精神是我第一个提出来的。我是从 2003 年就开始写了，那会根本没人提耿长锁。

问：您当时怎么想起写《耿长锁传》这个事来了？

答：因为我爱看书，看到了陈永贵的传记，还有吕玉兰的传记。他们都是农业上的，当然他们的职务高，耿长锁职务也不低，是副省级的，也是全国劳模。他们写传，我也给耿长锁写传。

问：当时和他们家里人沟通过吗？

答：沟通过。我和他的大闺女还有张满囤都座谈过，和耿惠娟也谈过。那时候张端死了，乔利广、张朝可、杨同都谈过，还有找了一些群众。我对五公村很熟，所以在村里找了一些人，给我讲耿长锁的事。写的过程中，我还上河北省什么文学院培训过。

问：这本书最后是怎么出版的呢？

答：书稿完成以后，有一天看报纸，看到有一个河北省老年文化促进会的组织。我就给这个单位写了一封信，说我给耿长锁写了一个传，通过你能不能正式出版。当时不知道这是杨殿通办的，这封信发去以后不到十天，杨殿通打来电话。他说早想给耿长锁写传记，让我赶紧过去一趟。到石家庄见面后，他对书稿很感兴趣，又商量怎么写，书名改了好几次，最后定下来。开始打算在北京一个出版社出版，已经印来了校样，这时候河北省委宣传部听说了，说让河北人民出版社出，还请白克明题了词，就推了北京。正要出版的时候赶上闹"非典"，所以就拖到 2005 年才出版。

回忆做耿长锁秘书的日子

石大舵　靳松彦　口述　樊孝东　整理

采访时间：2013 年 7 月 20 日。2014 年 8 月 4 日回访。

石大舵（1959— ），男，1981 年中专毕业，1983 年担任耿长锁秘书，1985 年考入党校，1987 年到县委组织部工作，是耿长锁的第三任秘书。

靳松彦（1957— ），男，耿长锁的第四任秘书，曾参与五公村油脂化工厂的修建，后调到饶阳县物资局。

问：您今年多大？

石大舵答：55 岁，已经二线了。

问：二位都当过耿社长的秘书，大概是什么时间点？

石大舵答：我是 1983 年底五公成立农工商联合社时去的，1985 年去上党校，前后一年多时间。

问：您去的时候村里分地了吗？

答：已经分了。

问：是第二年春天分的麦苗吗？

答：对，种的时候是集体种，第二年自己管理收割。

问：那您是什么时候呢？

靳松彦答：我是最后一个，其实我去的时候，耿社长已经病了。

问：您时间更短吧？

答：对，我几个月。

问：平常秘书有哪些工作？

答：我记得我主要是做笔记，那时候耿社长已经不怎么出门了，年龄大了。

问：耿长锁同时有几个秘书啊，有工作秘书、生活秘书？

石大舵答：就一个。他原先还是省人大代表，跟他去石家庄参加过几次会。1984年我跟着他去天津、北京参加县里组织的原籍饶阳县的老干部座谈会；后来成立五公油脂化工厂时，跟老社长去天津找过一个全国工业劳模，魏振华。其他的就没怎么出过门。有时候出去转转，他有个司机，有辆吉普，拉着他出去看看。

问：这几次开会耿社长发言了吗？

答：他那时候戴着助听器，说话也听不清，80多岁了，基本上不怎么发言。

问：他对那时候刚刚包产到户有什么看法？

答：他跟我待着时候没怎么提及这个。

问：平时你们秘书住哪里？

答：住接待站。

问：每天的工作方式和内容是什么？

答：一般是吃完饭去他家里，看他有什么需要处理的，上午在他家里，下午在村委会待着，他后期事情不多，参加活动少了。

问：您跟他去天津的事介绍一下？

答：我记得好像是1984年春天去的，开着个吉普，当时道不太好走，得走四五个钟头。那时候老社长精神挺好，路上我跟司机说不用太着急，咱歇会儿，社长说不用歇，直接去吧。他说还是坐吉普不赖，这么颠颠，遛遛饭食儿。

问：那辆吉普是耿社长的专车吗？

答：是。我记得那是第三辆车了。原来想给他配个伏尔加轿车，他不要，说去地里转着不方便。

问：那时候县里的主要领导都坐上轿车了吧？

答：没有，大部分都是吉普。

问：您是怎么当的耿社长的秘书？

答：我1981年中专毕业，当时饶阳县委书记是杨志勇，在五公成立农工商联合社开筹备会的时候，凡是涉农部门都到五公去参会，我们局的局长去了。去了以后他有事走了，让我盯着。中午吃饭的时候，杨书记问我你哪儿的，吃完饭一块儿回去，我们的车回到县委了，到办公室他跟我说了这个情况，当时邹立基上学去了，老社长身边需要个人，要不你下来锻炼锻炼，你考虑考虑。就这么回事。开完了时间不长我就过去了。

问：后来怎么到了党校学习？

答：在这个期间事情不多，那会儿拿这个学历挺当事儿，我原先是中专，当时省委党校、地委党校都办班，招干部培训班，二年制脱产，我考上了地委党校。

问：在那里待了两年之后去了哪里？

答：回来之后一直在五公乡，1987年上县委组织部。

问：您当秘书时一直和老社长在一起，每天都有接触，您对老社长有什么印象？老社长对你有影响吗？

答：老社长为人处世实在，虚的假的没有，一就是一，二就是二。对我以后来说，离开他，也不行。按当时来说，老老实实做人，对人对事没坏心，坑人害人的事他都没有，都不会。在五公待了一年多，这是我最明显的一个收获。老社长当那么大官儿，但是特别平易近人，他家里改善生活的时候，他让他大闺女或他的外甥叫我去。

问：五公村的接待站什么时候成立的？

答：1967年，1968年。

问：站里平常有多少工作人员？

答：有三个人。

问：三个人都有什么分工啊？

答：一个后勤，一个财务，一个接待。

问：它的财务开支是五公大队的吗？

答：不是，是县政府的。这个叫五公接待站，但是县里开支。

问：后来人员建制多了吗？

答：不多，一直是三五个人。

问：它的人员、经费始终是属于县政府管？

答：对，都是县政府的，和五公村没关系。

问：接待站是什么时候撤销的？

答：耿社长去世以后，又存在了一段时间，20世纪80年代末撤销的。

问：平常老社长说话多吗？除了开会、下地，老社长都干什么？

答：说话不多，他总是自己看报纸，《河北日报》《衡水日报》《参考消息》，每天几乎主要是看报纸。

问：平常你们在一起聊闲篇儿吗？

答：很少。

问：到最后他一直保留副省级待遇？

答：对。

肖献法：待遇也就是五六十块钱，有个医疗证。

问：他平常去哪儿看病？

答：一般的小毛病就在五公医院。

问：中间没去过北京、石家庄吗？

答：没有，最后实在不行了才把他送到石家庄，在省医院住院。

问：耿社长最后几个月的秘书工作是怎么样的，您之前在哪儿工作？

靳松彦答：我之前在县政府招待所。我去的时候，耿社长已经查出肺癌了，去石家庄住院了。住院期间，省委、省政府、省人大、省政协的领导们不断去看，我负责接待。还有各省市给老社长的来信，我负责回复。最后美国学者毕克伟还来过一次，到医院看耿社长。

问：耿社长生命最后几个月，您跟他是接触最多的，您对他有什么评价，或者说他对您有怎样的影响？

答：我跟着耿社长的时间不长，但对我的影响还是比较深刻的。耿社长是一心为公，这一点我真实地体会到了，感受到了。后来在石家庄待了两个月，病得已经不行了，腹水，用上蛋白就能顶两三天。从石家庄用上那个药开车回来，其他车不坐，就坐他那个车。那时候省政府给他派别的车，他不坐。回来以后不进家，先上地里转一圈，看看麦子种上没有，长出来多高了，按着这个季节对不对，先转一圈再回家。

其实，他这个身心已经很累很累了，还要去地里转一圈。就是最后到昏迷了，他还有一个动作，人们说这是干什么嘞？他那意思是摘葡萄哩！当时村里刚种植葡萄，头一二年种。在昏迷当中，已经意识不清了，还在想着村里那点事，真是不得了。刚才大舵说了，耿社长影响他一生，他在饶阳县是有名的实在，正直。我在他之后，我虽然跟的时间短，我也有这个名，说起我这个名字来，在我这个年龄段的都知道。我在五公待了十五年，耿社长去世之后我就一直留在五公。刚才大舵提到的魏振华，请他来以后建立的油脂化工厂，耿社长去世以后我就在那个厂子，算是完成耿社长的未竟事业，帮着他们把那个厂建立起来了。

记得我和魏振华一块出了一趟差，出去考察市场一个月。这一个月当中，到了厦门，他原来是天津市油脂化工厂的厂长，所以我们都叫他魏厂长。到了厦门他有点水土不服，还住了院，住的厦门市中医院。我们俩出去一个月，花了多少钱？连吃带住带坐车，花了800块钱。那年我28岁，今年57岁了，将近30年了。那时候也有一种艰苦的作风，每天补助两块钱，就吃那两块钱，不多吃。住的更别说了，非常艰苦，这个魏厂长也是全国劳模嘛，工业劳模，也为咱们建立油脂化工厂付出了很大的心血。一直到油脂化工厂建成，出了成品，我才回到乡镇。耿社长对我还是有一定的影响啊！我记得我从五公上物资局，当时县委王书记说了一句话，你上来之后啊，别花人家公家的钱，别让职工上访。

当时职工上访是一个很敏感的问题，可是呢，物资局又是一个国营单位，下岗职工最多，几百个下岗职工，别说工资了，投保都不能保证。当时我跟王书记说了这么一句话：王书记，我跟耿社长虽然时间不长，但是他对我的影响非常深刻，我也是从五公上来的，如果有人告我，你就可以认定这是诬告，我用党性和人格担保，绝对不会做。到最后离任，审计是清白的。我所在的物资局几百个职工，没有一个越级上访，到衡水上访的没有，到石家庄上访的就更没有了。就是耐心细致地做他们的工作，现在物资系统就是这么个现状，不是谁弄的。当时处于计划经济向市场经济转型阶段，物资局原来是最好的单位，钢材、木材，在两种价格（平价、议价）的时候，本来是平价，鼓捣成议价。最后我离开物资局的时候，物资局就没了，改成物资总公司了，改成企业了。

反正这一生，俺俩受（耿社长）的影响还是挺深刻的。俺俩现在也到二线了，就是奉行的一句话：干净做人，认真做事，能力大小放在一边，我就这个能力，没办法。至于耿社长再多的，咱也提供不了什么，我又是他后期病重期间，要是邹立基市长那就可以提供更多。他跟社长四五年，再一个那时候活动也多。

回忆父亲

耿惠娟

采访时间：这篇回忆文章由耿惠娟提供。从 2015 年到 2019 年编著者樊孝东曾多次采访。

耿惠娟（1943— ），女，耿长锁四女儿，高中毕业后回乡，曾任五公大队团总支副书记、民兵营副营长。1971 年任饶阳县委常委、中共南善公社党委书记，1973 年任中共饶阳县委副书记，1974 年任河北省卫生局副局长（党组成员），1978 年任共青团河北省委常委、组织部长，1982 年任河北省卫生厅机关党委专职副书记，1985 年任河北省纪委驻河北省卫生厅纪检组副组长、组长、监察室主任、监察专员。2004 年退休。现居石家庄市。

我是父母亲的四女儿，上学时就有个理想，将来回到父母亲身边，做父亲的小帮手，和乡亲们一起建设美好的家乡。于是高中毕业后，在父亲的支持下，我放弃了升大学的机会，1964 年回到了农村。回家后，我很快投入到了家乡建设新农村的工作中。

那时候的五公村是生动而活泼的，人们的生活有滋有味。特别是年轻人，他们白天欢乐地下地干活，晚上到俱乐部开展各种活动。有排演节目，准备参加演出的；有练习写作的，写出本村的好人好事拿到广播室，大喇叭一响全村人都能听到，鼓舞着大家的干劲；科学实验组在研究种子的问题，研究防治庄稼病虫的问题；美术组绘画出农业劳动、副业生产各种场面的美好景象；图书室里，有志青年在阅读各种书籍等等。

五公村的民兵营是一支由上级命名的先进的民兵组织。这支队伍能文能武，深受全村人关注。晚上只要一吹集合号，15 分钟就能集合 700 多民兵。

他们在一起练射击、投弹、刺杀，他们撑杆上房，匍匐前进，练习保家卫国的本领。民兵还是生产突击队，记得秋收季节，劳动力分散，地里玉米收不上来，小麦种晚了会影响明年的收成。民兵营知道了，主动承担了这个突击任务，晚上三个连的民兵全部拉到了玉米地里，有的收割，有的装车，有的运输。场院里、田地间、大路上，到处传出大家的欢声笑语，只用了一个晚上就把玉米搬到了大队的场头上，三个连共收割200多亩玉米。除了这样过硬的任务离不开民兵组织之外，一些苦活、累活也离不开这支队伍。实行科学种田，村里实行人粪尿单存，他们就拉着粪车挨家挨户敛人粪尿……这是我一生都忘不掉的年代，是我的激情岁月。真的好想回到那时的家乡。

在我的记忆中，父亲是个坚强而有毅力的人。抗日战争年代，日本鬼子打死了我的爷爷，把我的父亲放到了铡刀里，为了掩护革命干部，他咬住牙没吐露半个字。他还曾一次次冒着生命危险送军粮，从没后退半步。解放战争时期，他三次送自己独生子参军，前两次由于年龄小没走成，第三次才得到批准。1943年办起来土地合伙组，以后经历了多次斗争，包括1945年退组风波，土改时个别人的错误做法，他都顶住了。1953年砍社风波，他依靠和相信群众坚持了下来。

1957—1958年社会上刮起了浮夸风，说什么粮食、山药亩产几千斤、几万斤甚至几十万斤，他没有听信。省里来了一位领导给他下达了放五个卫星的任务，他坚持说一个也完成不了。领导生气地说，耿长锁是老保守、老右倾，报纸三年不能登五公的消息。但到最后，他还是实事求是地汇报了五公的实际产量。三年自然灾害时期，国家遇到了困难，粮棉征购任务重，他团结和依靠群众千方百计增加生产支援国家渡过难关，没让群众出现重大问题。但是，父亲病倒了，全身浮肿，腿肿得向外渗水。

父亲是一个纯粹的劳动者，他既是一个优秀的群众组织者和领导者，更是一个生产能手。他从小就跟随爷爷奶奶学打麻绳，后来成为一位有名的打麻绳的行家里手。种庄稼更是远近闻名，连县城那边都见识过他的身手。他把劳动看成是人的一生绝对不可缺少的东西，在五公村几十年的集体化道路上，他始终是亲身参与各种劳动，直到他生命的最后时刻。1968年以后，他开始在省、地、县各级担任领导职务，有人劝他脱产，给他腾办公室，被他拒绝了。他说，我是代表农民的，我可以多反映农民的意见，如果我脱产了，就不知道农民想什么，也就失去了群众选我当领导的意义了。

我父亲是群众的贴心人，时时处处为群众着想。大家有什么事，有什么困难或者有什么好的建议都愿意找他说说，而他总是认真听取群众的意见，为他人排忧解难。河北日报记者杨殿通同志代笔为他写的《什么能堵塞自己的耳朵》就是他在这方面总结出来的经验。他拿群众当亲人，例如，20世纪50年代初，他去北京参加一个很重要的会议，带回来三个苹果（那时候五公村很少见到苹果），说是从毛主席身边带来的不让家人动，晚上拿到社里让人用小刀一片一片地分给大家吃。1952年他参加访问团去苏联，用国家发给他的零用钱买了些在五公见不到的自动铅笔和塑料杯子分给了社里的小孩儿们。20世纪70年代后，上级给他配了一辆吉普车，除了去外地开会用，其余时间他和家人一律不许用。但是，村民有什么急事或看个病什么的，他从来没有阻拦过。

我的父亲廉洁奉公是很知名的，报纸杂志上曾多次就此进行过报道。在几十年的工作经历中，我也始终将父亲教诲的廉洁奉公作为自己的座右铭，不曾或忘。我在河北省卫生厅纪检组、监察室工作20余年，经常把父亲当作榜样对照自己的言行，牢记要想做好工作，首先做到本身硬，才能按着党的纪律要求管好自己该管的干部这一原则。

耿长锁的精神影响着一代又一代的人，特别是对他的子女及所有的后人。想着家乡几十年的变化和我父亲走过的道路，是那样的艰难、坎坷，凭着他和他的伙伴们坚忍不拔的毅力走了过来。回想父亲的一生，他做到了实事求是、艰苦奋斗、廉洁奉公、一心为公。这种好思想、好品格得到了群众的拥护和爱戴，使他战胜了一次一次的挑战，迎来了一次次的胜利。

我经常这样想，我父亲去世30多年了，他让后人敬仰，让人怀念，这就是不朽，这就是永生，这是我们这些做后人的荣耀。

我们将秉承家风，传承父亲遗志，实事求是做事，老老实实做人，为老人争气、争光。

实事求是的老父亲

耿德录　　耿占录　　**口述**　杨学新　**整理**

采访时间：2013 年 7 月 25 日。2015 年 7 月 25 日、2017 年 7 月 31 日回访。

耿德录（1931—2018 年），男，耿长锁的大儿子，1948 年参军，1952 年转业回北京，先后在北京电影学院、中央新闻纪录电影制片厂工作，1958 年回五公村，先后在公社电影放映队、发电厂和饶阳县电力局工作。

耿占录（1950—2017 年），男，耿长锁的小儿子，1968 年参军，1978 年转业后到饶阳县检察院工作，曾任县检察院副检察长。

问耿占录：您多大岁数？

答：我今年 64 岁，1950 年生人，我是老小。

问：您哪年当兵走的？

答：1968 年。

问：您当兵之前干什么，参加劳动了吗？

答：上学呢，我初二那年，"文化大革命"开始，学校就散了。后来说复课闹革命，学生们又回了学校，我就是那个时候走的（1968 年）。我在村里没参加过劳动。

问：在哪儿当兵啊？

答：69 军，先在太原，后来到的大同。

问：您当的什么兵？

答：通信兵，电台。

问：哪年转业的？

答：1978 年。

问：谈一谈您父亲生活工作方面的一些典型的事，随便聊聊？

答：这些事呗，那次衡水电视台来了也让我说，实际上老肖（肖献法）他知道的比我们知道的还多，他在五公待的时间不短。

问：老肖我们还要采访，谈谈您的认识。

答：作为我来说，是这么看这个事。我父亲是走合作化，现在对合作化来说争议是比较大的。究竟这个路走得对与不对，现在也没个定论，这个事只能让历史评价。但是，作为我父亲来说，从组织互助组、土地合伙组，到合作社、人民公社，我认为在当时的历史环境下是对的。当时小农经济确实影响了中国社会的发展，因为中国是个农业大国。走这条路应该是对的。作为他的这个精神来说，如何来影响当时和现在的社会，对你们专门研究这个的来说，这是个难题。集体化、合作化不仅仅是问题本身。上次开"耿长锁精神研讨会"就提出这个问题来了，就是耿长锁精神对当前有什么影响。走合作化道路对与不对，抛在一边，对当前的社会有什么影响，我觉着这个是主要的。对这个问题，我是个外行，我没有琢磨过这个。总体来说，我觉着我父亲最主要的一点是实事求是，这是他全部思想的基础。历史上有几个事对他的影响比较大，一个是 1945 年有八户退社，那个事对他震动比较大。原来劳力、土地分红是四六，劳四地六，变成劳六地四以后，一些中农户、土地多的户觉着确实是吃亏，就那么着有八户退社了，差一点儿把这个合伙组搞垮了。八户一退社，什么都分光了，那件事对他影响比较深。我也是通过看一些资料才知道的。当时四六分红是一个工作组给定的，地多的中农户觉着吃亏，比原来收入高了呗？高了，但是他觉着被那些穷人沾了光了，他就不愿意了。所以说，这个事必须按当时的历史环境，实事求是的，当时和以后完全取消土地分红不一样。就是说不能必须按劳力多分地少分，当时人们接受不了啊。以后别管是"砍社"，还是什么，他对于上边说的一些话都要加以分析，符合不符合我这个村里，我这个社里的具体情况、实际情况，他都得加以分析，人们接受了接受不了啊？所以说这件事对他影响比较深。具体的一些事，我也没有经历，让我说我也说不上来。

问：当初分家的一些章程、账目还在吗？

答：从一开始都有。

问：原先留下的一些地契还有没有？

答：没有了。

问："砍社"是怎么回事？

答：（1952 年）成立了 400 多户的一个大社，当时河北省农村工作部副部长任工作组组长来"砍"这个社。

问："放卫星"的事情对他影响大吗？

答：1958 年"大跃进"时候"放卫星"，亩产一万、两万、十万、二十万斤，各地都那么吹啊，唯心。省里一个领导同志来，跟我父亲说你就得"放卫星"，他说我就不放，我产不了那么多。

耿德录：他让五公放五个卫星。

耿占录：我父亲打了个比方，红薯一亩地产二十万斤，像人这么大块，100多斤，这二十万斤摆到一亩地里得多少块啊，怎么能有这么多块？反正当时他就坚持不放，省里领导同志说，你坚持不放，三年不见报。三年不让报纸登五公，封杀三年，不让见报。后来也确确实实三年没让五公上报纸，别管中央的还是河北的报纸，真是三年没见报。你不见报就不见报，我目的不是为了见报，不见报拉倒，我就是放不出来，他就是这个态度。所以说，我觉着他的思想基础就是实事求是，当时确实就是三年封杀不让见报。原来各种报纸都经常有五公村的消息，不说每天吧，差不多一个月有一次，报纸都有五公的消息。

问：提到实事求是，还有什么事情上体现他实事求是？

答：（20 世纪 60 年代初）有那么一个时期，上边要求实行完全按劳分配，五公就没有实行这个政策。我父亲认为如果要实行这个政策，有的户分的粮食三年五年也吃不清，有的户可能就会没饭吃。所以完全按劳分配，五公没实行，基本口粮一直没有取消。（一九）七几年的事，那年开会，从县里到公社到各大队都说五公亩产量能超过一千斤，人们都说报吧，准能打一千斤。他说等回去打出来再说，最后打了 970 多斤。作为县里领导都是贺喜，超千斤了。他说就这么报，就是那么多，报 970 多斤，不能多报。这些事吧，都能体现他一生的实事求是。

问：我们采访的过程中也是感受到这一点，实事求是。粮食亩产，一说五公村的"过黄河"、"过长江"，都说那是真的。

答：我觉着实事求是是他的基本思想，是主要的。其他方面，像"廉洁奉公"什么的是辅助的。廉洁奉公这方面，我举一个例子吧。当时我父亲和母亲都是高血压心脏病，但是我父亲是公费医疗，他吃药国家负责，自己不花钱。他的药不让我母亲吃，我母亲吃的药都是自己买的，他就坚持这个原则。他说我的药是国家出的钱，你不能吃。还有一个事儿，有一年我的一个表哥打东北回五公，到杨各庄去看我姑姑，我父亲陪着他去。当时我父亲有车啊，有配的公车，我表哥就嫌我父亲不用公车，买了些东西让我父亲背着，他一点也不拿，全让我父亲背着。我父亲从五公背到杨各庄，五公离杨各庄 8 华里。到了杨各庄后我姑说我表哥，你怎么让你舅拿着东西，你不拿着？我表哥埋怨，有车他不要，他非走着！这种事多了。

问：您父亲出国参观访问了几次，说说这个情况？

答：他出国去了两次。1952 年去苏联，那次是中国农业代表团；1957 年我父亲和农业部的一个副部长，去欧洲访问了一次。

问：访问回来有什么新鲜事给你们讲过吗？

答：他最典型的一件事，访问的时候做了一件呢子大衣，回来后，早晨起来出去拾粪，天冷了，没找到其他衣服，就穿着呢子大衣背着粪筐出去拾粪去咧。

问：您父亲对孩子们怎么教育的？

答：我印象比较深的有这么个事儿，1978 年我从部队转业回来分配到饶阳县检察院上班，我父亲和我谈过一次。当时说话也土，没现在这些新词，他的意思是你这个单位是个执法单位，是个特殊单位，以后在工作中不准吃请受贿，要按条文办事。那时候他没说依法办事，反正就是这么个要求。我觉着在检察院几十年，后来当副检察长，一直到退休，我还是按着他的要求办事的。我当副检察长，也是凭业务干上来的。我父亲是 1985 年去世的，我当副检察长是 1993 年，应该是跟他没关系，要是有关系的话，他去世之前我就早当上了。我在检察院三十年，经手办了几百个案子，始终坚持实事求是。

问：您在检察院工作期间有过什么典型的案件吗？

答：当年有这么个案子，一个教师强奸了学生，这个人的亲属跟县里几位老同志有关系，确实有几位老同志早先跟我父亲一块儿工作过。他们和我说，为这个案子找过我。我的意思，本身我对教师强奸学生这种事儿，从心里说就恨这个。说来说去，别管怎么说，并且他们找了我父亲关系挺近的一个老同志，但是这位老同志没跟我说，他的意思是你该怎么办就怎么办。那个案子确实牵涉到原来饶阳县的几个老同志，不知怎么着他家里就找到这些老人们了，他也知道我对这些老人们是非常尊重的。那个女孩子案发的时候年龄不到 14 周岁，他们说差不多够 14 周岁了，后来我查了，就是不够 14 周岁，最后判了十年。我在检察院这几十年，我觉着在社会上都能说得过去了，社会上对我绝对没有什么不好的话。因为有我父亲，从我一回饶阳参加工作，我就有一个想法，不能给老人丢人，我就是这种思想，我给你添不了什么光，我也不能给你丢人。工作二十多年，吃请受贿这一类的事儿，从来找不到我头上。饶阳县的人们对我有这么个说法——他是个凿四方窟窿的，就是说我固执，不善变通的意思。人们都知道我是个拧家伙，有些事他就不找我了，都知道我拧，一般的说不进去。

问：老先生对你们的家属和孩子们是不是也有要求？

答：我们家里人，我弟兄们和后代们都是一样，都有这么一点，不能给老人丢人，就这一个思想。你像我的小子，2004 年上南开大学，后来老肖写的那本书我给他，他拿着到学校了，同学们看到了，问耿长锁是谁呀？他说是我们那儿的一个人。他根本不提这个事，从来不说打着他的旗号，包括他到北京师大读博士，他的老师们都不知道他的这些情况。他从来不张扬，不说。

问：他是学什么的？

答：学物理的。他高中的同学们也不知道这些。在我们家里，别管我们这一代，还是下一代来说，从来谁都不张扬，不说我父亲怎么怎么样，我爷爷怎么怎么样，从来没有，没一个，都是低调做人。

问：老爷子在世的时候是否有过家训家规？

答：家训家规就是，别管你哪一个，稍微干点什么，都怕他。说实在的，我们弟兄们都怕他。这也不是说他多厉害，有那么点儿不怒自威的意思，他不用说，一些事儿你就不敢那么办，反正都怕他。你看我们弟兄们在社会上都是低调做人，低调处事，哪一个都不是张扬的。人前张扬，以前老人怎么怎么样，现在我们怎么怎么样，没有。要不说我父亲 1985 年去世，到 1993 年我才当上副检察长，我 1978 年上班，那时候已经在检察院待了十五年了。所以说，我们弟兄们，别管是职务提点不提点，与他没太大关系。

问：到包产到户的时候，您父亲是个什么心理状态，他跟你们表达过吗？

耿德录：他不说这些，他是执行政策。

耿占录：我 1978 年回来了，我觉着当时那个大环境、上级的政策对他有影响，再一个就是省里给他做工作。当时周围都分了，对他确实有影响。

问：晋州一个公社（乡）到现在也没分。

答：你看，咱就说这个集体化的力量就在这儿。20 世纪 70 年代，五公一个工分达到一块钱，一块多点。当时出来工作的人们不就是一个月三十来块钱吗？也就是那个水平，其实五公也达到了这个水平。

耿德录：那个工值是劳力分红，是把粮食刨出去，另外分的钱，工分不包括粮食。

耿占录：五公的分红是这样，基本口粮加劳力分红。基本口粮就是一个人多少斤，一般是 300 多斤，这是保证基本生活，这是分的，不用拿钱。再加上劳动工分分红，工值一块或一块多点儿不包括基本口粮。当时参加工作一般的也就是二三十块钱，挣工资的还得去买粮食，所以说当时五公人们生活收入也不低。原来一些事儿我哥都知道，他是后来当的兵，他在合伙组还参加过劳动。有些事儿可以问问他。

问：改革开放以后，您父亲给村里办了一些企业，比如油脂厂等，说说这方面的情况？

答：从天津把老魏（魏振华）请过来办的油化厂，他也是个劳模，他们是开劳模会认识的，关系不错。

问耿德录：您大名叫什么？

答：耿德录。

问：您是哪年出生？

答：1931 年，我是老二，上边有个姐姐。

问：1943 年组织合伙组的时候您开始记事了吧？

答：我那会十几岁，开始参加劳动了。

问：您上过学吗？

答：没有。

问：合伙组那会您家几亩地啊？

答：好像是 7 亩地。

问：几口人？

答：七口人吧。

问：土地合伙组是怎么组织起来的，当时是个什么情况？

答：一开始是先组织的副业组，也是四户，那会儿还没有我父亲呢，是另外一户。那一户一到春天种地，按照章程分配觉着不上算就走了，剩下三户觉着咱们这几个人还是不行，怎么办，后来才把我父亲吸收进去了。进去以后他就是组长，就是那四户的头儿呗。这之后就开始了，连搞副业，也种地。

问：为什么让他当组长呢？

答：就是信任他。

问：您当时在合伙组干什么活啊？

答：刚开始就是给组里放羊，干些能干的活儿。

问：合伙组成立以后家里有什么变化吗？

答：之前家里吃不上饭，吃上顿没下顿。合伙组以后，逐渐地变好了，这都是我亲身感受到的。

问：村里其他人对合伙组是怎么看的，态度如何？

答：农村里就是那样，说他们净瞎闹，弟兄们在一起还合不来呢，他们在一块儿能行？人们就看你，观望，当时就这个情况。刚开始那个章程是人四地六，这几户到一块儿就按这样分成。以后逐渐发展，户数增加，1945 年到 17 户。后来工作组给定的新的分红方案，人六地四。这一变，地比较多的人一看不行，他觉着地少的户沾他的光，有 8 户退了，剩了 9 户。当时合伙组的几位当家的也觉着新的章程可能不行，但这是上边定的政策，就这么实施吧，结果退了 8 户。退社的时候，8 户把组里的财产全部分光了，组里的财产有大件，有小件。大件就剩一口棺材，小件就是剩了点打绳用的一些零碎东西。其他大件小件都给人家了，最后还欠着几十斤麻，剩下的几户又凑钱给了人家。当时留下来 9 户净是原来打绳的，都觉着不合理，最后我爹还得做工作。后来凑了点钱买点儿麻，干起了打绳，把剩下的九户算是维护下来了。

问：看一些资料，当时根据地对于合伙组有过支持，比如说给过拆炮楼的砖，缴获的牲口，有这个事吗，这些支持对合伙组的发展起了多大作用？

答：有这个事，拆了小堤岗楼，对合伙组也起了作用了。那一头驴，说是让合伙组暂养着，那么着。就是你说的那样。

问：您是哪一年当的兵？

答：1948 年。我有两次当兵。我第一次当兵是 1946 年，那会儿我虚岁 16 岁，个子也长得矬，当了几个月，从饶阳到榆林，到那里补充正式部队的时候，把我给刷下来了。回家以后，干脆老老实实在组里做活吧。那会儿开着油坊哩，刚开始搓花生，后来看碾子，慢慢学着装垛，学会了就干这活儿。第二次是 1947 年冬天，我正装垛呢，父亲说你当兵去吧。我说要是再嫌我个儿矬，又得回来，我不去了。他说过了一年了，可以了。我说当就当呗，就又报了名，过了阴历年，1948 年走的。

问：当兵之前一直在组里干活？

答：是。

问：您父亲为什么让您去当兵啊？

答：他为什么让我当兵呢，因为那时候他当干部了，当时他是负责动员征兵工作的，别人都看着嘞。土改的时候"搬石头"，整个的把这个地方的干部都搬了石头，搬了以后另组织的贫农团搞平分，土改呗。这不光是一个村的问题，周围村都差不多。"搬石头"以后，把我父亲那个组定为富农组织。后来县里给分区说了，下了指示，说不能动才算完了事儿，要不介就要平分了这个组。当时组里地不多，主要是副业生产，以副养农嘛。工作组说牲口达到几头，其他的能达到多少，就算达到富农水平，就要定为富农组织。完了事儿，我父亲又当了党支部书记，让我去当兵去。那一年还没我弟弟嘞。当时县委书记是李太，找我父亲说你就这一个小子，别让他去了。他说不行，去。当时人们不愿意当兵，全国还没解放，当了兵要打仗啊。

问：您在哪个部队当的兵？

答：（晋察冀军区）第七纵队，孙毅是司令员。那时候讲要保卫党中央，当时其他部队都上外围往西北走了，就剩一个纵队，力量最不行。傅作义趁机钻了空子，和我们打了两次，在北合打了一次，在定县清风店这边又打了一次。

问：您哪年回来的？

答：1952 年转业。

问：转业到哪儿了？

答：转到北京，在北京电影学院待了一气儿，在总务科当办事员。后来中央新闻纪录电影制片厂招人，在那儿待了一气儿回来了。

问：您爱人当时在哪儿？

答：她原来在安国，后来在定兴工作。

问：您是哪年回来的？

答：1958 年。

问：在部队时候知道您是耿长锁的儿子吗？

答：部队上不知道，到电影学院就知道了。

问：拍纪录片《走上幸福大道》（1954 年）的时候您在新影吗？

答：没有，我当时还在电影学院呢。

耿占录：拍那个纪录片是在五公村拍的，待的时间不短哩。拍那个片有我二姐夫，他参加了。他是从小当兵，后来是华北摄影队的摄影记者，最后他转业到中央新闻纪录电影制片厂。

问：从北京一回来是到的哪儿？

答：1958 年回来后，刚开始去的五公大公社的电影放映队，一台发电机，两三个人。从放映队到的发电厂。

问：当初是火电吗？

答：是。

问：是烧煤吗？

答：不是，烧油。

问：从县里发电厂到的哪儿？

答：县电力局。

问：在电力局是什么职务？

答：一直是工人身份。

问：您爱人呢？

答：后来五公公社把她从定兴县调回来，先在公社副业摊上当会计，后来到农业银行。

问：五公发电厂是怎么建立起来的？

答：那个时候不是搞"四化"嘛，水利化、机械化、电气化、化肥化。1959 年上边给了五公公社一台发电机，这是头一个，紧接着又给了一台，后来又给了一台大的，这是三台。饶阳县第一个电站也是给五公的，县里说县里办吧，实际上县里这个电站也是给五公的。当时县里说投资就这么多，剩下就不管了。县里办电又把我调过去了。

问：王捧菊是你们什么人？

答：是我外甥媳妇，我大姐的二小子媳妇。她在村里当副书记、妇女主任。

问：您觉着您父亲对您影响最深的地方是什么？

答：反正不管在哪儿工作，不能给老人丢人，就是这样。我重新影学了电力、照明这块，回来以后1959年五公要办发电厂，我就去那儿了，就是后来油脂化工厂那个地方。

问：三位美国学者的那本书《中国乡村，社会主义国家》说有一个孩子在保定？

答：没有。那本书好多地方都错了。

问：您大儿子哪年出生的？

答：1957年。

问：他在哪儿呢？

答：石家庄。

问：他是当兵走的，考学走的？

答：当兵出去的。

问：您几个孩子？

答：五个。北京一个，石家庄一个，剩下三个都在本地。

问：您的孩子们受您老父亲的影响吗？

答：有两个受我父亲的影响比较多，别的没跟着我父亲。这个东西太抽象，很难讲。你要说他们受多大影响，我父亲怎么教育的，很难说。

问：您父亲平时说话多不多？

耿占录：说话不太多。他平常的一言一行对下一代都有影响，所以我刚才说，作为我们弟兄们来说，还有下一代，都是低调做人，都有这个特点，没一个说我爷爷或者我爹怎么怎么样，我就得怎么怎么样，从来没有。就说我吧，刚才也说了，我1978年转业到检察院，一直待了十几年，我父亲1985年去世，我是1993年当的副检察长，不是说依靠他的影响来当的副检察长，他去世好几年了我才当的。我是靠业务比较熟悉，为人正直，我觉着我是靠这个。县里领导不知怎么找我来了，让我当了。原来我一直是个普通的检察员。

耿德录：咱们也从来不提要求。

耿占录：从来没说找领导要求。要说我刚回来那几年，县武装部的曾经跟我说，你去下乡去吧，下去当个武装部长，那时候武装部长是副科啊。我说我不去，我不当。后来又说，你去哪儿哪儿一个乡里当副书记，我说我不去。

耿德录：我在五公发电厂当厂长、支部书记，到最后还是个工人，算离休。

耿占录：因为他是解放前参加革命，是个离休工人，不是离休干部，实际上工资并不高。那时候说是要找个关系转干，容易得很，但是他从来没那个要求。

问：目前我们国家提倡和谐社会、和谐家庭，您父亲的这种传统美德是不是也影响到你们这个大家庭？

耿占录：当然。我们家里这一伙子人，现在全部算起来得七八十口子，相处的关系都比较不错，连下一代都是。我那个大外甥张满囤你们认识不，他前些年给我说过一句话。他说咱家的那些媳妇们、女婿们啊，任何一个人别管从哪儿来，怎么样，一进咱们这个家里，好像都能融进来。就有那么个体会，家庭之间会互相影响。

问："文化大革命"时期您父亲受到冲击了吗？

耿德录：受冲击是必然的。"文革"当中，哪一个村里也不是一派，都是有派性的。那时候主要还是受外界的冲击。

耿占录：南开大学来了几个大学生，说离着五公几十里就闻到"修正主义"的味儿了，去了以后就鼓动村里群众闹事。村里群众也不是铁板一块，必然能鼓动起一部分。就那么着，贴大字报，闹了一段。

问：后来就不闹了？

耿占录：村里就那两派，这一派势力大，另一派势力小，最后把那一派控制了呗。这是很正常的，他们那一小伙人闹半天也闹不起来，最后大学生们撤走了。

耿德录：我们在村东头，他们来了就去村西头扎根儿，没想到西头那伙儿人更心齐。

耿占录：大多数人还是佩服我父亲的。

问：派性斗争里面有没有个人利益或个人恩怨的斗争？

耿德录：绝对掺杂了，你在哪儿工作也一样。

问：您父亲几十年工作当中有没有难免得罪村里一些人？

耿德录：这个问题在"文革"当中已经暴露出来了。有的受了处分了，他就跳出来折腾，折腾半天也折腾不出去，最后折腾到自己身上了。

耿占录：比如说当时"四类分子"，每天扫大街，他能服气啊？绝对不服气。这种事情绝对有。

问：当时他们批斗您父亲主要是批什么？

耿占录：也没什么。

耿德录：有判了刑的，你为什么判我的刑，怎么怎么样，他提这个。我父亲怎么答复，那个事过去了，别说了，别提那个事了。他不行，还说，还提。群众也不干了，到底是怎么回事嘞？他是私分粮食，二斤当一斤分。他自己也承认哪。不让他说，他非说不行。

耿占录：我父亲有个干儿子，原来不知道怎么认的，一直也没怎么走动。他当时有点作风问题，造反派非逼着问他，谁支持你？就得逼着他说是他干爹支持的，逼得没法了，他说是干爹支持的。人家就要他这一句，那你干爹是你的后台。你干爹怎么支持的，他最后也说不出来。一般都是这些事儿，找一些人，逼问说谁支持你的。

问：那几个美国人过来以后，进村里采访啊、座谈啊，对您父亲的评价啊，你们有什么看法？

答：作为朋友来说，他们来了以后，村里随便住，他们选了一些"四类分子"，地主这一类的人家。实际上他们写的那本书好多地方是违背事实的，经过查证根本就不是那么回事，那本书要不得。他就是想从五公这个例子来否定中国的集体化，他们是这个意思。

问：从你们家庭的角度对他的书有没有一个回应？

答：我姐夫（张启）写了个东西①，原来的一个老干部乔利广对那个书专门指出有多少条不对。他通过程铁军专门转给他们，但他们不承认。程铁军原来在五公教过学，现在在美国，我见过他，他回来过。

问：跟弗里曼他们三个接触过吗？

---

① 乔利广、杨同等：《还历史一个真面目》，内部印刷。

耿德录：我跟他们接触过，见过弗里曼。

耿占录：我没接待过他们，他们来的时候我当兵还没回来呢。你说这个毕克伟，他在那本书里否定五公，但是他在美国家里的小菜园里，竖着牌子，上边用大字写着："农业学五公"，拍的照片给寄过来。他娶了个中国媳妇。

耿德录：四川的。

问：就五公村这几十年的发展变化，您有什么感想？

答：简单地说，解放前吃不上饭，互助合作以后逐渐变好了，不是一下变好，是一年比一年强。到70年代，把口粮刨出去，一天分一块多钱。五公有的家庭，劳力多，一年能分一万块钱，相当于那会儿就有万元户。

问：分一万块钱的这个人叫什么？

答：三队的，人们叫他二蛋，现在没他了（去世了），他是我的表舅，他大哥叫日本人打死了，他是老二。刨去口粮之外，分一万块钱，那还了得！他的家庭劳力多，他儿子、闺女都劳动，要是包工一天还能挣两个到三个工。

问：那是哪一年？

答：70年代后期，那时候真不一样了。

问：从改革开放到现在，有什么感想？

耿占录：改革开放后，我觉着现在人们挣了钱了，有吗？有。但是主要的一个矛盾就是贫富太不均匀。现在有的户，日子过得挺艰苦，有的说实在的几十万、几百万挣的也有。现在普遍的是好了，但是贫富差距拉大了。集体化的时候，像我哥说的这个例子是个特殊典型，确实那一家是挣的多，因为劳力特别多，全村其他的户悬殊不是太大。让一部分人先富起来，这个也对。现在的问题是怎么让先富起来一部分人带那一部分人也富起来，这是个难题。

问：你们家有家谱吗？

答：没有。

问：你们手头有一些关于您父亲的文字或者图片资料吗？

答：我们两人不注意这个，照片什么的有一些在大队里、县档案馆，有一些都在我大姐的闺女那里，她保存着。张启写了一本书①快写完了，他那本书我觉着比较全面。

---

① 张启：《走在时代前端的人——耿长锁传》，河北人民出版社2015年7月第2版。

耿长锁留给我们后辈的是一生的鞭策

张　启　王振英　**口述**　杨学新　刘百恒　**整理**

采访时间：2015 年 7 月 22 日。2016 年 7 月 29 日、2018 年 5 月
8 日，两次回访。

张启（1947—　），男，耿长锁五女婿。1966 年高中毕业，
1968 年回五公村当老师，曾任饶阳县广电局局长。著有《走在时代
前端的人——耿长锁》等。

王振英（1959—　），男，耿长锁孙女婿，1977 年考入大学，
毕业后分配到县农业局工作，后任饶阳县政协副主席。

问：介绍一下您写的《走在时代前端的人——耿长锁》这本书吧。

张启：2012 年我去了趟河北大学，我正写着这本书。但是那时候老伴儿
住院，我陪她住院，儿子为方便我写书，又为我租了一间房，白天陪床，晚
上写书，写了几章，后来就写不下去了。到 2013 年春天，老伴儿说不住院
了，于是就回到了家里，我就又写了几章。所以，我说这部书是"急就章"，
急就急在能让老伴儿生前看到我这部书的出版。写这部书是老伴儿一生最大
的心愿，我想等以后再坐下来好好修改。谁想老伴儿走了，我却无心修改。
2014 年 7 月，著名文学评论家何西来①先生对此书有过一次长时间的谈话，
其中说道："张（启）所著传记，作者也深谙政治，是借一位社会主义劳模弘
扬社会主义，弘扬了毛泽东思想，拨乱反正，立意深远，与现时代息息相关，
是社会主义的正能量。""主人公特殊时期表现出的一个农民政治家的大无畏
的精神状态，最难得可贵。"与其说是对此书的评价，不如说是对老人家的评

---

①　何西来（1938—2014），中国当代著名文艺理论家、文学批评家。曾任中国社科院文学所副所
长，《文学评论》主编。

价更为确切。著名剧作家孙德民先生第一次见面就说："读了你的传记作品，很感人，很抓人，我一下子就读了进去。"其实，这都是对我的鼓励。我自己则认为，此书仅写出了老人家的六七成，自己的水平有限，这是个永久的遗憾。

问：五公村因为交不够征购棉"拆被子"的事情是怎么回事？

张启：这是 1960 年——三年困难的第二年，这一年五公完成了 12 万斤籽棉。种了 800 亩棉花，交足了棉花征购。1960 年是全国"低指标，瓜菜代"的第一年，这时候饶阳归到了深县，深县县委和老岳父接触不多，深县县委给五公定的指标一点儿没减。1960 年的情况是春旱、秋涝两场自然灾害。春旱对五公来说影响不大，有井可以浇地。老岳父带头抗旱，三班倒，歇人不歇井，井水昼夜流。800 亩小麦浇了五水，另外 1200 亩地白地造墒春播，造墒很好，确保春播不误农时。到了夏收小麦丰收了，留足了口粮——那时候吃食堂啊，又留了 5 万斤储备。这时候又补种闲散地 300 亩，保证老百姓得有饭吃啊。到秋后一片丰收在望，突然来了一场大雨。平地过 70（毫米）的水，粮食作物处于低洼地势，严重减产，亩产 300 来斤。但是，800 亩棉花由于种在高地上，没淹，丰收了。这时候县里定的粮棉指标一点儿没少，支部书记张端想少交点棉花弥补粮食损失，给政府说棉花得少交，政府说你为什么少交，不行，不能减，张端说要不我们得拆被子了，这是话赶话的话。这时候县里把五公开会的两个干部留下了，说完不成棉花征购任务就不让回来了。这个细节老岳父开始不知道，后来知道了，说不让两人回来，圈起来了，老岳父打电话才把两人放回来了。返回来讲，实际上棉花丰收，一斤也没有少交。12 万斤棉花，那时候全国没有一个村子能比。

问：五公拖拉机站据说有海兴县的一个人，叫韩如信的？

张启：具体我也不知道。那时候拖拉机站的在五公这一带落户的不少。

问：耿社长是从哪一年开始学习认字写字的？

张启：1952 年从苏联回国，在保定作了一场报告回来以后，他给孩子们开了一个小会。说：把你们的课本拿来，我要学识字。很短时间就会念了，老人写的硬笔楷书写得很好。我把老岳父的一个笔记本给了档案馆。

问：您爱人兄弟姊妹几个？

张启：老岳母生了七个孩子，她没管过家，整天都在队里。

问：那孩子们谁管？

张启：大姐管，主要是大姐，就是满囤的妈。都是吃他妈的奶。那个时候大的孩子结了婚生孩子，孩子们大姐照样管。

问：听满囤说满囤的小姨跟他岁数差不多？

张启：她小姨是我老伴儿，我老伴儿比满囤大两岁。老岳母没有管过家，没有管过这几代孩子。一开始组织起来就跟着老岳父干，当时是 1943 年、1944 年。顾不得管家，非常勤劳，老太太是累死的。当了十几年场头，你知道"场头"吗？

问：知道，场头是管秋场麦场的，一干一个多月，老太太当场头？

张启：生产队最累的两个多月，男的也发怵，老太太一干就干了十几年。了不起，老太太是累死的，才活了 60 多。为老岳母当场头这事，我有小诗悼念她："百万军中女场头，十年鏖战须眉羞。一生干了几生活，自是花中第一流。"

问：孩子们都是满囤妈照顾的？

张启：是的。她没有给孩子们缝过一针一线，她没有时间管家管孩子们。

问：衣服也都是满囤妈做的？

张启：对，我老伴儿上小学五年级的时候还穿露脚趾头的鞋，倒不是生活困难，做不过来。上学的时候穿上鞋，等到放学之后，光着脚捡柴火，揪榆钱。像那一年大画家董希文来家吃饭，要吃榆钱窝头、榆钱饼子，我老伴儿光着脚上树去揪榆钱。老岳母没有把母爱给孩子，都给了生产队，给了集体。

问：您岳父管孩子吗？

张启：老岳父更没怎么管过孩子，所以让孩子们说说老岳父老岳母的事，孩子们说不出多少。在孙德民老师组织的梆子剧座谈会上，他问我小舅子（耿占录），你对你父亲什么事印象最深，给我们讲一件事？耿占录说：我没有什么印象。说那怎么可能呢？他说，我 18 岁就当兵去了，28 岁回来，回来就到县检察院上班。这时候省梆子剧院院长许荷英就乐，她理解不了，儿子怎么会对父亲没什么印象。最后实在不行，耿占录说了一件事，我在检察院一上班，发给我了一个大檐帽，上面有个国徽，戴着回家去之后没见着我爹。等到我吃了饭骑着车子回去上班，在地里碰见了我爹。老人看见我穿上了制

服说，怎么弄了这么一身衣裳？然后就和父亲说了分配到检察院那里了。我
爹就对我讲，这个国徽很不容易，可不能徇私枉法。开会的一个厅长理解不
了，还有那个许院长就扭过头偷着乐。他们不理解，他就是说不上来，他们
之间没多少交流。

问：我冒昧问一个问题，当初您找耿社长的女儿，对老社长有没有仰慕
或者特别崇敬的心态？

张启：五公全村的人对老人家都仰慕。他不是一般的全国农业劳模，全
国都仰慕。20 世纪 50 年代初，五公村到处是外地口音的，来五公的人太
多了。

问：当初五公村的光棍儿很少，五公村的姑娘不愿意嫁到外面，那时候
吃饭是第一位的，五公村能吃得饱穿得暖，从这个角度来说大家对老爷子是
一种仰慕。

张启：我和我老伴儿，小学、初中、高中一直是同学，这个关系是在回
来之后干活儿当中确立的，1966 年毕业，因为"文化大革命"在学校里待了
两年。1968 年 10 月份回来干活儿，才确立的关系，你说的那个问题，对老人
肯定很仰慕。

问：从另外一个角度来看，比如天津那个女儿，是老三吧，据说当初有
一个解放军战士给她写信，因为她也是新中国第一批女拖拉机手，出于对女
同志这种闯劲的爱慕，还有因为她是耿长锁的女儿，对耿长锁这样的全国劳
模的仰慕，是否有这种情况？

答：他叫杜革立。他是什么情况呢？他是藁城人，从小父母双亡，13 岁
参军入朝作战。

问：他就是后来老三的女婿？

张启：对。当时耿素娟是第一批女拖拉机手，报纸上经常宣传这个名字，
他看到了，写了一封信，就联系上了。他是什么时候知道的，应该是在北大
荒开荒的时候，他是 66 军驻天津的，担任 66 军直工处长。是这么认识的，
当然会仰慕耿长锁，这是肯定的。

问：美国学者弗里曼、毕克伟、赛尔登的《中国乡村，社会主义国家》
写了耿长锁五个女儿、女婿的情况，真实情况是什么样？

答：我写的那篇评论文章里，说清这个事了。你看老大女婿即（张）满

囤的父亲是西沿湾村的，当时八路军在西沿湾的一个地洞里有个兵工厂，他造枪托子。新中国成立后，他在石家庄动力机械厂工作，大厂子。这时候满囤娘带着孩子们去了石家庄，成了城市户口了。但是待了几个月之后发现不行，两个老人忙生产队的事，忙得兄弟姐妹没人管，父母也没人管，大姐带着几个孩子，所以都回来了。他家四个孩子，满囤是老大，老二是个丫头，老三老四是儿子，老四（一九）七几年接的他父亲的班，老三当了兵。他们这一家子除了老四都在村里。

王振英：要不是照顾老人，他们都是石家庄市民。

张启：二姐是这么一个情况，二姐叫耿朵，先当农民在队里干活。1955年中央新闻纪录片厂的韩德福来五公摄影。他是城市平民，后来参军，转业后到了中央新闻纪录片厂。他和周恩来、郭沫若有关系。这个韩德福在五公待着和二姐认识了，走的时候就把二姐带走了。但是她没什么文化，一开始在北京的一个街道服装厂当工人，后来成了这个厂的工会主席。2013年去世的，八十一二岁。韩德福去世早，1989年就去世了。他在世的时候经常喝点酒，他所有的衣服都缝着内兜，用小扁壶来装酒喝。他是个有名的摄影记者。三姐开拖拉机，当时村子里有四五个学开拖拉机的，其中就有耿素娟。

王振英：她学会了开拖拉机之后就去东北，在北大荒开荒，那边很辛苦，但她也是干得很好，很优秀，老是争光。

问：孩子们都有一种荣誉感。

王振英：荣誉感也是压力感，是一种鞭策。

张启：老四，四姐是耿惠娟，她没参加高考。那时候知青下农村，在村里干了七年。当民兵营副营长。有一年时兴粪便浇小麦，她便组织一帮男女青年民兵，一大早上起来之后到各家各户去收集粪便。早饭之后还得忙着下地，实打实干了七年活儿。后来从农村提拔干部，咱们县里有杨文学、刘春阳、李俊闪，参加县委常委耿惠娟比他们早一点。当公社书记、县委副书记，后来任省卫生局副局长，卫生厅纪检组组长、监察专员。她爱人是河北大学毕业的，曾担任省教育厅的处级干部。

王振英：他们两口子是饶阳中学同学，耿惠娟考学没问题。但是没考，回来劳动了。

张启：老五是我们，1966年高中毕业没能高考。我当时填的北师大中文系，当时按我的情况应该没问题。1968 年 10 月份回来之后干活儿，这时候山东两位小学老师建议，公办小学下放到大队来办，贫下中农办校。那时候村子里也办学了，是初中，没有老师，我就去教学了。

问：那时候您和耿家还没有这种关系？

答：没有。

问：那时候您父母干什么呢？

张启：我父亲在医院上班，我母亲在地里干活儿。我们那一拨儿同学都教学了。当时我的饶中老师都到五公教学了，如数学老师、物理老师、班主任等。

问：从饶阳中学过来的老师？

张启：是。这是国家政策，都分了，饶中成为饶阳技校。那时候我在村子里教初中语文。我的数学老师、班主任都让我去他们那教语文，我说不行，我就是个高中毕业。李宗贵老师说行，他是武汉测绘学院上了半年大学，他胃寒吃不了大米，就回来了。1958 年"大跃进"时，他教农中，后来上了饶中。这个老师是饶中名牌教师，他就上了半年大学，他儿子是农民，在生产队推小车，后来恢复高考，他也想参加高考。李宗贵老师说你连初中都没上过还想参加高考？他就辅导他儿子，居然考上了清华大学。后来成为一位核工业专家、学者。李老师的弟弟上的邹村农中，他也想高考，但农中不让考，就跟着在饶中当旁听生，我上高一时他跟着高二复习。他白天不参加劳动，就是旁听课，到了晚上就跟着他哥在床板旁支个铺。那时候学习很艰苦，辅导了一年，结果一个农中的孩子居然考上了天津纺织工学院。人们说五公李昉家后人绝顶聪明，五公出了四个丞相。李宗贵老师找到我，说你去教高中语文吧，我教数学，你们谢老师教英语（我饶中时的班主任）。我去了之后教得非常好。下了课孩子们就跟着我跑。我年轻的时候酷爱文学，把我的精力都用在这上面了。那时候学生和我差不了几岁，所以孩子们经常跟我跑，其中有不少女生，跟我差不了几岁。

问：这时候搞对象了，当时您多大？

张启：教书一年多以后搞的对象，当时二十三四岁。

问：您和老耿的小女儿搞对象，老耿不管吗？

张启：他不管，他没那个时间，没有那个想法。他不管孩子，他都是用行动潜移默化地影响孩子。

问：行胜于言！

问王振英：老爷子对你们第三代有什么影响？

王振英：我和我老伴儿结婚是经过别人介绍的，我衡水中学毕业以后，恢复高考第一年考的学。

问：那您和县档案局局长刘振业是一个学校吧！

王振英：我比他早。我是刚一恢复高考就考的学校，回来以后分到了县农业局，我就说去五公村，那时候测报站那里有一个姓崔的介绍的，那是当时全国知名的一个病虫测报点。我俩经人介绍认识了后才带回家。从一进岳父家门儿感觉身上就有压力了，别人一说，看这不是老耿的孙女婿吗？

问：那时候老耿不在了吧，您是哪一年？

王振英：1981 年、1982 年。在，但是见他见得不多，因为不在一起住，一年见几回面。做他们家女婿非常有压力，也非常不容易。通过了解以后结婚，结婚以后，工作上非常有压力。我那时候年轻，二十四五岁，还不是党员，那时候入党比较严格。谈对象的时候，丈母娘就跟我说，好好干，这个家里都是党员，都要好。当时我也敬佩老耿的为人、品质、精神，非常尊重他。我当时虽然年轻，但是也知道老耿家的事。所以一上班，在岗位上非常有压力，自己给自己加压，要好好干，不能给老耿家丢人。当时，我是在一个村里搞农业技术指导，从省农业厅推广这个点，基本上全年都在那儿。在那儿干了一年，一天 24 小时、一年 365 天基本都在那个村里。我离家十里地，没回去过。冬天我和一个老头儿就在那里住。老头说，你没事儿要"出壳"，回家住几天也行啊。当时那个村的产量在衡水地区数一数二，老百姓经常请我到家里去拉家常，给我炒仁果、倒水，人们非常热情。在农村工作干得好不好，看老百姓对你的态度就知道了。原来的衡水老地委书记我非常推崇，他也是经常蹲点下乡。

问：您岳父是叫耿德录，是老爷子的大儿子吧？

王振英：是。我丈人（耿德录）是 16 岁当兵，三次参军，嫌他个儿矬，瘦小。当时还有政策，是独生子，不要去。五公在抗日战争时期是堡垒村，保护了大量党的干部，解放战争时期是支前模范村。当时老爷子说五公既然是支前先进村，那么多青年男女都支前参军，我的儿子不能特殊，我也要把他送走。他的思想觉悟高，别人家孩子去，我家孩子也要去。我丈人去当兵之后，很快村里掀起了参军高潮。刚开始给团长当警卫员，这以后当了几年兵，解放以后分到了北京电影制片厂。他负责照明，他懂电这一块。他为什么回饶阳来呢？是为了帮助他父亲，为了合作化大业回来的。

问：老爷子还有个小儿子，比老大小不少是吗？

张启：他叫耿占录，他是 1950 年生人，老大是大姐，1927 年生人。

问：后来领养的那几个孤儿是什么情况？

张启：那两对孤儿老外书上说的不对，给他们安排工作什么的，根本不对。这两对孤儿都有家，因为父母死了没人管，亲戚管着也不行，都没人要。合伙组吸收他们入组，管他们吃穿。老岳母教他们做饭，管他们一年四季衣服被子的缝补浆洗。他们在家里自己吃住，不是像老外说的那样。

问：总的来说就是组里照管他们，老耿家相对管得多一些。

王振英：当时入组的时候，他们没法生活，送到组里去，当时组里对此事也有争议，说咱都这么穷呢，还收养几个孩子。最后老耿说不收养他们，他们就没法生存了。老徐奶奶说，入了组该给他们什么给他们什么，该分配什么配什么，生活上我管着他们。

张启：当时组里开支有账本，他们的开支由组里负责，都一笔一笔记上账，将来他们大了还这个账。后来老岳父说他们这么小不让他们还账了，就把那个账本给撕了。他们是大家合伙儿养大的孩子。

问：五公村一直在搞副业？

王振英：五公村农业生产搞得好，主要靠副业。合作组的时候，最早的是打绳组、榨油。在我十二三岁的时候，听老人们说五公富，粮食也打得多，他们都是靠副业赚钱，支持农业。这是早期"以副养农"的典型，生产粮食支持不了建设，要发展还是要靠副业。副业挣了钱买车、买马、买骡子。还有就是五公村的生产管理也非常好。当然，老人的人格魅力也是一个非常重要的方面，下面还有一批好干部。"四清"的时候，那会儿运动搞得很凶啊！"四查"会上，说干部没问题不行，没问题过不了关，你得说问题。张朝可说，我吃了个梨没给钱。我去果园指导生产，看果园的一个老人说这个梨，你赶紧吃了，不吃的话就坏了，这个情况下我就吃了这个梨，没给钱。工作组待了多长时间，查出的就是一个风落梨"问题"。

问：查出老耿有什么问题吗？

张启：什么也没有查出来。当时老岳父没有在家，在北京开会呢。"四清"运动时候，查来查去，五公也没有什么问题。

问：1983年实行包产到户，他心里应该不是很愿意，您当初和老人家在一起的时候他处于一种什么心态？

张启：分田到户这个事他没有说不同意也没说同意，当时我说了小岗村的方法，他也没说，他在这个事上没有表态。按真实思想，我体会到老人是不同意分田到户。分田到户的时候，我经常过去看他。因为他是一个爱说爱笑爱逗，非常幽默的一个老人，但是那时候他没多少话，吃的喝的也少了，经常一个人去地里面站着。当时我几次跟他说你不要想不开，他说咱不要说这个。家里的大姐（满囤娘）也说，俺爹不同意分。但是他嘴里不说，谁来了也没说，也不明确说不分。后来，一位领导同志曾对我说，当时省里坚持五公要分田到户。老耿同志曾告诉他，要他顶住劲，五公不能分。但是省里坚持分，谁顶得住？最后，五公还是分了。

问：集体化时期整个饶阳县的工副业发展情况怎么样？

王振英：包产到户以前，饶阳县当时是全国的农业先进单位，这个真是没说的，因为五公村这个典型带动了全县。就工业来说也不落后，比安平、武强等衡水地区其他这几个县都先进，这跟老耿很有关系。最典型的是，饶阳县的轴承，全国著名，一听说是饶阳的轴承，东三省都抢。还有饶阳县的化肥。

问：这些厂子创立和老耿有关系吗？

答：化肥厂有关系，轴承厂没有直接关系，但是他的思想影响了。包括别的企业，农具制造厂，还有织布厂都搞得非常好。这个织布厂是全省体系最健全的，种棉花、织布、制衣、机械化生产。老人在的时候饶阳县的工业在全省叫得响，农业在全国叫得响。后来几任县委也重视工业，但是没找对路子。比如改制，因为改得比较早，不管是从公来说还是从私来说，都应该保留下来。公家、集体的管理上有弊端，后来把它承包给了个人，都没有发展好。我说的意思是在那个时期有的厂子和老人有直接的关系，有的厂子和老人没有直接关系，但都受到老耿很大影响。

问：那条小铁路和耿老先生有关系吗？

王振英： 没关系，从磨头到饶阳。

张启： 当时这个小铁路对饶阳没起作用，那时候小铁路全国各地都有。这趟小火车，开始拉货拉人，后来就没有了。

王振英： 从开通之后就没拉过什么东西。后来国家高速发展，汽车、客车、大拖挂车、拖拉机等发展起来以后，这个小铁路就没什么用了。因为它太小，运输成本太高，就被取缔了。还有衡水的一个棉纺厂，当时是国家进行工业布局的一个重大项目，实际上开始时给了五公。但是因为这个厂的体量太大了，一个村难以承受，一个县也难以承受。人、地，还有投资、电力等，那时候还没有电。最后给了衡水，实际上是给老人的。老人说我什么都不要，你给我化肥厂就行了。

问： 化肥厂现在也不行了吧。

张启： 不行了，早黄了。

王振英： 当时这个化肥厂是华北第一，他生产的碳铵质量最好。尿素是沧州大化最好。当时保定安国那边的人，晚上排着队来买这边儿的碳铵。我小时候，看着外地人们开着拖拉机来买。我说的是这个意思，当时饶阳县农业非常先进，工业也非常先进；并不是说有老耿在农业就先进了，工业就萎缩了，不是这个意思，包括五公村也是农、林、牧、副、渔全面发展。耿长锁（爷爷）本人是大公无私的，老徐（奶奶）对集体是大爱无疆的，把对儿女的感情都奉献给了集体，她非常支持老耿的事业。村里哪家人打架了，闹别扭了，老耿一去他们就不闹了。老耿有地位、有影响，群众都信服他。

姥爷对我一生的严格要求

张满囤　口述　杨学新　郑清坡　整理

采访时间：2015 年 7 月 22 日、2016 年 7 月 27 日两次采访。2017 年 8 月 1 日、2018 年 7 月 23 日回访。

张满囤（1948— ），男，耿长锁大女儿耿雪忍的儿子，曾任民兵排长、连长、营长，五公村党支部书记等。

问：您是哪年生人？

答：1948 年。

问：您有几个兄弟姐妹？

答：我弟兄三个，一个妹妹在家里，我是老大。

问：您从小一直在五公村吗？

答：8 岁以前我在石家庄，我父亲在石家庄上班，8 岁后我回来上的一年级。

问：您父亲在石家庄干什么？

答：在 302 兵工厂，后来在石家庄的北兵营。

问：您父亲那时候是当兵出去的还是？

答：他原先是一个木工，当年在家的时候打过游击。他是当兵出去的，解放石家庄的时候去那边的。然后我们一家全都去那边了，我八岁以后母亲还有几个弟弟妹妹就一块儿回来了。

问：您母亲是耿社长的大女儿，您以前有没有听您爸妈说起过他们恋爱的情况，那时候您姥爷是什么意见，请您介绍一下。

答：我爷爷家离五公村不远，大概距离五六里地。

问：您家不是五公村的？

答：不是。因为爷爷家那边没人，所以我们回来之后就住在这了。

问：你们家一直在五公村？

答：对。我们为什么回了五公村呢？我母亲在家排行老大，她在石家庄的妹妹（耿惠娟）才比我大五岁，饶阳张启家那个姨比我大一岁，我还有一个二舅比我小两岁。我母亲那时候回来主要是照顾这一大家子，十一二个人，全在一起吃饭，就我母亲做饭做活儿，是这么个情况。

问：您的名字怎么写？

答：张满囤，这是我姥爷起的名字，意思是粮食丰收——满囤儿。那个时候人们没吃的，缺粮食嘛！我姥爷还给我起过一个外号，算小名吧，因为我小时候爱啼哭，给我起过一个名叫"老包"，我现在岁数大了没人叫这个名了。为嘛叫"老包"，包公嗓门大嘛！我一直和我姥爷就伴儿，我和他在一块儿时间长。那时候我大舅、二舅都当兵去了。

问：您有几个姨？

答：四个。

问：在您姥爷身边都有谁？

答：除了我妈和我姥爷住一块儿，最近的就是我小姨，她最近去世了。两个舅都去当兵了。我大舅在解放战争期间当兵，后来复员安排工作，先是到北京的中央新闻纪录电影制片厂搞灯光、照明，后来因为村里要搞发电厂，我大舅是搞电的，所以就回来了。我家一直和我姥爷在一起，等他去世的那几年是我的大小子跟他在一起住，我小子十八九岁上我姥爷去世。

问：也就是从小您就跟着您姥爷？

答：对，要不我没有文化啊，我高小毕业。

问：小时候您姥爷管过您吗，教给您做人做事的一些道理？

答：说起老人那一辈儿很不容易，他们那一辈儿的思想见地、吃苦耐劳现代人们比不了。你看我姥爷到那种地位之后，一回到村子里什么也不想，净上地里转。

问：能记起在您的人生成长过程中您姥爷教导您对您有过影响的典型的事例吗？

答：我 14 岁高小毕业后，没再上学，一直在农业社干活儿。那时候我们家有十好几口人，要吃水吧，没人挑水，一开始我接的老人的班挑水，当年我才十几岁啊。我从小受姥爷的教育，是实实在在跟着老人，在老人眼皮子底下过来的。有些调皮的事别人敢干，我不敢干，要是干了老人就该找你了，所以我不敢去做错事犯错误。不只是以前，到现在我也不敢出事。我这个家庭出不了事，顶多犯小错误。我的孩子们也没有走歪道的。我大儿子小时候爱捣蛋，我就收拾他。我这个家没出过事，因为我姥爷这一辈儿人家从始至终就这么过来的。我觉着我跟着老人这么些年，社会虽然在变，不变的就是老人的思想，在老人的行动和思想教育下，绝对能够实实在在做人。

问：您姥爷那时候怎么管您？

答：从作风来说，那时候人们艰苦，家里有人穿了鞋扔了，老人给你捡回来，该补的补，该修的修，之后还让你穿。因为那时候就是新三年、旧三年、缝缝补补又三年的艰苦作风。后来我在生产队、大队当干部以后，我姥爷还是老把守着我。现在生活条件确实好了，人们都开始浪费东西了，包括我儿子，人们的思想意识不一样了。

问：谈谈您是怎么当的干部？

答：我是高小毕业，在当时算是有些文化。还有一个，五公的人们都知道我人好。到现在你去村里，不管东头西头，老人小孩，都知道我的为人。我这是一步一步走过来的。那时候村里有民兵组织，我一开始当民兵排长、连长，后来当了二年民兵营长。那时候，我们村谁都不愿当干部，比如在大队当干部，生产上的事情安排好了之后，下去在生产队一样干活儿。我在第一生产队当了八年分支书。那时候让人去没人去，太累得慌了，干活儿没有白天晚上。再一个碰上事了，整夜都在生产队开会。我在36岁以前在生产队待了8年，我觉得我最累的也是在生产队那八年。

问：您那时候是多大？

答：我倒一倒啊，我是36岁去的大队，往前八年，大概从28岁开始。那时候在生产队一天挣10分工，早上2分，上午、下午各4分。当干部的没有白天，没有晚上，也不是我自己那样，大家都那样，最辛苦。要是碰上些事，比如有人不好好干活儿，处理点事也是在生产队。那时候我们生产队连分支带队委会一共24个干部，每天晚上白天都要碰头开会。

问：这个村大，一个生产队干部还这么多。

答：这村一个生产队大概千数来口子人，一共三个生产队。大队是总支，下面三个生产队是三个分支。最累的时候就是那几年，后来到大队的时候就没那么累了。

问：您在大队干了多少年？

答：十二三年吧。

问：后来为什么给您转到乡里？

答：1994年，衡水地委副书记耿顷搞了一个红旗党支部的支部书记转职转干的政策。饶阳县有三个名额，我一个，另外两个是崔口村、大宫殿村。这个政策也就实行了一年，第二年就没有了。

问：这个政策是整个衡水地区都有吗，一共多少人？

答：全地区都有，我不知道一共多少人，只知道饶阳县是三个人。当时是按人均税收等，有几项硬指标。

问：那时候您姥爷也不在了。

答：不在了，他1985年去世了。这个政策当时也没有，一开始有这个政策，我在村里当干部还不愿意出来呢。因为按我这个思想来说，我和大伙就伴儿在村子里干了这么多年，我出去了，还有我的伙计们呢！当时就是这么个思想。不过，说真心话，出来是比在村里面强。我记得是1984年开始在村子里面当书记，那时候没有说来个人就得吃顿饭。我体会很深的有一次，以前饶阳县新调来的县委书记都要来五公村看看，他到五公来了，跟着他的有一个司机和另一个人，那个人和我很熟。他见村里没有安排饭的意思，问我为什么新的县委领导来了不管一顿饭。我说那怎么办，以前没管过饭，那就开个会商量一下吧。完了买了点菜，就在大队里吃了一顿。还有一次我印象也非常深，那是我在生产队当分支书时候的事。我们的生产班子班长（主管生产队事务的两个人之一，另一个是分支书），我们关系不错。一天中午，他说让我去他家，我一去看他买了几瓶啤酒，拍了几根黄瓜。吃了以后，心里觉着承受不了，好几天觉着胆儿小，心里不落实，怕犯错误。当时那个思想，当干部的一点儿沾光的思想都没有，大家都这样。那时候挣工分，一年365天，有的社员挣400个工，我说这话你能听明白吗？为什么能挣400个工，当时有包工，干完这点活儿有多少工，这样就能多挣点儿。

问：包工是一种激励机制。

答：嗯。再晚点就有联产承包责任制。比如这块地种玉米，你需要负责玉米的播种、除草、施肥，一直到收，就已经类似实行家庭联产承包责任制了。

问：那时候是（一九）七几年的事吗？

答：对，实行责任制以前的事。

问：社员一年挣400个工，那干部能挣多少？

答：干部也就300多点，别看干部多辛苦，但是干部包工少，你少上一天班就少挣一个工。

问：一个工值是多少钱？

答：到最后二年是一块五到两块吧，各个生产队也有点差距。

问：您和您姥爷在工作上有什么交流吗？

答：有交流。后来我姥爷对我有意见，他问我在生产队当干部怎么老躲着他。他老说我，所以我就老躲着他。我在工作上有困难，有时候没有想到的他就老说我。他和别人也说满囤老躲着他。我本身也确实是老躲着他，后来我对这个事都能理解。老人80多岁后还在地里锄地，虽然他是"大干部"，但是在全村老百姓当中没有明显的干部、群众的区别。我对此深有体会，有一次我们几个人和他一起去佳木斯买大拖拉机零件，先得跟他去省里开信。到省里之后，感觉人家挺把他当回事儿，他自己有单独地方住，单独的地方吃，我看着很特殊。但是一回到村里，就没有这样了，80多了还要去锄地。有一次，一个地区的领导干部来找他，他就正在地里锄地呢。实际上后来他去地里锄地，他也看不太清，就是说他的本色不变。

问："文化大革命"中，两个老人被批斗了吗？

答：印象中我姥爷没被批斗过，但是被贴过大字报，都是晚上贴到我们家里的，不过我姥爷能正确对待这些。我姥姥挨斗挨得多，被戴着高帽游街。

问：为什么您姥姥挨斗多？

问：我姥姥是一个童养媳，她这个人脾气不好，在生产队管事，在行事处事上比较性子急。再一个那时候来了几个大学的学生们闹腾。

问：耿社长威望那么高，为什么还有人贴他的大字报？

答：那时候造反派当道，他们在我们院前面贴大字报。都是从北京来的学生，有北大的，还有哪个大学的，哪个附中的学生。后来村里成立一个大联合，上级来人把我姥爷保护起来了。

问：老人怎么看待大字报，上级是怎么干预的？

答：当时他也接受不了，但他不处理。后来上头派县武装部长到村里，和造反派来协调，好像河北军区、衡水军分区的人也来过。我姥爷这个人很好，那时候五公的干部们根本没有贪污，根本不用教育，没人贪污。"四清"的时候，就是私拿一个布袋，生产班子也要"上楼"，上了再下来。那个时候没人贪。

问：村里造反的都是哪的，斗您姥姥的是什么人？

答：一般是大学生来了之后鼓动起来的。群众当中毕竟有不满意的，举个例子，批评的多了就有不满意的。我姥姥是个小脚，那时候每年收麦子就在场里待一个多月，每天中午都不回家。当时说是特殊照顾她，烙个饼，弄个鸡蛋给她送过去。老人不容易，她迈着小脚蹬蹬蹬地一气儿把七八百公斤的麦子弄到场里去扬了、晒了、装了。

问：您姥姥一个人做这些吗？

答：我姥姥是个场头，负责指挥。她这个人脾气急，看到有人浪荡不好好工作就批评。老人没什么文化，说话也比较难听。但是，那时候的人当干部如果和现在一样有什么小思想或者想得太复杂，就当不好干部，不能怕人，那样不行。原来我在生产队当了8年分支书，在生产队使车，拉车的时候有人真能把你气死，有时气得我直哭。后来她得了脑血栓。老人们的思想自始至终都是那个样，现在人们生活条件确实好了，但是你生活条件再好，思想意识还差点劲，你看现在人们在外边吃饭这个糟蹋啊！

问：您姥爷和您待的时间比您舅舅、姨他们待得时间都长，他对子女教育包括对隔代人的教育方面的事讲一讲，比如您为什么不敢见他？

答：可能是他的要求多、要求高，也可能有时我做得不对，另外就是他看事情和我做事情不一样，我做的时候有时确实有困难。

问：在队里当干部的时候，您还年轻，您姥爷有没有教育您？

答：老人确实教育我，我本人也比较低调。在生产队的时候我和公社、县里的干部都不熟，我就在村里，按着人家的要求做，让我干吗就干吗。比方说吧，那时候买自行车难买，我去找个人买也能买到，但是我跟人家全不认识，我就不买。我觉着，老人从行动上对下面人教育印象非常深刻。像我吧，起码不能调皮，干事不能不积极，更不能小偷小摸，不仅不能也不敢，要不老人们该找你来了。特别是我们这个家庭，绝对不能出这样的事，也出不了这样的事。

问：村里为什么让您当书记？

答：我在生产队的时候就在大队里面挂着名了，生产队的分支书全在大队挂名，那会儿我的职位应该是村支委。那时候在大队也就开开会，不开会的时候都在生产队。我 36 岁上就当大队书记，1994 年出来就 47 岁了。我为什么当大队书记，因为那时候大队里几个干部都岁数大了，我比较年轻，那时候也是锻炼。现在在世的都八九十岁了，一个是乔利广，他当时是村主任。还有杨同，我上来就是接的他，之后他就一直歇着。

问：乔利广身体怎么样？

答：乔利广快 90 岁了吧！他特不爱说话，他们弟兄们好多活大岁数的。原来他家，他们有一个弟兄在承德地委党校，也是活到了 90 多。乔利广是原来和我姥爷一起就伴儿的老人，他原来在青年团，那时候他还出访过朝鲜。

问：您高小毕业在生产队干什么活儿？

答：干了 6 年活儿，就是使牲口。我记得北京来的一个记者给我写过一篇《鞭杆子要掌握在贫下中农手中》登了报纸，后来还给我寄来了十几块钱，这个事我印象挺深刻。那个年代就是搞阶级斗争。

问：之后在民兵连？

答：在民兵连。生产队 24 个干部包括民兵干部。那时候民兵干部也有分工，你领着一帮人干这个活儿，他领着一帮人干那个活儿。这么大一个生产队，劳动得分工，有搞养殖的，有喂猪的，有积肥的，有管牲口的，有管库的，还有副业等，方方面面都得有人管。

问：您在生产队当分支书的时候，生产队是怎么派活儿的？

答：生产队的体制是 24 个干部负责各个摊儿的活儿，每个摊儿都有负责人分配工作。我和生产班子班长每天负责清点民兵，民兵分成好几样，普通民兵是岁数大一点的，还有 60 岁以上的老婆儿干什么活儿。头一天晚上安排明天的活儿，一样儿一样儿的安排。每天中午干部要检查质量，谁干得好赖，锄地怎么样，干不干净等，这跟工分直接挂钩，有的还得返工。到晚上，有时候我一宿一宿地检查浇地，拿着手电，扛着锄头，从村东到村西。浇地的也不一样，有的人老实浇地，有的就偷懒回去睡觉，什么样的都有。很累啊，就数那一段时间最不容易。

问：有捣蛋的吗？是怎么处理的？

答：每天开地头会，讲评，看谁来得早谁来得晚，谁干得好谁干得不好，每天都开。比方说我知道哪个摊儿上有问题，今天我就奔着那个摊儿去开会了。那时候有调皮的，村里有个社员，问他为什么到十点还不上工，他说我比别人做得快啊。各种各样的人都有。每当关键的时候就开社员动员会，比如该麦收了，该种棒子了，每年都有这么几个重要关节，都得开动员会。就和唱戏一样，该干什么的干什么。那时候任务重，都是硬任务。但，整体来说事情费点劲可以管得了，和现在不一样，现在你费了劲，也管不了。每次开社员会、动员会，有批评有表扬。批评人也没什么事，也不怕，奖惩分明。

问：那时候社员面对着硬任务心里怎么想？

答：没事，那时候社员们认这个，除了几个个别的调皮的，大部分都听话。

问：遇到硬任务人们没有怨气？

答：没听说有怨气的。还有从日常事务上、工值上我们村管理比别的村强。虽然说工值1块多钱，不高吧，但是别的村也达不到，所以能笼住人心。

问：那很不容易，一个生产队一千多人，有的一个村子也就这么多人。

答：我这个生产队有大拖拉机1辆，小拖拉机3辆，牲口车20辆。每个地方都得有人负责，分配活计，该干吗得干吗。

问：您和您姥爷待的时间最长，您姥爷对您影响也是最大的，您感觉您姥爷对您有哪些影响？

答：我姥爷从家教上还是很严格的，有时候经常教育人。在生活作风还有其他方面上，他对自己的要求非常严格。那时候的干部一点官气也没有，非常普通，非常平常，他就是这么个人，他80多岁了还经常去地里干活儿。

问：当时讲"以粮为纲"，这种政策和搞多种经营、搞各种副业是不是有矛盾，五公村是怎么做的？

答：老人在的时候，要是明白的话，什么也能搞成，但是老人的思想毕竟受原来思想的束缚。那时候，搞多种经营无非就是打绳，弄个橡胶垫、包装纸……我觉得现在看来都是比较土的副业。我在生产队当分支书的时候，我们队也有几摊儿副业，当时搞业务的不拿两瓶香油是不能通过的。

问：当时国家有一段时间不让搞副业，但是我感觉五公村搞副业一直搞得不错。

答：集体副业搞得不错，也起到了作用，但是实际上不是太好。后来有人也说我姥爷，说国家这么支持搞点什么搞不好呢！后来到分地以后，他说找点儿化肥吧。

问：记得是从沧州搞了一点化肥。

答：就是，我和我们的一个村主任去的，拉回来点儿化肥。我说的不知道对不对，等到后来明白了一点儿之后也老了，岁数到了。当时给村里搞点儿东西非常方便。

问：美国的几名学者来调研写书，跟您有接触吧？

答：嗯，有接触。他们的书写得有点问题。

问：他们来了以后，您和他们聊的过程中，有什么感想？

答：在座谈中，他们提一些没法接受和回答的问题，他们就是这样。分了地之后，他们又连续来了好几次。他们来了也不用翻译，都是直接谈，如果不是土话，他们能听清。从他们说话中，可以听出来他们对中国有友好的，有差点的。我刚去大队的时候，1984还是1985年吧，有一次他们问我一个月大概挣多少钱。我说一天挣一块钱，当时是一个月30块钱嘛。他说挣这么少你愿意吗？说心里话，当时真没有因为挣得少不愿意的，那时候人们干事没有说不乐意的想法。我就说愿意。经历过那个年代的人都知道，每天村里的好人好事太多了，民兵们不告诉生产队就把庄稼收了拉到场里。那时候社会风气好，要是遇到收秋种麦，天还没明，喇叭就开始广播，哪个生产队有什么好人好事，那个气氛很好。经常搞义务劳动，中午看到有点活做不完就直接去帮忙干完。虽然有的人平时不上班，要是一说义务劳动没有人不去的。跟现在比，那时候人们的观念不一样。我是想啊，现在真是学不会当时那个年代人们的思想精神。收麦子的时候，看到天快下雨了，人们立马就放下手中的活儿全去收麦子。那时候县里来了领导们，没有在外面吃饭，都是在我们家吃饭。县里领导来到我家，有烧火的，有添锅的，现在回想起来也很好。我记得有个县委副书记叫黄玉成，他来了以后就亲自烧火。那时候就在我家吃饭，没去外边吃过。最早大概就是从那几个外国人来了，有一两次他们说请客，才到外边吃饭。后来再请，我姥爷就说不吃了。外国人来了之后吃饭比较挑，说这次是公款咱们吃好点，私款就吃省点。他们说话很随便，有一个优点是吃饭的时候不点很多菜，吃完后总说很便宜，走的时候还把剩菜打包带走。

问：咱们村家庭联产承包是什么时候？

答：好像是1984年，比别的村子晚了几年。我们村第三生产队要继续搞集体，晚一年再搞家庭联产承包，但是它自己一个队也没有弄成。河北省在五公村开了一个省级劳动模范会，那次深县有的劳动模范说话十分难听，嫌上面搞责任制。可是现在来看，搞家庭联产承包责任制确实也有好处。集体化长期那么走下去也快不行了，比如当时有人说要去做买卖，那是不行的，不让去。

问：你们三个生产队搞责任制时间不一样？

答：差不多，早一点儿，晚一点儿。当时三队副业搞得比较好，工值比较高，其次是一队，二队最差。工值不一样，有一块五的，有一块四的，还有一块的。三队稍微晚一点。

问：一块五、一块四是什么年代？

答：20世纪70年代初，我两个孩子干活儿，把粮食和别的全部除外，多的时候一年能分300多块钱，省吃俭用一年可以买一台缝纫机，当时一台缝纫机140元。

问：您两个儿子现在都在哪？

答：都在家。老大搞了一个饲料厂、一个幼儿园。老二搞药材零售。前几天一个老副县长来了，我和他关系不错。他说，那时候你不用找别人，就是找找我也能给你孩子安排点差事。那时候一个是我没有这种思想，一个是我也不敢搞这个特殊，尤其是把咱自己的孩子弄出去了，就感觉心里交代不过去。

问：您儿子多大了？

答：四十八九，赶上高考了。那时候农村推荐大学生，或是去哪找个工，我说别人去行，咱就不要去了，不能动那个心思。再说简单点，我在生产队当分支书的时候，安排我爱人干什么活我都要考虑。如果让她干点儿清闲点的"好活"，让她跟着大队伍干点活儿，那影响就大了，就不行，我心里这一关就过不去，她自己也不愿意。我那时候也是政治学习的比较多，算是思想境界比较高吧，尤其是在以身作则上面，要不这样就没法管别人。还有，就是那时候人们的思想觉悟普遍比较高。我姥爷原来也是在生产队挣工分，后来忘了从哪一年开始就不挣工分了，每个月给他50块钱的生活补助，到他去世也就那样。我姥爷这个人人好，不怕事，敢说敢干，不管什么领导来了也一样。

问：要分地那几年，他情绪怎么样？有什么表现，和你们聊过吗？

答：情绪不太好，能看出来。安排分地的时候，张曙光当省长，他是饶阳人。他来做工作，我姥爷也不愿意。当时不止他不愿意，河北省劳动模范组织来开会的都不愿意。就在这个阶段搞了一个联产责任制，刚一搞责任制村里成立联合社。当时成立了几个公司，化肥公司，电力公司，给人们搞搞化肥什么的。后来，私人承包经营，就不好弄了，也弄不了。

问：分地时候听您姥爷絮叨了点什么事吗？

答：不太明显，人们都能看出来他也是不太痛快。不光他不痛快，当时社员们全都是不太同意分。但是搞责任制第二年，有的生产队搞完了，就停不下来了。大形势就是这样了，你弄不了。再说，你不去请客不去吃饭，人家都那样，你还坚持你行吗？

问：平时您姥爷自己学习吗？

答：后来能看报纸了，他爱看报纸。

问：什么时候能看报纸？

答：没几年他就可以看报纸了。

问：有人教他吗？

答：他之前也是学写字，写的字也是歪歪扭扭的。

问：他不会写稿子，讲话、报告就自己说吗？

答：一开始就是自己说，没有稿子。后来应该也是有点稿子，我记得有个人过来给我姥爷说过，你再发言作报告让人给你准备字大点的稿子，这样就能看得清楚了。

问：这是什么情况？

答：那是我们的一个老乡，听说他在搞原子弹的地方工作。回来之后给我姥爷说给他找本书，等有人给你写字，把字弄大点。

问：那时候他眼花了？

答：眼花了，我考虑他到底是脑瓜儿好用。

问：上边谈的是您姥爷对你们家这些孩子们做人做事方面的影响，另外，你们当初当兵、当工人这些方面有没有借助老爷子力量？

答：在这种事上，有可能别的人借助了他的影响办什么事。从我们家来说，有可能他本心没有朝这方面想，但别的人一看是老爷子的孩子，就帮忙了。我刚才不是说有个老副县长到纪念馆跟我聊天，他说你那时候但凡找找我也能给你孩子安排点事。那时候真能安排，但是我不情愿那样做，就怕留下坏影响。因为我在家里接触基层老百姓比较多，我在这方面没有太高的要求。我和别人说我不怕，我行得正，走得端，别人即使在背地里说我不好，我都不太愿意。

问：从我们的调研中，我们了解到大家对老社长非常尊敬。

答：老人几十年坚持下来，方方面面很不容易。

问：70年代那时候五公粮食亩产有多少？

答：当时五公村产量比较高，平整土地，打井，水土条件比较好。原来有点盐碱地，后来也没了。按小麦来说，亩产量大概500斤。那时候整天就是"过黄河"、"过长江"。

问：当时您姥爷对"过黄河"、"过长江"有什么认识，和您交流过吗？

答：说过，当时各地产量全不一样。咱们这里一亩就是一亩，但是有的地方把10亩地的产量说成7亩地的产量。老人对这种做法有点看法，因为我姥爷不争说亩产多少，他知道有的地方有虚报产量的情况。这个村的老人们就是坚持实事求是，虽然当时这样做让有的领导不满意。

问：老人把他用过的生活用品例如去苏联的呢子大衣，还有用过的箱子都留到你们家了？

答：对。还有相片，大部分都留到我们家。

问：你们是一个特殊的大家庭，作为家里老大，您母亲几十年来一直承担着照顾这个大家庭的重担，一直到最后都是和您姥爷在一起，您姨、舅他们都在外面，您母亲也很了不起。

答：嗯。不管谁回来看老人都是到我们家。

问：他们都在外面，您在身边，所以您姥爷对您影响最大。

答：是。还有就是我母亲对这个家庭的影响很大。我母亲在世的时候，天津那个三姨每年都给钱，还有看病去石家庄，那边的四姨也管我母亲。

问：您记忆中有没有典型的，印象比较深的事？

答：单独说什么例子我没有，我一直都是受到老人的影响过来的，我觉着在事上我错不了，做人方面没差。

问：您和老爷子在一起印象最深的一件事是什么？

答：我们虽然在一个锅里吃饭，但是我和他直接一块待着说话的时候不多。

问：为什么？

答：我在村里当干部，每天都很忙，白天晚上基本在生产队里，没有时间在家待着。一切都在平时的言传身教中。

问：您是不是对他有一种敬畏心理，有点怕他？

答：对，我怕他，有时候就躲着他。不过他对我严格归严格，但是也挺疼我，对我也不赖。比如我自己盖房的时候，他说别的时候省吃俭用，盖房要使点好木头。为什么这么说，我盖房用的木头不是太好，净那个大节疤。

问：您姥爷在您找媳妇的时候有帮助吗？

答：我媳妇家跟我们是一个生产队的。

问：我说话比较直接，是不是因为您是耿长锁的外甥，人家才嫁给您，我看着您爱人年轻的时候是很漂亮的。

答：对，比我漂亮。那时候我老伴儿的哥也在大队里。我觉得你说的这点不太明显，那个时候人们不太讲这个。

问：有一种说法，或者是一种实际情况，是因为五公村有耿长锁，所以五公村光棍儿汉少。是这样吗？

答：是。

问：那就是说，耿长锁通过带领五公人致富，外村人羡慕五公村，都愿意把女儿嫁到这里，五公村的姑娘也不愿意嫁到外面去。

答：对，就是这种情况。

问：搞家庭联产承包的时候您已经是大队书记了？

答：我当了13年支部书记，我没去的时候就搞了分地，就是1983年、1984年的时候。就是在这个节骨眼上，我在大队当了2年联合社社长。这个联合社主要是干吗的呢？原来想的挺好，把地分给老百姓了，咱负责帮忙打井，人们就是各家浇各家的地就行了。再就是成立化肥公司、种子公司，负责给大家弄化肥和种子。

　　问：相当于集体到单干的一个过渡阶段。

　　答：这几个公司成立之后，没过多长时间，个体一乱搞，也就坚持不下去了。咋回事呢？咱从正道来的化肥，不如私道上来的化肥便宜。还有这个种子，从正道来的种子也怕出了毛病。

　　问：讲一讲分地的具体过程？

　　答：我们的地分了好几次，比方说我自己的地都变了三次。一开始按人头分，过了三五年人口有变化就又重新分了地，过了几年人口又有变化，又分了一次，一直到现在国家说多少年不动。

　　问：1983年、1984年分地的时候有没有产生一些争论？

　　答：有争论，这个也没法。这村的情况，是把地分成好地、赖地两类。好地每个人多少，赖地每个人多少，事先把好地、赖地排上号，一个人几垄。容易出问题的地方在哪儿呢？边角的几垄地不好处理，不够一家的或多出一点，但是也有规定，排队该是谁家的必须是谁家的，不够再补。

　　问：集体的拖拉机、牲口、大车、水井是怎么分的？

　　答：一开始处理了一部分，分到组里去了。水井不要紧，当时还是集体管着，分地很多年以后还是井坏了之后集体打井，水泵坏了集体修。

　　问：现在呢？

　　答：现在又把这块推下去了，弄不了，麻烦。

　　问：您怎么看待搞责任制？

　　答：总的来说搞责任制也有优势，从原来工业基础没那么好发展到现在也算不错。可是现在也有人说，把之前的集体经济坚持下来的话比现在不一定差。

　　问：当时五公公社其他村有没有跟五公大队一样晚两年分地的？

　　答：没有。说白了，当时普遍不愿意分，人们私下里骂粗话。当时经济基础也不好，原来晋县周家庄不是一直坚持走集体，后来坚持了几年也出现波折。大形势就这个样了，人们思想也散了，也不好坚持下去了，有的人愿意做买卖。

　　问：我们来这之前去了一趟晋州周家庄，他们还按着人民公社的办法来的。

　　答：一伙儿人做活，队长分配活。人家经济基础好。

父亲身上的"耿长锁精神"

冀英俊　**口述**　杨学新　樊孝东　**整理**

采访时间：本篇由冀英俊提供，2015 年 7 月 20 日采访，2016 年 7 月 25 日、2017 年 8 月 4 日回访。

冀英俊（1949—　），男，冀锁柱儿子，原任饶阳县老干局副局长，2009 年退休。冀锁柱（1926—1987）1944 年参加工作，1946 年加入中国共产党，1953 年成为饶阳县派五公村包村干部，1975 年任饶阳县文教局常务副局长，1980 年退休，1987 年去世，与耿长锁一起工作二十余年。

最近，全国劳动模范耿长锁的形象要搬上银幕，现正筹拍。在他的家乡饶阳县城，五公镇及五公村，都用大标语牌写着：弘扬"耿长锁精神"。面对这面面标语，多次使我回忆起我父亲跟耿长锁大伯一起工作，在五公村生活的日日夜夜。

我父亲叫冀锁柱，是个离休老干部。五公村年长点的人，对他再熟悉不过了；一些不知底细的人，还以为他就是五公村的一员。他自 1953 年作为下乡包村干部进驻五公村，一干二十来年，可以说，五公村就是他大半辈子工作的主战场。他就像普通的一名村干部，在耿社长的领导下，协助一起开展工作。我们家乡是小堤村，离五公村六华里，自 20 世纪 60 年代我记事起，他就很少回家。我们家里人多劳少，兄妹七个，一个残疾的爷爷，年龄偏老，算是主要劳动力；母亲操持家务，昼夜忙着为孩子们缝补浆洗，在生产队算个副劳力，挣不了几个工分。每年生产队里结算，靠父亲临时筹措点钱，把口粮买回来。人们常说：半壮小子，吃死老子。我们兄妹七个，肩挨肩，上下不差两三岁，正在长身体时期，吃的多，口粮年年不够吃，需要填补一部分私粮。有时父亲送不来钱或在集市上购不到私粮，断顿的时候也算常事。村里有些不知情的还对我母亲说："旦子（父亲的小名）在五公村工作，五公年年产那么多粮食，你们饿不着。"碰到这个时候，母亲总是含着泪不吱声。有一年青黄不接快麦熟时，父亲两个来月不回家了，家里又要断顿了。母亲捎信让父亲送钱来，盼了一天又一天也不来，急得母亲直跺脚。父亲回来后，母亲气愤地质问他为什么拖到现在。父亲解释说：今年五公村麦子特别好，来参观的人太多了，连喝的水都供应不上了。母亲一听，气不打一处来，说：它再好，我们家见过五公一个麦粒没有？它亩产一千斤有你个啥？全家都饿死了，你就甭回家了！争吵过后，母亲跟父亲说：你送回来的这俩钱儿，买不上几十斤棒子，恐怕还接不到麦熟，你跟老耿这么好，跟他说说，买他们点，不还便宜点嘛！父亲一听，脸色陡变，斩钉截铁地说：不行！你还不知道老耿这个人，公家集体的便宜，一分一毫都没沾过，咱不能跟人家说，更不能给人家脸上抹黑，粮食不够，再多掺点菜，凑合到麦熟吧！

五公村是全省、全国的先进典型，那时兄弟省市来参观的，上级领导来视察指导工作的，穿梭来往不断。作为耿社长身边的工作人员，父亲丝毫也不敢松懈，总是处于一级战备状态，工作比较忙。一次我一个弟弟生病了，发烧40来度总不退，村里的卫生所也没办法，让转到五公地段医院。我母亲捎信让父亲回来接一下，几次捎信都说上边来人了没空。碰到这种情况，母亲只好找邻居帮忙，用小拉车，人拉着送到五公医院。到五公医院，经医生抢救，我弟弟才从昏迷中醒过来。傍晚，父亲过来看了一下，嘱咐了几句，就赶紧忙着走了。父亲就兄弟一人，没有姐妹，母亲那边也没有姐妹，母亲跟张各庄村（邻村）一个远房的叔伯姨走动比较近，家里的一些事情，都靠她来帮忙，有时还带一两块自己织的粗布给我们做衣服。我母亲说：我生了七个孩子，他（指父亲）一次也没在身边照顾过我，多亏了人家她姨，帮我照顾四天五天的，就都得靠我自己干。父亲忙，顾不上家，慢慢地母亲也就习以为常，也就认了。

1963年闹水灾，大雨连续下了七天七夜，发了洪水。有的户墙倒屋塌，漏房的是普遍现象。我们家的房子比较老旧，屋里漏得没站脚的地方。父亲惦记着一家老小，挂着一根棍子，蹚着蹲裆深的水回来了一趟，母亲就像溺水的人见到救星一样，说：再下两天这房子非倒了不行，我看你顾哪头！父亲急了，说：我的岗位是在五公，不是家！我找俩人帮你们修修，晚上你们轮着看着，不行提前搬出去，别砸着就行了。父亲找来两个知近的当家子，安排了一下就挂着棍子，急呛呛地消失在阴雨中。

20世纪60年代初期，我们这一带没有种果树的，集市上也没有卖的，所以绝大多数农村孩子没见过苹果，对他们来说苹果只是一个名词。一次父亲回家，像带回什么喜事一样，进门就说：五公村的苹果树长苹果了，弟弟们就问，苹果长什么样呢？父亲拿了一张纸给我们画了一个，说是这个样子，可甜了。母亲气呼呼地说，你连个苹果皮都没有带回来，你逗孩子们干什么！父亲尴尬地苦笑了一下，不吱声了。

1966年，"文化大革命"开始了。从城市跑来了一部分大学生，和村里少数造反派说五公这面红旗是假的，要砍旗、拔旗。父亲作为下乡包村干部，成了主要批斗对象之一。他们半年没让我父亲回家，后来需要换洗衣服，才放他回来一趟。回家后，邻居和母亲都关心地问他：五公这面红旗就算砍了吗？你们还能不能出来，等等。父亲坚定地说：没事，这面旗他们砍不倒，也拔不了，老耿这人做事钉是钉铆是铆，从来不搞虚套，不拍、不吹、不跟风，他们找不出毛病来，没空子钻也就完了。他还跟人们讲了1958年全国放高产卫星，老耿就是顶着不放的例子。最后他说：五公这面旗是实打实的，没有半点虚假，这面大旗倒不了，我们这些扶旗杆的就趴不下。后来，耿长锁成了河北省革委会副主任。不久，我父亲也就没事了。

20世纪70年代后，随着五公村的发展形势越来越好，作为河北省农业学大寨的先进典型，上级要求越来越高，要求五公村每年都要有新的跨越，要出新的经验，工作也就越来越忙。上级看到工作量越来越大，父亲身体不太好，就给五公村充实了力量，给我父亲添了帮手。但时间不长，这位帮手不理解地问我父亲：老冀，我们这叫干的什么工作，光有挨板子的份儿！父亲劝他：咱们就是库里的灯，外边不亮，自己心里明就行了。随着工作的开展，这位帮手也慢慢理解了五公村工作的重要性和特殊性。

1975年，根据工作需要，父亲离开了五公大队。我们家虽然跟五公村沾老亲（父亲的老姑嫁到五公村），父亲在五公工作多年，跟村里人们的关系都是纯粹的工作关系，和人们的感情就像一杯适口的温开水，没有丝毫特殊的人际关系和纠葛。每当当地人们谈起我父亲，了解他的人都说：老冀那个人是个好人，忒实在！现在，"实在"的别名就是傻。我也曾质疑过，父亲真的傻吗？

1987 年父亲去世后，人们给他送的横幅挽联是："冀锁柱精神不死！"现在认真回味起来，父亲对工作的态度，一言一行，人们说的冀锁柱精神，不正是耿长锁精神的具体体现吗？

访谈记录

采访人：说说您怎么想起写这篇文章了？

冀英俊：我在五公待的时间不长，1966 年初中毕业就去当兵了，只记得小时候在五公的一些事，上学的时候经常去五公村里。我上初中的时候和耿长锁的小儿子耿占录是一班，并且俺俩还是同桌，后来升初二的时候他就退班了，我们就不在一块了。现在不是正拍耿长锁这个电视嘛，我看四处写着标语说弘扬耿长锁精神，我就想是不是从我父亲身上就可以看到一些耿长锁的精神，因为我父亲和耿长锁在一起就伴有 20 多年。"文化大革命"时期批斗耿长锁，要砍五公这杆红旗，说五公的红旗是假的。当然，我父亲在五公村包村这么多年，肯定他也是首当其冲被批斗的对象之一。当时批斗他以后，县委考虑调调他吧！调开以后，听说谁也不愿去五公村，因为这个村工作量相当大；再一个，咱在屋里说这个话，还有很多苦衷——你干多好也是扶旗的，因为五公有耿长锁这杆大旗。

冀夫人：我插一句，郭润良说我公公给他做工作曾经说：老郭，咱们这是苦中得乐呢！我公公从 28 岁到 49 岁，最好的青春都在五公度过了。

冀英俊：后来县里再三考虑，又把我父亲从南善调去五公。为什么又把他要回去？因为父亲和五公村领导班子关系挺好，好多事协调起来容易些。现在，弘扬耿长锁精神，我也非常愿意弘扬耿长锁精神，从我父亲身上想到耿长锁的样子。因为我父亲和耿长锁在一块那么多年，无形中很多事情耿长锁熏陶着我们。我父亲特别实在，所以才和耿长锁在一起。我就是回忆了一些小事，算写了一个侧面。那时候我家孩子多呀，一共有 7 个弟兄，小时候家里饭都不够吃，基本上一过年就要买私粮。可是五公村的粮食非常丰富，但我们家没吃过五公村一个麦粒，没占过五公村一点便宜。

有一次，我母亲说我父亲，你挣钱又少，这点钱买不了多少私粮，要不行买五公点粮食，还便宜点。我父亲一听就火了，说耿长锁人家从来没沾过五公村的光，咱更不能沾，一丝一毫也不能沾。那是我小时候记得最清楚的一件事。那时候他们两口子也会为这些事吵架。别看我们村离五公村才6里地，我父亲经常是一两个月不回家，黑天白天待在五公村，尤其是在麦收以前，来五公参观的人有多少万人，我父亲经常忙得连口水都喝不上，工作量相当大。我在五公村上学的时候，知道他晚上还要组织支部班子开会，一开开到很晚。当时五公村俱乐部还有文艺组、写作组等，人们写的东西还要经过他去看一看修改一下。

当时，五公写作组在《河北文学》上发表的作品不少。他这个人有这个特点，反正写不好吧，也懂一些，所以他的工作量很大，很少回家。我记得1963年发大水，那年下了七天七夜的雨，那时候我家的房子已经很老了，是我爷爷分家的时候买的人家的房子，里面是坯，外面是砖。下雨的时候房子里面到处漏，一下雨就怕房子塌了。我父亲也惦记着。记得正下着大雨，他拄着棍子穿着雨衣回去看了看。我母亲和他说这怎么办呢？他说我找两个人修修得了，说完就要走。我母亲说你走不行，万一要砸到孩子老人怎么办呢？我父亲修完之后，又穿着雨衣走了。我讲这些的意思，是说他的一点一滴的小事所体现的这种精神，是不是耿长锁的精神。我在五公上中学时，五公是最早种苹果的，当时这一片没有种苹果的，而且集市上也没卖苹果的。孩子们基本上没怎么见过苹果，更不用说是吃苹果了。当时，我父亲说五公村种苹果了，我母亲就说你说那个干吗，孩子们连个苹果渣也没见过。孩子们问他苹果长什么样，他就给孩子们画画。什么叫耿长锁精神？就是表现在这一点一滴的小事上。

冀夫人：这些都是受老耿的熏陶。等我公公去世之后，人们送了一副挽联：冀锁柱精神不死。

冀英俊：我父亲在基层工作，主要是在五公村。那时候谁都知道老冀是最老实的人，当时的风气确实比较正。我父亲死的时候是教育局副局长，基本上县委、县政府的很多人都来参加我父亲的葬礼。我父亲是个不争名不争利的人。

冀夫人：1973年我去献县开会，我和惠娟住在一个屋，还有武强的侯一珍，她原来是献县县委办公室的干事，她公公也在献县。她问惠娟：你们县有个什么什么人，有一年我在五公村见过他，那个人在献县上班的时候省里调他去上班，县里拦着了。惠娟笑了，她说你说的这个人就是她公公。

再给你们说一个，我公公得了脑血栓瘫痪之后，我们都在上班，主要是我婆婆照顾他，我们抽空买米买面。有一次，我看见婆婆和公公吵起架来了！婆婆非常生气，说这么些年九口人七个孩子，他们之间都隔着一两岁，还有一个老爷爷，是个哑巴。都是我婆婆在这个家操持支撑着，那时候一点吃的也没有。我婆婆经常和我诉苦说：那次老五发高烧，捎了三次信他都没回来，我们去五公去看病才能看见他。我生这七个孩子的时候他一个也没在场，我又没有个姐妹……婆婆一边数落一边啼哭。她和我公公吵架的时候就去县政府找他，大哭小哭和他诉说这些苦，说我公公一点都没管过这些事，把孩子们饿得上顿不接下顿。下大雨发水，房子快倒了。我就没到快死的那步，都是我一人管这个家。他为公家身体成这样了，我一个人在那两间小破屋照顾他，他还骂我。我就劝我婆婆，我说娘你不要生气，人家也有好处啊，你比我公公大八岁，那时候那些老干部们都散了，人家没有找个年轻的，这不是人家的好吗？这时候婆婆笑了，说他没和我散就是想让我给他管孩子照顾老人，他自己好去工作去。我说老百姓都感觉机关干部挺好的，但是不知道接待人员的苦，尤其是我公公那时候一年接待多少万人，一年也没有一天的假期。

采访人：所以说耿长锁精神不只是一个人，有那么一大批人，特别是一批骨干力量都有贡献。

冀夫人：主要是都受耿长锁精神的熏陶。

冀英俊：当时工作就是和打仗一样，真是抛家撇业的，和现在完全不一样。

冀夫人：咱不说别的，就说我生了孩子之后，20天的产假没休够，就把孩子让别人喂奶了。那时候事很多，打电话，开大会，弄材料。

肖献法：那时候又没有电话，都是走路，来回跑。我和他唯一的照片就是在五公村南我们工作组的照片。

冀夫人：我感到遗憾的是，我公公和耿长锁的很多照片没有留下。

冀英俊：其实那时候我父亲在那个写作组，李满天、尤溪、胡苏、杨殿通等，我父亲和他们都很熟，当时很多人有事都去找我父亲。

我们艰苦奋斗一心为公的父辈

乔库　李满敬　**口述**　樊孝东　**整理**

采访时间：2015 年 7 月 23 日，2016 年 7 月 25 日。2017 年 7 月 30 日回访。

乔库（1950—　），男，乔利广的儿子，1967 年在中央警卫团当兵，1970 年转业至北京，1984 年回五公村，后到饶阳县土地局工作直到退休。

李满敬（1946—　），女，乔利广的儿媳妇，1964 年初中毕业后回五公村试验田工作，1970 年以工农兵身份进入河北师范大学学习，1972 年先后分配到饶阳县妇联、里满公社工作，1976 年调饶阳县法院工作直到退休，现居饶阳县城。

问李满敬：您今年多大？

答：70 虚岁。

问：您是哪年上的大学？

答：我是工农兵大学生，1970 年走的。

问：在哪儿上的大学？

答：河北师大。

问：是石家庄的老师大吗？

答：对对。

乔库：那时候的大学生很不简单哩！

问：您学的什么专业？

答：中文专业。

问：您怎么没学农啊？

答：我报的是农，当时学校有个农业技术系，调到中文了。当时学校老师接我们，走的时候开了欢送会。长锁爷他们的三把大镐给扛到学校去了，作为展览品。当时还有吕玉兰村里的，箍着白头巾，挺有特色的。

问：您在村里俱乐部参加过文学创作组？

答：嗯。那时候俱乐部人不少啊，分好些组，《河北日报》社的杨殿通净住五公了，当时可活跃了。文学创作组主要是冀锁柱创办搞起来的，他在五公待了二十来年，"文革"的时候他可挨了斗了。

问：大学上了几年？

答：两年。

问：毕业以后到哪儿了？

答：分配到县妇联工作了两年，到里满公社工作了两年，后来调到饶阳县法院，一直待到退休。

问：您上学的情况简单介绍一下？

答：我是 1964 年初中毕业后回村务农，在试验田里干活。1970 年招工农兵大学生，当年 12 月份我就被录取上了河北师大，我和张戬是一批上的大学。①

问：您跟张戬是一年走的吗？

答：嗯，她上的河北新医大，我上的河北师大。

问：当时就走了你们两人？

答：第一批是我们俩。第二批又走了一个，叫李根雨，他也上的河北师大。衡水还有一个人叫师桂英，还有个郭润良，你们采访了吗？

问：郭润良上午刚刚采访的。

答：他是老耿那时候的驻村干部，在县委报道组工作。

问：初中毕业您回村里干什么活？

答：在试验田干活。

问：试验田是哪年成立的？

答：1964 年。

问：试验田是什么情况？

答：专门一批人在那儿干活，岳叔和不是在农业技术站啊，跟那儿挨着，

---

① 张戬访谈中，说她是 1969 年上的河北新医大。

刘玉杰当站长。岳叔和在五公待的时间短，刘玉杰待的时间长。五公成立农业技术站最早，原来是县农业局。农业局在五公先进村设立的农业技术站，指导农业生产。俺们在村里的领导下，算是示范田的意思，那时候叫五公大队试验田。搞农业试验，培养种子、虫情预报、土壤检测、气象预报，农业技术站为村里大田指导服务，这么个意思。

问：您在试验田主要负责什么？

答：当时俺管着天气预报，还看地温，每天记录，给三个生产队写上晴天、下雨。

问：当时主要通过什么预报天气？

答：主要是收听广播，农业技术站也帮着。当时不是那么准确。

问：有什么专业的仪器吗？

答：没有。

问：试验田有多少人？

答：十来个。

问：试验田的这十来个人也是记工分？

答：记工分，林业队也是记工分，和社员劳动一样记工分。

问：试验田有多少亩地？

答：原先得有十几亩呗，我走了以后又扩建了。试验田就在现在五公医院那边，挨着农业技术站弄了一片地。

问：除了五公，别的村有试验田吗？

答：附近村也没几个，高桥村有，好像北马村也有。当时要高产啊，得重视种子。

问：试验田的经费是哪儿来的？

答：大队里出。当时试验田和林业队是合着的，到冬季试验田没活了，人们就上林业队去干活了。林业队那边人多地多，有大几十人，那边种的果树有收入。

问：老社长平时来试验田吗？

答：他比较重视试验田，经常过来转转，说说，指导指导。

问：跟社长有过直接的接触吗？

答：直接的接触不是太多。

问：您觉着耿社长是个什么样的人？

答：挺正直厚道的一个人，一次一次的运动都经得住考验。"文化大革命"中，有极少部分人斗他，大部分人赞成他。"文化大革命"这是个考验，最大的考验。从组织起来，他的道路走得正，他的一生是值得让人瞻仰的一生。他老伴也是非常厚道，她是个小脚，特别能干，有毅力。"文革"时候她挨批斗比较多。她是第一生产队的妇女队长，当时她被游街，小脚。这两人真是一心为公。

问：老徐为什么挨斗？

答：她是妇女队长，脾气有点急躁，比较强势，爱批评人。当时她领着社员干活，人们有时候偷个懒，她就批评，她觉着这是出于公心。可社员们什么脾气秉性的都有，有的社员不说自己有私心，理解有偏差。她挨斗比较多，其他班子的人张端、张朝可、俺公公（乔利广）、耿社长基本上没挨斗。

问：您感觉试验田对于五公农业生产发展起到什么作用？

答：种子这方面发挥作用比较大，种子都得在试验田试验完了然后到大田推广。当时"虫子怕"周元久经常去，他是五公大队的农业技术员，他直接指导我们。再一个是防治虫害，用六六六粉配成土农药，颗粒状的，撒到棒子地里，当时不知为什么庄稼上的虫子特别多。

问：当时用化肥吗？

答：当时主要是有机肥，一到七、八、九月，各生产队就在地头搞高温积肥，叫"大干七八九，保证大丰收"。把麦秸、麦糠、棒子秸切碎了堆到地头，用泥抹上。化肥很少。

问：那几个美国人来五公采访您知道吗？

答：知道有这么个事，没接触过，当时我没在村里。

问：昨天采访冀锁柱的儿子冀英俊，他谈了一个话题，从他父亲的身上看耿长锁精神，我就想到耿长锁精神不是耿长锁一个人的，是当时五公村的一批老人，这其中就包括您家老人乔利广，您怎么看？

答：就是这么回事。二十周年社庆的时候，展览材料上写着："耿长锁的好助手——乔利广"，附着他的照片。另一个老书记张端，早去世了，干的事也不少。

问乔库： 您今年多大了？

答： 66 了。我比她出去的早，1967 年就当兵走了。我在村里没怎么待着。

问： 当了几年兵？

答： 3 年。

问： 在什么地方？

答： 中央警卫团。

问： 1970 年回来了？

答： 先转到北京了。

问： 什么时候回的五公村？

答： 80 年代回的。家里的事我都弄不太清。

李满敬答： 他 1984 年才调回来的，那时候已经分了地了！

问： 回来以后在哪个单位工作？

答： 在土地局工作，一直到退休。这个村里没有企业，很可惜，常安村也没有了企业。这就是一刀切的弊端，搞得好的完全可以保留。

问： 现在又有把土地集中起来的趋势。

答： 对，现在家家都留人种地就太浪费人力了。现在全是机械了，几天就完了，效率很高。社会在向前发展，你看石家庄那里来人租我们村的地，一年给租金一千斤麦子，折合成钱。人们都愿意租出去，叫农业合作社，和过去的农业合作社差不多。

问： 村里当时还有其他副业吗？

答： 村里面还有打绳这个副业，后来又增加了别的项目，像榨油。但打绳这个副业一直延续着。

问： 原先村里的那些副业后来怎么样了？

答： 都没了。当时分的时候不愿意分。

问： 当年五公村各方面的发展在全县肯定是最靠前的，那现在呢？

答： 现在不行，不如那时候了。这个村没企业，可惜了。常安也没有企业。

问： 从子女的角度谈谈您父亲以及他对您的影响？

答： 他们这一代人，一个是廉洁，不占公家的一点便宜；再一个就是艰苦，艰苦奋斗；还有就是一心为公。他对我的影响，我是从那个年代过来的，对毛主席的认识比现在的人认识深刻一点，因为他的教育方法，也是按照主席的方法来，我是这么看。我们父辈这么走过来的，艰苦，廉洁，对党忠诚。五公这个村，村风好，可能跟他们那代人有关系。像我们从五公出来的这些人，不管在哪儿工作，都踏实认真，没出过什么大的错误。

说实话不说瞎话的耿社长

李现套　李忠信　**口述**　樊孝东　**整理**

采访时间：2013 年 7 月 19 日。2014 年 7 月 31 日、2015 年 8 月 2 日回访。

李现套（1952—　），男，1968 年高中辍学后到宣传队担任会计，1972 年进入团支部，1973 年加入中国共产党，后任三队分支书，曾多次带领村民参加根治海河运动。

※本次访谈以李现套为主，未标出名字的均为李现套回答。

问：您贵庚？

答：今年 62 岁，属大龙的，1952 年生。

问：您是哪年初中毕业？

答：1966 年，当时在五公中学刚上了一年初中，（耿）占录是初二。赶上"文化大革命"，停课搞大串联，后来又复课"闹革命"。名义上是三年，实际上就上了一年。

问：哪一年毕业？

答：也没说毕业，当时不兴毕业证。

问：毕业以后干什么去了？

答：到 1968 年"文革"闹得不太厉害了，村里成立了社办高中，还是在原来的学校里，又上了一年高中，我在 29 班。上了一年，开了个会，说毕业了，就不上了，回家干活儿。

问：什么时候进的团支部？

答：我记得回来以后，耿亚民是团支部书记，管着我们。那会儿每年搞文艺汇演，村里有个俱乐部（文艺宣传队），自己排点小节目，有拉二胡的，敲锣打鼓的，有说的唱的。我没特长，也记不住事儿，（李）忠信哥记性好，他对这个年号啊都记得。我从社中下学回来以后，就在宣传队里算算账。

问：您是哪一年在团支部担任职务？

答：进团支部我是接的（耿）亚民（大概是1972年），1973年12月20号举行的入党宣誓仪式（李忠信提供），那之后就开始安排进入班子，到三队当分支书，就是生产队的指导员。指导员（分支书）负责生产队里的政治宣传工作，跟生产队长的区别也不太大，主要是传达上边的文件，把社员们集中起来念念。再一个，每天早晨学习，念报纸，报纸头条。还有评工，这是个大事儿，宣传好人好事，让大家都知道，实际上是树正气的呗。

问：为什么要成立俱乐部呢？

答：最早是（一九）五几年，杨同他们搞的，我们没有亲身经历，光是听说。从"文化大革命"开始，讲无产阶级占领各种阵地，特别是意识形态。文艺宣传这块儿，那时候农村说旧书的、唱旧戏的都不让干，都是用新式的俱乐部来代替，这叫占领农村社会主义阵地。

问：俱乐部有正式的名称吗？

答：叫五公大队俱乐部，后来改称文艺宣传队，演一些自编自演的宣传节目，有传统剧，有从刊物上改编的剧目，有样板戏选段。俱乐部属于青年团，主要是冬天活动多。记得1969年还是1970年，去衡水参加地区汇演，晚上拉练去，推着小拉车，装着锣鼓道具，好几十人，110华里。那时候没什么车呀，都是走着，另外当时讲节约闹革命，还能锻炼青年们的意志。那次是地区文联、宣传部组织的，提供食宿，全地区各县都选送文艺宣传队去。

问：这些去的演出队伍经过筛选吗？

答：那个不知道，让咱去就跟着去，玩儿呗！

问：俱乐部有外面来的指导吗？

答：我参加俱乐部搞活动的时候，是天津歌舞剧院的过来，一个唱美声的，咱也不知道什么叫唱美声啊。那时候除了知青下乡，还有一些学校的，头毕业之前，作为一个团体集体下乡来体验生活，接受再教育，也搞创作，算是当时的一项活动呗。他们来了以后，一边演出，一边辅导。我记得有一次还带着钢琴，伴奏唱《红灯记》。钢琴当时是个新鲜玩意儿啊，原来都是二胡。

问：俱乐部有没有一些优秀人才后来被省市文艺团体选走的？

答：有几个。地区宣传队的有三个，县梆子剧团里有两个。那时候每年上海河挖河，春秋两季，地区成立一个上海河的专业宣传队，脱产的，抽了几个人。

问：除了俱乐部的活动，当时村里放电影吗？

答：一个公社电影队负责面太大，36 个村转着放，一个多月才能看一次。

问：外宾最早是哪年来的？

答：1972 年，后来每年都有，最多的一次好几十个国家的，留学生们参观来得多。

问：这些留学生来五公是纯粹看稀罕还是有什么看法？

李忠信答：当时我负责接待外宾，我觉着当时来的这些留学生，他们的国家大部分是跟咱们国家有友好关系，他们来的目的也是来体验，为了解中国农村的社会主义道路。比如参观高温积肥，我们给他讲肥料经过高温的发酵过程，当时翻译都翻译不了，哈哈哈。

问：来的人多的时候翻译有多少？

李忠信答：五六个人、六七个人一个翻译。弗里曼是 1975 年①来的，他们来一般是国家的、省里的翻译。弗里曼他们几个都到中国的大学任教，毕克伟找了个中国媳妇，找了一个中国的大学教师。

问：他们写的那本书您怎么看？

李忠信答：政治观点不说，一些数字有错误，翻译上有不少错误。这本书在国际上影响挺大啊！他们来的时间跨度大，从 1975 年开始，那时候还没有改革开放呢，后来到改革开放，一直到 20 世纪 90 年代他们都来过，跨度太大，观念啊什么的不一样。后来过来他们都是自费。

问：他们来了住哪儿？

李忠信答：开始住接待站，还住过户里。后来他们谁有时间谁来，住县里。

问：在您的印象中，耿社长是个什么人？

---

① 应该是 1978 年。

答： 我个人感觉，耿社长这个人不说瞎话，从他内心来说不会说瞎话，说话就说实实在在的话，是什么就是什么，是怎么样就是怎么样。他不会说瞎话，做事、说话、反映问题、办事，都得是一是一，二是二，钉是钉，铆是铆，不能错。说瞎话他从良心上过不去，心里愧得慌。按现在来说，耿社长那个时候的文化程度不高，说说瞎话，把事编一编，不就有些时候方方面面的一些事儿好管吗？但是他不会说，也不能说，说了从他心里过不去。我觉着，这是我直到现在感触最深印象最深的。你说老耿教育了我了，真正的你说他教给我哪一条，没有，如果说有，那就是一句：不说瞎话。

问： 他平时说话多吗？

答： 他说话不是很多，不像有些人夸夸其谈，他不太善于言谈。

问： 除了工作，平时闲聊吗？

答： 我参加工作那会儿，他是党总支的一个委员，主持日常工作的是党总支书记，开会的时候他是作为一个委员参加。可能外界的人感觉他是老社长，见不着他，实际上我们见他很随便，无拘无束，开会该说什么说什么。开会时在一些事情上也有争议啊，比如涉及三个队利益的时候争执，这时候他说话了：别争了，我看这个事情这么着……老社长一开口，别人都不再争了。印象最深的一次，三个队纳公粮（农业税），给国家纳公粮是白拿啊，也不给钱，后来分产到户也是一个人头多少地、多少公粮。你家多少亩地，纳多少公粮，分到人头上，这是任务。你到那儿，布袋儿往那儿一扣，拿上空布袋儿就回家了，也不给你报酬。当时三个队人口、土地都不一样，一般是等麦子收起来了，大队书记把公粮任务数字分下去，三个队各纳多少，有时就为这个事儿起争执。当时社员口粮三个生产队是一样的，大队有统一的指标，比如麦收一个人 200 斤麦子，都一样。我们二队相对来说是个穷队，咱就想着少纳点，少纳点就能多留点，队里有好多牲口得吃粮食，养猪也得吃粮食。会上我就跟书记说，让我们二队少纳点吧，跟现在谈判似的，意思是给二队小集体多留点粮食，牲口长壮点，猪养肥点。三个队的公粮任务分配，在当时这是个大事啊，三个队是三条腿儿，少一条就瘸啊。争论半天，最后老头说话了，别争了，就这么办吧！人们就不再说了。

问： 他在干部群众当中威信就这么高？

答： 那是绝对的。为什么这么说，现在说什么贪污，他那时候根本就沾不着一点。这么说吧，你拿一个照妖镜照他吧，左照、右照，再不行来三维、四维的，你照他，你照不出他一点儿毛病。现在说起老头那个人，咱从心里尊重人家，他那个人，包括他们那一辈儿的，你在这方面说不着人家一点儿毛病。至于说他有多好，他也没什么惊天动地的事，也没有堵枪眼、炸碉堡，没有那么轰轰烈烈，就是那么平凡的一个人。现在我们回顾他的一生，从各方面对他进行考量，人家这一生没多大毛病。在我看来，他也没有多大的官，就是这么一个平常的老前辈，我觉着能做到这样很难能可贵。尤其是现在金钱社会，每个人的头脑为了钱绷得紧的，人家没这个。他没什么特殊，就是一个普通的老百姓，做的平平常常的事，一辈子没毛病。像他职务这么高的人，就这么点挺平常的事，但是他说出话来，别人不得不佩服人家，得听人家的。他的外甥张满囤，退下来以后去乡卫生院当书记，村里人去那儿以后，只要他在门口看见你，马上就得跑过来很热情地打招呼，帮忙办事。

问："文革"时期村里闹派性斗争厉害吗？

答：那时候我还小，在学校呢，村里的事儿有点印象，但不太清楚，也不让介入。那时俺爹俺娘在小队里也是队长，村里有派性，有时候让我出去看看写了什么大字报。当时保定地区闹得厉害啊，所以村里晚上在房上值班，这村有枪啊，三八大盖儿、重机枪、小迫击炮，怕外地来人抢了。"文革"以前，各公社书记、县里的科局长，一人一把手枪，到"文革"把这些手枪都收到县武装部集中保管。

问：五公村里的生产受到影响了吗？

答：按我知道的，冲击不大。比如我去看大字报，每天早晨新贴出那么几张，量也不很大。人们都是晚上用业余时间写点大字报，白天该干活儿还得干活儿。你得出工，出去干活儿队长才给你扣上戳儿。基本上是文斗，主要是外地来的大学生闹了几天。

问："文革"初期串联时候您出去了吗？

答：坐车出去了一次。那时候我的大脚趾头，指甲往里抠着长，剪破了，当时还小，到河里洗澡，结果发炎了，抹点药走道儿也没事。就那样，徐老师带着我们在前磨头上的火车，毫无目的地出去上北京玩去了。到了北京以后，坐着车去各个学校，北京大学、人民大学，看看大字报写的什么。

问：火车是免费的吧？

答：就是白坐，去了一伙儿人，学校给开的介绍信，扣上戳儿，"五公中学革命委员会"。上了火车，可了不得，行李架上、座位底下到处都是人。

问：去了白吃饭吗？

答：我们去得早，还不白吃饭，得买，记得买的面包，挺好吃，买了一书包。到北京了，广场上没座儿，往书包上一坐，都成饼子咧！自来水有。后来才有了红卫兵接待站，当时没有。那时候人们天真无邪呀，不像现在到哪儿得拿着钱，那时候拿不多点钱，就拿着介绍信，走到哪儿也不犯愁，没钱也能吃饭，也花不了多少。买点东西没钱，拿着介绍信，完事儿打个欠条就走了。也没多少钱，几十块，三块两块的也有。"文化大革命"后期清理过一次，外边来催账的，有一张欠条找不到这个学生，公章都是真的，一想写的是假名。当时敢说假话，办这种假事，好几百学生，就出了这么一个。当时很少有人敢这么干，没有这种意识。

问：您参加过根治海河吗？

答：去过两期，都是带工。

问：您当时是什么职务？

答：我当时是团支部书记，在大队算班子成员。带班的都是年轻的，带班的得会管理，还要带头干活儿。像乔利广、杨同他们年龄都大了，不能去了。再一个各队的分支书不能去，他们去了这三条腿就瘸了，队里就不能正常运转，一般是民兵营和青年团的干部去带班。

问：这两期您去的什么地方？

大：头一次去清凉江，最后一次是唐山大地震以后，去唐山挖那个陡河。

问：当时社员们愿意出去挖河吗？

答：怎么说呢，毛主席提出"一定要根治海河"以后，上边拿出来的经费不少，所以按当时来说人们吃的算是不错，在家里不可能天天有馒头吃。老百姓有这个心眼，一个是挣工分挣得多，一天一个多工，再一个就是免费吃饭。

问：在村里干活怎么记工，评工？

答：每天出去干活，一天都给你10分工，这是暂时的，到最后不见得落下10分，还得评。到年底召开社员大会，一个队分成若干小组，所有的劳力都得到场，拉出名单现场评，根据社员的年龄、体力、劳动表现等，当然也不排除人情关系。一般的人干一天挣不了一个整工，也许是 9.8 分，平时干活耍滑的也许是 9.0 分。因为同样干活，有实在的，也有出工不出力的。总体来说，这种评定方式和结果有主观因素，方方面面的，但还是相对客观和公平的，不会出现大的差错。

问：一个人一年能挣多少工？

答：平均起来三百二三十个工。

问：那基本上天天在干活了。

答：也就过年放几天假，那时不是说"吃完饺子就大干"嘛，整天就在地里熬着。比如平地，这里的地原先没有现在这么平整，经过多年平才成了现在这样。浇地的时候，水利队长说了，这块地不行啊，东北角这块高，浇不上啊。等到冬天翻成白地的时候就得拉上小车，一车一车地推，把土拉出去，平了。当时劳动效率太低啊，小车推不多点土。冬天有冬天的活儿，没活也不行。赶到后来出现什么情况呢？生产工具，像小推车，一家没有两辆，你得花好几十块钱买一副车脚，一家一户没那么大经济能力去置办，再一个那个东西也不是经常使用。要是一家有两个劳力的，有时候你得借，我觉着人际交往、和谐程度不比现在低。那时候相互之间经常有串换，当时的经济条件逼迫着你也得把左邻右舍的关系处好。要不，你去借个东西，说没有，实际是不让使。一句话，经济基础决定上层建筑。

问：现在和过去相比，感觉最大的变化是什么？

答：现在人和人之间就是一种雇佣关系。好比盖房子，过去相互之间净撺忙，头一天出去招呼，第二天早起就来一帮子人，和泥的，打坯的，中午管饭，晚上管饭，再喝点酒，一天工夫四间屋的坯就打好了。现在不行了，谁家盖房，关系不错的，给你买两条烟得了。干活儿的都是花钱雇，雇佣关系，现在盖房也用不着你撺忙，筛沙子的、和灰的、推砖的，都有专人，村里有小型建筑队。

问：包产到户那时候村里是个什么情况？

答：我觉着这个村里人们接受得慢。外村开始分的时候，这村还是集体哩！但这时候出现了一些弊端，比如我是个机井的机手，用柴油、机油当时是从生产队的大油罐里领。总起来说，农村管理粗放，只有记录，没有非常科学的标准，规定领多少油必须完成耕地多少，没有这些。到这时候，邻村我的亲戚就找我搞点柴油、机油，骑着车子驮着油就走了。类似的事儿多了，当时这些管事儿的人，有这个权力的都难免搞这些。社会上这个人脉关系是相当复杂的，这就使集体的损失相当大。当时已经形成这个局面了，外村的地都挨着，搞点东西很方便，都是很自然的现象。

问：集体副业也分了吗，后来成立的工农商联合社怎么样？

答：联合社没怎么运作好。总体来说，当然也不能按现在的眼光来看待当时的事儿，说老社长怎么不开窍啊。按着老社长那个身份，在社会上那个地位，完全能请那些客户都来五公建厂子，完全有这个条件。但是国家大政策是以粮为纲，只要有了粮食就行，也确实那个时候人们吃不饱。看问题你得有历史的眼光看问题，不能说当时人们那么傻啊，不是傻，是那段历史情况决定的。当时集体收了那个棒子，堆的满地都是，得好几天，等会计算完账各家分多少才去拉，但没人去偷。人们都得等着啊，你要是先拿了人们都得笑话你，耻笑你。拿集体的东西，你不应该，都说你不该，都得这么说你。你说当时人们傻，不是傻子，是历史现象。

问：您这是用历史的眼光看问题，很难得啊。

答：扯远了。我在那儿说话也是随便说，早先吧还得注意点，用尺子量着点儿，别犯了什么，现在说话比较自由了。要不说老耿在我身上的认识，说他教给我了，真正的哪条是他教给的，没有，不说假话，办事实在，我觉着这是我受益最深的地方。我现在出去做事，别人说你这么大年纪了，该歇着就歇着。我说我能做多少就做多少，不是说我非要做好人，我不这么做自己心里过不去。

20世纪五六十年代五公村的农业生产情况

乔勇 高娟 **口述** 刘百恒 **整理**

采访时间：2013年7月19日，2015年7月21日两次采访。2017年8月2日、2018年8月7日回访。

乔勇（1935— ），男，12岁由石家庄迁到五公村，1955年加入高级社，1960年结婚。曾担任包工组组长，在副业组从事打绳、养猪工作，多次参加根治海河和打井工程。

高娟（1940— ），女，乔勇的老伴儿。

问：您今年多大了？

答：79岁了。

问：耿长锁成立互助组的时候，您家参加没有？

答：没有。

问：那时候你们家是什么情况，有多少地？

答：一个爷爷，一个奶奶，一个婶子，四口人，六七亩地。我叔叔保护国家干部牺牲了。

问：土改的时候，你们家分到地了吗？

答：土改分了2亩地，在现在大队部正北。

问：还分了别的东西了吗？

答：没记得分别的。

问：当时怎么分的？

答：我爹在我很小的时候当兵走了，我娘就一个闺女一个小子，我12岁从石家庄来到五公，我不愿意讲这个，难受！上村里要饭，和谁要啊！你还掀不开锅呢，怎么要？在石家庄的时候，我姥爷是个手艺人，开的铺子，我这条命是白捡来的。我 13 周岁的时候，土地改革，就分了 2 亩地，没分别的。我们这个五公村在以前是个贫困村，我奶奶给我说过：搆二亩麦子，用一斗多麦种，赶到了第二年收麦子，还打不了一斗呢。以前一口水井也没有，全是白沙地，整天刮大风，一刮风把麦子都埋了，还能长麦粒啊！新中国成立以后打了井，不刮风了，人们才打了粮食。

问：土地改革时，耿长锁在做什么？

答：那会儿耿长锁还没当上干部①，他就是一个普通老百姓。

问：合伙组是怎么搞生产的？

答：合伙组起先没有耿长锁，耿长锁是李玉田退出去了才最后加入的，老四户有乔万象、李砚田、卢墨林，我这些都记住了，我十几岁上就记事了，李玉田要不退出来，耿长锁也进不去。从 4 户发展到 20 多户。耿长锁从苏联回来以后才发展成大社，说是学苏联的集体农庄，那么着发展起来的。

问：您家哪年入的社？

答：我家 1955 年入的农业社。

问：入的是初级社还是高级社？

答：高级社。

问：您家当时是怎么入的？

答：大伙都入了社了，俺也跟着大伙走呗，俺不搞特殊。

问：入社以后是怎么生产的？

答：跟着大伙干活，队长领着，叫怎么做就怎么做。

问：具体的是个什么情形？

答：参加劳动都是队里记工分，干一天活记 10 分：早起记 2 分，上午记 4 分，下午记 4 分。你要是耽误了半天，挣 6 分或 4 分。

问：那时候您在副业干过吗，当时副业生产是怎么开展的？

答：我在打绳组，打大绳、打套绳，什么活我也干。在那里干了两三年得了肝炎做不了了，就在家里歇着，去吴桥看病去了。我没当过干部，要说没当过（也当过），在包工组当过组长。

问：包工组是什么时候的事？

① 耿长锁在土改以前是五公村党支部书记，在土改初期被"搬石头"了。

答：我 20 多岁上。

问：包工组里队长是怎么派的活？

答：队长商量以后，锄地锄一亩地多少工分。我负责记工分、看时间，队长检查质量，不行就得返工。

问：包工组是临时的还是常年的？

答：临时的。

问：这个包工组是上面提倡的还是自发的？

答：队长提出来的呗。

问：包工组受到批评了没？

答：没有。

问：当时的产量怎么样？1957 年、1958 年的时候。

答：成立大社没现在产量高，现在弄好了过千。当时产量一般几百斤，一亩地 400—500 斤就算不赖。当时的肥料净施粪，扫扫灰土粪，掏掏鸡窝，掏茅子，现在一买就是几袋子肥料，产量当然高了。

问：种麦子一年浇几回水？

答：春天返了青浇一水，一尺高了还得浇一水，得三四水。

问：秋天耩上麦子以后浇几回水啊？

答：浇一次冻水。

问：能不能浇透啊？

答：能浇透了。

问：浇地用的什么水？

答：井水呗。这村里使过渠水①，使的时间不长，上游都给截了。后来村干部就组织打井，就不要渠水了。

问：这是哪年的事？

答：使渠水是 1957 年以前，到不了地里就没了，渠水没用，用不上，都让上游截了。过去修渠时候我去了，咱村去了好几十个人，挖半天，咱村是白搭工，咱们村太靠东（下游），咱们用不上，藁城用上了，晋县用上了，深县以西用上了，饶阳用不上，咱们靠东，属下游。

---

① 据耿惠娟回忆，渠水从来没到过五公村。

问：种麦子施几回肥？

答：施一回底肥。

问：种棒子浇几回水啊？

答：看天气，雨水要是跟上了，浇不多水；要没有雨水，得浇两三回。

问：施化肥从哪一年开始？

答：提年号可记不清了，反正那时候就说施日本尿素，施不多点。以后咱中国产出化肥了，就不施日本肥料了。

王捧菊①补充：大概 1966 年左右。那时候日本尿素那个袋儿能做裤子，我记得我十几岁上去队里做活，年轻的闺女们拿那个布袋回来做裤子，前头是"日本"，后头是"尿素"，比我们大的才能穿，我们还没穿上。1966 年"文化大革命"开始，我 14 岁。

问：在生产队干活有没有偷懒的？

答：偷懒不给记工，谁敢偷懒啊！

问：您什么时候娶的媳妇？

答：1960 年。

问：公共食堂什么时候成立的？

答：1958 年成立的食堂。

问：成立人民公社以后，1960 年代怎么样？

答：忘了哪一年麦收以后，一个成年人分 90 斤麦子。别说小伙子，一个妇女也不够吃。记得有一年，那时家里五口人，我们两口和孩子，我二兄弟，还有一个老人，是我姊子，我拿着五口人的布票去邹村集上买粮，当时你要不懂眼就找不着粮食，街面上没有粮食摊儿。这时过来一个人，在手心里攥着一撮高粱，问我："你要这个唄？"我说要唄，问了价钱，我说没钱，给你点布票吧，国家布票。这样用布票换成红高粱，回来在碾子上推推吃。

问："文革"以前您在副业组，是怎么生产的？

答：二十大几上，打过绳，养过猪，年号记不清。

问：1983 年分地的时候分了多少地？

答：忘了怎么回事了，分地分了好几回呢！

---

① 　王捧菊——见本书 225 页

问：您能想起耿长锁的一些事吗？

答：耿长锁？他的事俺不了解。

问：根治海河您去过吗？

答：享福的事儿没我，要说上海河哪一回也有我，1958 年、1959 年、1960 年，在各村挖渠道，大小工程都有我，一次去好几个月，有时过年也回不来，家里那么多活顾不上。岗南水库没让我去，那次要的人多，要的人少了都让我去。这村里有四个人……哪一次也跑不了，其中就有我。

问：我们在其他地方采访得到的信息，当时人们都愿意去挖河，挖河能吃饱饭，您为什么不愿意去？

答：怎么不愿意啊，哪回我也得去啊，队里派我去，不愿意去也得去。这事没法说，你要不去？你调皮！去了，你算好社员，就这么个意思。冬天地里打砖井，岁数大点的都知道，不管打多少眼井，谁也比不了我，在井坑里挖，我就得下去，下井人们愿意去不？冬天下井啊！底下多厚的冰凌！不管多少井，哪一回也有我。

问：打井是挣工分还是补助啊？

答：工分。

问：打井那是您多大岁数上？

答：正年轻上，二十多岁。

从生产小队队长到村党支部书记

李长铎　口述　杨学新　整理

采访时间：2013 年 7 月 22 日、2015 年 7 月 21 日两次采访。2016 年 7 月 27 日、2018 年 8 月 5 日回访。

李长铎（1947—　），男，1972 年任生产队二队副队长、民兵连副连长，1977 年任生产队队长、民兵连连长，1983 年任农工商联合社副社长，1984 年任五公村村主任，1996 年任五公村党支部书记。

问：您的大名叫？
答：李长铎。
问：上过什么学？
答：我这人没什么学问，高小毕业，初中没上。
问：您是哪年出生的？
答：我是 1947 年 9 月 8 日。
问：是五公本村人？
答：对。
问：这个村原来几个生产队？
答：这个村 3 个生产队，我是二队。我是 1972 年开始当副队长的，也是民兵连副连长，1977 年在生产队当正队长（民兵连连长）。我也受我们原来一个老支部书记张端的影响，这是我前四任的支部书记，他当了 16 年的支部书记。这里有历任支部书记、村主任的照片和简介，你们可以看看。
问：您当支部书记是哪一年？
答：我是 1984 年当村主任，1996 年到现在当支部书记。

问：等于是您接的耿长锁村主任的班？

答：对。他1985年去世了，我1984年当的村主任，他当了一年名誉村主任。

问：哦，张端是1957年到1973年。

答：前四任支部书记。张端、乔利广、杨同、张满囤。

问：1977年的时候，实际上耿长锁基本上是从省里面回来了？

答：他基本上没常驻过省里。他不在那待。开会时去，开完会就回来了。他去了就是住省招待处。

问：粉碎"四人帮"之后，他的思想有什么变化吗？

答：我对他的印象啊，主要是从1977年真正接触他开始的。

问：您当队长的时候，他那会儿是什么职务？

答：那会儿他在村没职务了①，上边有职务，公社社长，县委副书记。为啥1977年我和他接触的多呀，俺们那时候3个生产队，等于3个民兵连吧。我在二队，当时我这个队长最年轻，才31岁。这个村俺们这个队最小，700多口人，不到800口人，是最小的队。我们这个队经济条件不如一队和三队好。

问：您怎么当的二队队长？

答：这个村分3个生产队，一个生产队一个队长，一个指导员，指导员相当于分支部书记，队长是管生产，做活的。我（跟他）接触，是1977年以后接触的多。俺们这个队吧，老换队长，两年换一次，光换，经济条件不如一队和三队好。到1977年，非得让我当这个正队长，我小，我才31，我不干，怎么说也不干，我干不了。后来耿社长亲自找我，给我做工作，说的我挺不好意思的，（他）那么大岁数了。

问：他怎么给您做工作的呀？

答：就说，你们这个队本来经济条件各方面都不太好，你要行再不出来干，这岁数大的，一任一任的，两年一换，都换了多少届了，也找不出人来，也选不出比较好的有基础的人。你要行，就出来给二队撑撑腰，使使劲，改变改变二队的面貌。当时，别人做工作，大队做工作，我都没接。社长这么

---

① 据耿惠娟回忆，耿长锁一直是五公大队的大队长。

说，我给接了。我说，接了吧。

问：粉碎"四人帮"后到 1978 年改革开放那几年他的思想有哪些变化吗？

答：社长最大的变化应该是，他当社长一开始是个农业劳动模范，按现在来说社长是比较保守的，他以前不愿意搞副业。

问：他以前不愿意搞副业吗？但是他是搞副业出身的呀。

答：一开始是，搞副业，打绳。可是后来慢慢地，三个生产队都起来了，经济实力也好了，不愿意在生产队再搞副业了。实际上三个生产队，都背着他愿意搞点副业，因为经济收入少。有时候他不太满意人们搞这个。他也是通过改革开放，社长的脑袋瓜才转变。

问：那就是说他也有个思想转变？

答：是，那时候他是不太想搞（副业），三个生产队有时候瞒着他点。他也不是说不知道，也知道点。

问：你们哪年搞的那个农工商联合社？

答：1983 年的后半年。

问：从 1977 年到 1983 年，耿社长主要做了哪些工作？

答：他那段时间呀，生产队主要就是种地，他接触我最多是什么呀，因为他是老把式，种庄稼他是老把式，他岁数大呀，我年轻呀，种地他应该懂呀，什么时候种什么庄稼，像谷子、棒子下多少种，什么时候种最好，他应该是比我懂。

问：他这几年在村里主要干什么工作？

答：平常大队里开会，他参加，拿出他的意见，该怎么做，各个生产队活该怎么做。

问：那他是以什么身份布置工作？

答：他那会儿只是名义上的村干部。当时村里有村支部书记，有村主任，他是名义上的村长。

问：他威望挺高，大家这时还非常尊重他？

答：尊重他。大队里有什么事，必须叫他一块商量，他得拿意见。那会儿我特别年轻，31 岁，管那么大个队，也不容易呀。当时没经验呀，所以说跟他接触多，净找他去，什么时候哪块地种什么呀，给他汇报汇报，是种玉米还是种高粱，一亩地使多少种子等，都跟他汇报汇报。

问：关于村里发展的设想呀，请教他，让他去做这个工作？

答：对，他让生产大队统一开个会，定个调，怎么做。他平常就上三个生产队转。

问：你们搞包产到户是哪一年？

答：1983 年。

问：对包产到户，实行责任制，耿社长当时怎么想的？

答：一开始呀，为这个包产到户，张省长亲自来五公，把衡水地区的各级农业劳模都集中到五公来开了个会。

问：张曙光省长？

答：对。

问：这个会议的内容就是关于农业生产责任制？

答：对，张曙光亲自来给他们做工作。

问：当初老社长是个什么心态？

答：我没跟他具体讨论过这个问题，我觉得他应该不是挺愿意。

问：不是说欣然接受的这个情况？

答：对，我这么觉得，通过张曙光来给他们开会，做了工作之后，包产到户，才分下去了。

问：当时周围村的情况呢？

答：周围村都分了，就剩五公一个村没分了。

问：周围的村哪一年分的？

答：这一片分的早的，1980 年就分了。

问：相当于你们拖了 3 年？

答：对，拖了 3 年。

问：拖了 3 年，应该是说耿社长对这个有看法？

答：应该是有点想法吧，要不省长怎么亲自来做工作呀！所有的劳模点都没分。省长来做工作以后，立时下决心，包产到户分了，1983 年春就开始量麦苗、量地。

问：耿社长参加了分地？

答：大队开了会，生产队的队长也开了会，统一定了调——分，开始钉橛儿，拿着尺子量谁几米，谁几米，就那么分了。

问：分的时候是一个人几亩地？

答：分的时候我们这村合一个人一亩一分多，这个村地少。当时省长应该是张曙光开了会，做了工作，起了一定的作用。另外是，周边都分了，就剩我们没分。那时候生产队里不好闹啊，都管不了了，周边都分了，社员们不听说了，说什么他也不听你的了，再不分也不行咧。再赶上张曙光来了，省长来了，来五公开了这次会。

问：在哪开的会，在你们这个地方吗？

答：就在大队开的会，在那个院。

问：是1983年春来的？

答：他是1982年秋天来的，年底就分了。

问：分了以后，你们成立的农工商联合社？

答：是，农工商联合社。

问：1983年成立的吗？

答：是，这也是上面提出来的，河北省衡水地区第一个农工商联合社。实际上，这个联合社管什么？管大队这一块，经济这块。农工商联合社，实际上成立了这么个组织，没实际结果。这是1983年后半年，1984年开始调班子。

问：1983年耿长锁是社长，您是副社长？

答：嗯，耿社长是社长，我是副社长。3个副社长。还有李忠信、张满囤。这是1983年后半年，1984年我们大队就开始调班子。

问：是上级要调整村里的领导机构？

答：对，公社里调整。那个时候公社书记是耿长锁的亲外甥，五公公社的书记，叫刘继国。当时他把五公村的支部书记、村主任都送出去了，把他们都送到粮站上去了。到了1984年，张满囤是书记，我是村主任。我俩搭班子一直到1996年，那年咱们这发大水。1995年张满囤就已经农转非了，那时候讲究一个政策，农村党支部书记可以农转非。

问：是什么政策可以农转非？

答：你得交税，你这个村平均税收多少钱，计划生育没有违反政策的，经济上得有一定实力，人均交国家税收得多少钱才行，就这么几条。

问：这几条达标的就可以农转非？

答：原来乡里有四个，其中有张满囤。可能是1985年春天，他们要转走，公社的副乡长，他要走我不让他走，他让我接，我就不接。到1986年了，他又说这个事，你说一直不让人家走也不好。

问：那就副乡长挂在这里？

答：嗯，挂着个名，他上大队上班。到了1996年了，我说算了，你要走就走吧，俺接着吧，就全接着啦，是这么个过程。

问：1983年成立农工商联合社，是衡水地区第一个。下边就涉及改革开放，多种经营，有关耿社长这方面的情况介绍一下？

答：耿社长就组织人们开会说，搞企业呀，你脑袋瓜要解放了。一个是号召社员们搞企业，大队里能不能搞这个企业，你们得想路子了。五公村头一个企业是他组织他们家族的搞了个面粉厂。原来咱五公村没有面粉厂，他脑袋瓜开放，组织俺们，也给俺们出去跑呀，说我给你们出去跑钱、跑东西、跑项目。当时有个油脂化工厂，原来天津有个全国劳动模范，叫魏振华[①]，他们两个关系不赖。耿社长把魏振华请来，这个人是搞油脂化工的，把他请来在五公搞个油脂化工厂。当时我们呢，什么东西都准备好了，人员、班子都组成了，这个项目也弄得差不多了，但是资金不行。1985年的春天，社长亲自去石家庄找张曙光。我那个记忆特别深，说怎么着啊，咱弄个厂子挺不容易的，盖房子需要那么多钢筋、水泥，需要的资金挺多，大队有个二三十万。耿社长说，没钱，我跟你们上石家庄去，找张曙光。到了那找到他的秘书，当时他有秘书啊。

问：他秘书叫什么？

答：石大舵，是耿长锁的第三任秘书。第一任秘书是张更立，曾任饶阳县副县长，主管财政，县人大副主任退的，跟着他有四五年吧；第二任秘书是邹立基[②]，当过衡水市副市长，现在是衡水市政府党组副书记，快退了，跟了他六年。石大舵是第三任。后来石大舵上学一走，就又来了一个秘书，叫靳松燕，男的，这是第四任秘书，接了3个多月不到4个月，社长就去世了。

问：石大舵现在干吗呢？

答：石大舵上学回来以后，到了县委组织部任干部科科长，现在也退了。

---

① 1950年全国工业劳模。
② 1976—1982年任耿长锁秘书。

1985 年开春，石大舵跟着耿社长去找张曙光省长，去了住下了，给石大舵说，你给政府联系，一联系，说省长这会儿正开会呢，说等散了会说给他吧，散了会说给他了。散了会了张省长走着，亲自到省政府一招，走着去了，连个秘书也没带，散了会立即就去了。当时已经傍黑子了，我们都在屋里呢，听见有人说："张书记来了！"他知道在哪个屋，进去了他说，听说你来了，赶紧就过来了。挺朴实的，也没那么排场。一坐下就给社长说，什么时候来的，有事啊？有什么事快说。社长说有点事，第一件事，就是想办法给咱们贷点款。张曙光一听，说我不管这个事了，你找我干吗呀，你找管金融的去。张曙光说话比较直。他那么一说，实际上社长腻味了，说：行了，那你别管了。省长说，你还有啥事啊？社长说，想要点钢材。张曙光说，想要钢材怎么也找我呀，钢材我也不管呀，我管不住那个。社长一听，你不管那算了，你不管我们明天就回去了。村里想搞点企业，他们都年轻，想让我给帮点忙，我也帮不上，行了，明天我就回去，我们自己想法吧。弄得张省长挺尴尬，自己利索地拒绝了，耿社长也不发火，也不着急。再说别的也没话说了，张曙光说，我还有点事就先走了。

张曙光走了以后，社长说，你看，他这么应付咱们，咱不用他了，咱走啊。没几个钟头，他的秘书回去了，拿了这么一个卷，我说怎么扛着这么一个卷呀，拿白纸包着，上面写着几个字："赠耿长锁老大人收"，署名是张曙光。可能他觉着社长这事没管好，挺尴尬的。他秘书说张省长说了，你们别走啊，明天上午张省长来找你们哩。第二天去找我们了，管金融的来了，管钢材的过去了，过去了一个厅长，过去了一个管矿的副省长。第二天上午，商业厅来人了，说省长说让过来看看，你们需要点钢筋呀，你们需要的时候说话吧。那时候都是国家调拨，我们也不知道要多少嘞。国家调拨是平价，跟议价差多了，差一半子。你们要多少说吧，来之前魏振华说要 20 吨，那就要 20 吨吧。说行，这个事这么着吧，你们回去管你衡水地区商业局去要，我直接给他调过去。过去了一个副省长，说贷款得到当地贷，人家给说了说怎么贷，说明白了这事。张曙光也算把这个事圆下来了。等我们回来，过了两天到衡水商业局去了，一说这个事，说知道了，直接给你们拨过来了，说你们要 20 吨钢材，要哪种没说，你们说要哪种我立即给打电话。我们回家跟那个搞建筑的商量商量，要了人家电话号，隔了一天就给拉回来了。这 20 吨钢材，是跟着社长出去跑这个厂办的一回事。

问：这是你们村相对来说第一个真正的企业？

答：对，对，油脂化工厂。

问：我刚才看了一下，这个油脂化工厂的年收入超过百万？

答：油脂化工厂，后头经营不善，实际上俺们后来没亲自经营，俺们觉得呀，农村干部没有能耐呀，不用什么都强，办一家企业你得能经营，有一定的经营能力。

问：那是谁经营呀？

答：公社呗。公社里出头，他外甥出头非得选公社的人，出了两个人，公社里牵着头，一块弄，一块经营，实际是俺们村里基本上不管事，都是公社里统一经营的。一开春开始试浆，社长是 11 月份去世。实际上这个化工厂 10 月份刚建成还没开工呢，耿社长 11 月份就去世了。

问：非常遗憾！

答：是，他是 1985 年 11 月份去世的。当时这个厂子东西房屋，车间都建成了，他头死还来这看看。他在家待了两个月，那时候张曙光和邢崇智，他两个是每个礼拜天都来看他。不占工作日，而是每个礼拜天老看他来。那时候张曙光、邢崇智他们来就是一个车，一个秘书，一个司机，就三个人。邢书记来的少，来了两趟。张省长来了五六趟，个顶个，每个礼拜来。上午 9 点多到，11 点准走，不在这吃饭。一两个钟头，就是俺们大队的人陪着。那时候没人呀，什么公社，乡里他们根本就不知道，也不通知他们呀，就俺们陪着。

问：当时耿社长在他们来的时候，可能也不让来或者别让谁知道，他自己在这方面也做得比较好？

答：应该是。有一回，张省长的车来了，在藁城、晋县那里超速被查到了，不让走了，当时省长就在后面坐着呢，一亮牌子，给人说好话。交警看到这车，也不是一般车，尼桑，那时候是最好的车，说算了，你走吧，以后注意呀！这是我印象最深的。他来了有时候跟我们拉会儿家常，我说，张省长你这体格不赖呀！他说不行，怎么不行啊？我给你举个例子，我就跟那老马似的，马老了一条腿不着地，三条腿着地，叫"歇蹄儿"；马老了，眼里流泪儿。他说，你看我跟这老马一样，歇蹄儿、流泪儿。

问：他是哪的人啊？

答：饶阳人。

问：从你这个角度，对耿社长怎么评价呀？

答：我跟社长直接接触了七八年。社长这个人比较平易近人，这是我对他最大的评价。没架子，他跟你接触，他不讲官话，特别亲切，特别尊重人。我那会当队长才 30 多岁，他也是特别尊重。他特别耐心，给你出主意，适合种什么呀，各种土壤适合种什么，对农业这些个很懂。改革开放后，脑袋瓜特别快，一看国家这个大形势，发展企业，立即转过来了，接受新鲜事物比较快。1985 年跟我们出去了一趟，张满囤不好意思给他说，我给他说。张满囤是支部书记，是他亲外甥，他大闺女家的小子。他亲外甥怕他，他训他。有什么事我到他家沟通，我到他家去了，他说，有事？我说没事，就把大队的工作跟你汇报汇报。他说那不赖，满囤瞒着不给我说。我说，你别训他，你训他，他怕你。我说，咱们出去拿化肥行不，他说，拿化肥干吗？我说，现在都分了地了，出去得讲平价议价啊，咱们方便的话去购点化肥，给他们分分。

问：平价和市场价？

答：对呀，市场价贵呀，平价属于国家调拨。他说，行呀，什么时候去？我说，你要是不怕麻烦，咱们最近就去一趟，三两天去一趟，去沧州大化。那时候沧州大化属于国家的，不是沧州的。他说，咱还得上沧州呀，我说，你觉得哪方便咱就去哪。咱提前给沧州市委打个电话，说了哪天去，他说，去吧。那时候就一个吉普，一个司机，耿长锁这个吉普除了他使，就是县里使，他不使，净借给县里使。有时候县里没车，净借他的。到了沧州市委，早有人在那等着了。车一进去，跑出来两人，说我们书记让我等着你们呢，书记正开会呢，说让我们直接去招待处。这么着，您别坐您那个车了，书记说了，派了车了，您上这个车吧——找了辆卧车。社长说，不，我就坐我这个。我说，您别坐您这个了，人家好心好意给您找了车，我跟您一起坐。那个秘书领着我们上招待处，把那个招待处处长叫过去，还叫过去一个服务员，交代清楚，那个秘书走了。在那坐了一个多钟头，书记去了，说刚散会，不好意思呀，没有招待你，什么事啊，是不是想要点化肥。我们说是。（书记）说，那没事，好说。你们歇着吧，下午我找人过来。下午这个市委的秘书长和管这块的局长过来了，说要多少嘞，我说越多越好呀。越多越好，你们要多少也得有个数呀。俺们说，给俺们 50 吨行不，（他）说可以，没事。说好了，你们等着吧，我把收据给你们拿过来，你们下午开车来拉也行。他们不让走，非让在这玩几天。他（耿长锁）特别受人尊重，他受人尊重，他也特别尊重别人。另外，我还跟着他去了一趟衡水，总共跟他出去过三趟。

问：您是 1947 年出生，对耿长锁办合作社，到后来的人民公社的印象是什么？

答：10 周年有那么点印象。20 周年的时候就知道了，搭的大戏棚，场面大，人也多，省里也来人了，北京的记者也来得多，河北省的记者也来得多，数二十周年最热闹。社长当时的名望也特别大，那时候全国各地来参观的多着呢！

问：那条地方小铁路是什么时候修的？

答：修铁路社长也不知道。要说河北省第一条通农村的公路，这是耿长锁那时候修的。

问：跟他有关系？

答：有大关系。第一条公路通五公，第一个拖拉机站建在五公，这都跟耿长锁有关系。

问：原先不是有个小铁路吗？

答：小铁路通磨头，磨头通饶阳，在五公西边，不直接通五公。

问：那跟耿社长有关系吗？

答：那个小铁路跟他没多大关系。

问：另外，弗里曼他们什么时候来的？

答：他们可能是 1975 年来的，1975 年还是 1972 年来的，好像是 1972 年，我那时候还在生产队呢。我接触他们是在 1984 年初，当时我到大队来了，当村主任的时候。

问：他们从 20 世纪 70 年代就来了，后来每年都来吗？

答：每年都来，1984—1988 年，这几年每年都来。

问：耿长锁去世后的几年还来？

答：嗯，还来。那会儿一开始饶阳不是开放县的时候，省市外贸跟着人，工商局跟着人；1985 年以后，饶阳是开放县了，就没人跟着了，他们到了饶阳租着那个小三马把他们拉来。他们特别讲究勤俭节约，比方说吃饭，他跟你吃饭，剩的都打包拿走，这些美国人特别勤俭。

问：您接待过他们吗？

答：嗯，比咱们中国人勤俭的多。再一个到城里他不是没钱呀，他有经费，国家给着经费，坐那个小三马，你租车租个小卧车啊，他租个小三马，特别勤俭节约。你看，他每次来了，在咱们这儿的食堂，县里跟着一伙子，市里跟着一伙子，都跟着他们一起吃饭，在这院子里。到后来了，改革开放上头不跟人了，不管了，也就不管他们饭了。耿社长在的时候，他们要说吃饭，社长一顿没跟着，没跟着他们吃过一顿饭。只有社长说你们来了，我请你们吃顿饭吧，叫着去家吃去，社长请他们吃饭才算跟他们吃饭。这个一般人真做不到。

问：他们当时是怎么采访的？

答：一开始是领着去家里，开放了以后就随便了，愿意找谁找谁，后来他们对村里都很熟了。外国人来最大的特点是，一顿饭也没跟他们吃过。只有叫他们到家去我请吃顿饭。

问：社长对外国人来采访这个事跟你们聊过没，他有什么看法吗？

答：他们是单独座谈。跟社长座谈，没人跟着。

问：他们采访的是哪些人？

答：也是耿社长原先那个互助组的人啊，合作社当初那些老人们。他跟社长直接接触，单独谈，没人跟着，大队里不跟着。

问：他们出了那本书后，社长看见过这个书吗？

答：看见过，那时候都是英文。

问：那他有什么反应？

答：得雇人，给翻译。也不是说社长那么精通，我觉得可能是社长去世的时候才整个给翻译过来。

问：他看了以后有什么感想？

答：我跟他没讨论过这个问题。

问：后来弗里曼就没有再来过？

答：我记得他们最后一次来的是 1994、1995 年，从那以后，最近没来过。

问：现在他们那边跟村里还有联系吗？

答：没有联系了，最后来的时候是 1997 年左右，再往后就没来过，最少有 10 年没来过。华中师范大学，弗里曼每年去那讲演去，华中师范大学每年来我们村调研来，是给国家制定政策提供依据的。全国选了 100 个村，其中有五公。为什么来五公呢？校长说因为有弗里曼。

问：他每年到华中师范大学演讲去？

答：每一年都去，去讲一次课去，一年一次，他们有协议还是什么的。今年我没见，来了两个学生，我没见，来了 7 天，走了。弗里曼讲课不用翻译，汉语特别精通。当时河北省来人了，衡水来人了，实际上那时候五公村人私下讲话，我们叫他"高级特务"。这个人对中国很精通，脑子极好使，他现在得有 70 多了，他来的最多。改革开放以后他来了，跟我说座谈一会儿，我说那座谈一会儿吧。他说我问你两个问题，当时一开始真把我问住了。第一个问题，你对你们的国家政策什么最高兴？我想他怎么问这个问题呢，怎么答复他啊。我说改革开放我最高兴。我再问你一件事，你什么时候最痛苦呢，国家的事。我琢磨琢磨，我说毛泽东死了我最痛苦。他瞪眼看了看我，行，行，不说了。改革开放以后那几年，他每年过来跟我了解村里的变化，村里有什么设想，从"组织起来"到改革开放整个过程，他都得了解概括起来。弗里曼学饶阳话的一些土语学得特别像，这样就让人感觉非常随和。出去串门，跟人一块儿玩，户里养狗特别多，他学狗叫非常像。这些老外体格特别好，一般的中午没休息过，吃完饭接着转，周边的村都转。

问：开放后来（弗里曼）想进谁家就进谁家？

答：嗯，周边的村他都采访过。

问：当初五公村的发展不仅是靠农业，还有副业比如打绳吧？

答：一开始搞副业，是小队刚组织起来，后来也是跟着国家的形势呗，重视农业，社长拿着农业特别当事儿。

问：你们那会粮食产量真过黄河过长江吗？

答：五公村的产量绝对是真实的。"大跃进"那时候各地"放卫星"，玉米、小麦一亩产多少，几吨。可是五公村向来没过放卫星，耿社长就是这点把握的最好，任你谁说我也不放，俺就是实事求是。产八百是八百，产一千是一千。

问：现在的每亩（玉米）打多少斤？

答：现在的产量比我们集体的时候呢，不能说不高，高点也高不了太多。我们集体的时候呀，能产到800—1000斤。现在高了呗，是1300斤，1400斤，最多是1500斤。

问：比那时候也进步不少，小麦呢？

答：按现在来说，1200斤。今年不太好，千数来斤。

问：那时候呢？

答：800斤。

问：那时候产量高靠的是什么？

答：那时候五公村农业好，为什么农业好呢？水，那时候我们打井多。那时候是人工呀，人工打井，这么粗的小竹管下去，一个大轮子。一个生产队有一伙人，一年到头打井。那时候水的条件，周围的村比不了，基本上都是旱地。

问：打井有机器吗？这些机器都是哪给的？

答：机器打井那时候不多，一开始都是靠生产队自己打的。那时候花不了多少钱，都是人工打井，一个大粗竹竿子，买一根这么粗的竹竿才花几个钱，打两丈深井里就有水了，用离心泵向上抽，抽出水来浇地。当时这个村最大的是得益于水，打井早。还有肥，那时候生产队积肥，村边地头都没草，草都铲了积肥，户里积肥，一车肥给几个工，一个工、两个工，那时候户里积肥的积极性高多了，每家每户都积肥。

问：积肥怎么给的工分？

答：不一样，分一等肥、二等肥、三等肥。那时候各户里都喂着猪，这是积肥最大的一项。

问：水、肥，还有呢？

答：种子。耿社长出名了，人们比较相信他，上外面购点好种子。有时候兄弟大队，你也知道，找去了人家给点好种子。那时候我们这个大队都能给点好种子。当时讲水、肥、土、种、密、保、工、管，农业"八字宪法"嘛。

问：其他方面呢？

答：那时候五公村平地平得特别早，不平地没法浇啊。那时候一般的地都是随高就注靠天吃饭，五公"组织起来"以后就开始平地，把地都平成园田，跟园子地似的，一畦一畦的。浇上水，肥有了，地平上了，种子有了，再管理好点，还有什么问题啊？那时候刚开始扬洋化肥，刚用化肥尿素。实际上产量就是靠这么逐渐提高的。五公村那一代农民真做了活了，上地里平地一天一天的，在地里搭着窝棚，中午不回来吃饭，在地里吃饭，插着旗子平地。那时的地高低不平，一块地高低一两米的落差，要把它平成园田似的，平得跟大镜子一样。当时来五公参观的多，周边省的都来这里参观，一看那地倍儿平，别处种菜种园子才弄成那样一畦一畦的，这里种地也弄成那样。特别是一到春天，麦苗长出来往村边一站，老多人参观，一伙顶着一伙。

问：当初产量特别高，现在比原先增长的并不太多，过去高产靠水、肥、种子、科学管理，现在也是靠这些，那是不是人们对农业的意识、重视程度可能就稍微差一些？

答：拿现在的农业来说，挖掘到这个程度，再挖掘达到特殊的高产也不容易了。咱河北省的小麦、玉米产的太多的，我也是网上看，凡是玉米能产到一千六七百斤的，这样的种子一定是好种子，而且密度一定得要求多高，还有管理呀、肥料呀能达到，这个地块的土质还得好，这样才能产到一千六七，这是特殊的，很少有。至于小麦，产到 1500 斤的，我没见过。

问：河北省第一个农机站后来怎么样了？

答：第一个农业拖拉机站呀，也是国家管理，俺们村不管，只是占到五公村里来了。拖拉机站来以前，五公村已经有拖拉机了，使拖拉机耕地了。那时候河北省单给了耿社长那个组一台拖拉机，叫东方红，已经开回来了。这以后两三年才成立拖拉机站，周边的村也就都开始使拖拉机耕地了。当时的机器比较笨重，都是大拖拉机，我那时候是大队队长，拖拉机耕地以后平墙沟，那么大那么深，还得拿土填平了。现在的技术是先进了，不用填那个沟了。当时人们的劳动强度特别大。

问：原先都是计划经济，都有大的农机站。现在市场经济下，专门有公司出租这些机械。

答：对。

问：分地以后村里每家都买过小拖拉机吗？

答：刚改革开放那会，百分之八十的都买小拖拉机，自己耕自己耩。实际上是一种浪费。一般的一家三四亩，四五亩地，也得买个拖拉机、播种机等，都得有，实际上是浪费。后来耕地的犁都扔了，卖废铁了。现在单有干这个的，到用的时候他自己就来了，你花点钱，给你做完就走了。

问：对。现在村里面每年有没有这种统计，报乡里、报县里，包括人口、土地、产量，包括各种商铺营业的情况，你们有没有这种统计数字呀？

答：现在村里面没有这个了，以前公社每年有一个统计员，每年管村里面要几个数，现在没这个了。

问：这个数字真实不真实？

答：应该是差不多，大队里几个人对村里情况基本都掌握，不能说一点出入没有，大的出入没有。

问：现在五公村的企业怎么样呢？

答：不行。我们村基本上没有企业，我们村现在的收入主要靠这么几块：一个是养殖，猪、鸡，特种养殖有狐、貉、貂这一块。再一个，两条街的各种门店，理发的、饭店、卖衣裳的、卖粮油的、卖鞋的，大概 200 家门店。农业上，不占正劳力，不占正时间，一人一亩地，用不着在家纯种地的，岁数大的就能做了。出去打工的又是一块，不上学的，20 到 30 多的，都在外面打工。俺们村再一块收入，就是 40 多岁到 60 多岁，最没材料的，什么也不能干的，就是扛脚，装卸工，你拉着东西来了，我给你卸了，这样的一年能收入一万多块钱。村里主要就靠这几块。再就是有什么企业呀，有三个面粉厂，有两个合线厂，有两个做食品豆的厂。原来的厂都关了。

问：原来那个油脂化工厂倒闭了？

答：倒闭了。原来俺们自己做了一个色织厂，那是我们大队的，经营不景气，贷了国家 200 多万块钱，还不起人家，光要。后头银行出了个主意，这么着吧，你们经营不善，你们把这厂子给了银行得了，后来把地皮和机器都给人家银行了。俺们经营了几年，也没落钱。现在好点的，就两个食品厂，花生豆，老四花生，一小袋二两。

问：老四花生这个厂子现在还有吗？

答：有，他做了有 20 年了吧。还有一个，也是做这个的。再以前，还有两个织塑料编织袋的厂子，前两年不景气，都倒闭了。现在村里别的企业基本没有。现在农村盖个房子，四间屋得十几万，好点的得二十万往上。人们收入还可以，生活水平比以前高得多了，现在不起眼的户，也能拿出十几万来。

新主任对老社长的记忆

李永利　**口述**　刘百恒　**整理**

采访时间：2013 年 7 月 18。2015 年 8 月 2 日、2017 年 8 月 3 日回访。

李永利（1951—　），男，1973 年"组织起来"三十周年社庆资料组成员，后曾与耿长锁第一任秘书张更立合作为耿长锁工作，1996 年后担任五公村村主任。

问：您大名叫？

答：李永利。

问：今年贵庚？

答：我今年 62 岁，是 1951 年生的。

问：您从哪一年担任五公村村主任？

答：从 1996 年开始。

问：您上过什么学？

答：我上过高中。当时饶阳县三个中学有高中，饶阳一个，官厅一个，五公一个，我毕业于五公中学。

问：您当过耿社长的秘书？

答：1972 年，为了准备开 1973 年三十周年社庆，搞筹备。当时上面也非常重视，报社记者、文艺上的也断不了过来。在这样的情况下，五公村党支部决定成立一个资料组，有 4 个资料员，我是其中之一，后来资料员就剩我一个。耿社长 1969 年当上了河北省革委会副主任，以后当过省政协副主席、省人大副主任，出去参加会议比较多了，有时候出去十天半月，县里就给他配了一个秘书，第一任秘书是张更立，当时他是从公社武装部干事调过来，跟了耿社长几年。当时我管资料，三十周年社庆结束以后，我和张更立就伴儿直接为耿社长服务，有时候一块儿写材料，后来这几年和耿社长直接接触比较多。当时我和张更立，还有公社里的一个人和工作组的两个人在一个院里；大队部在西边另一个院里。

问：耿社长经常出去开会吗？

答：上头开会就出去，完事就回来。他非常关心村里的生产，开会回来以后得马上去地里转转，检查生产和管理情况。那会儿他有一个特点，他穿鞋坏得非常快，为什么？他一刻也不歇着，经常走路，一双鞋20天就报销了。

问：您知道他去苏联的事情吗？

答：1952年去的，随中国一个农业代表团出国访问，那次出去了一个多月。出国的时候代表团成员一人做了一件呢子大衣，当时觉着很了不得，现在还保存着呢。那件大衣光出国访问的时候穿穿，回来就撂起来了，他一直挺珍惜那件大衣的。现在出国不算什么事儿，当时出国不容易啊，一般人没那个机会。

问：您是1973年开始和耿社长直接接触，那在此之前对耿社长有什么印象吗？

答：1973年，我22岁，之前主要是在上学。要说知道是肯定知道他，他是全国劳模，知名度很高，当时广播里不时广播他的事迹，正因为有了耿长锁，五公村在全国的知名度也很高，上过中央人民广播电台。但是，他这个人特别朴实，没架子。这一点，我的感触和体会非常深，特别是1973年进入大队，和他有了接触以后。"文化大革命"以后，老一代的劳模们不少人都走上了领导岗位，说实在的有的人就放松了，甚至犯了错误背上了处分。耿长锁不一样，他始终知道自己是个农民，知道自己是个劳动模范，不脱离群众。再一个1966年"文化大革命"后，1967年红卫兵串联，各村所谓的"当权派"都受冲击，像饶阳县的宋欣茹，也是全国劳动模范，她受冲击就比较大，可是耿长锁基本上没受到冲击。比方说，红卫兵来村里串联，北京大学、南开大学的，都是名牌大学的学生。这里有一个知名度很高的全国劳模啊，他们来了得想办法弄点事儿，就想批斗耿长锁。晚上，在大队部审问他，社员们自发自愿地去保护他，把会场冲击了，所以在那时候他基本上没受到迫害。

我觉着这是我那时候对他的印象，在这种大的运动中没有受到冲击，表明他当时在群众当中的威望是非常高的，得到了绝大多数人的拥护和爱戴。

问：在发展生产过程中，他不是单纯搞农业，在搞农业的同时还发展副业？

答：对了。这个村 1958 年以前是 10 个小队，1958 年成立人民公社以后，改称叫连，一连是三个小队合成一个，二连也是三个小队合成一个，三连是四个小队合成一个，先前的十个小队变成三个连，也就是三个生产队，三个生产队组成一个大队。大队下面有个副业组，还有个林业队，副业组和林业队直属大队领导。林业队种果木，比如杏、桃、梨、苹果等经济作物，收入归大队统管。再一个是副业组，纺经子、打麻绳是传统副业，做橡胶垫，（一九）七几年以后有拖拉机、汽车，这都是大队统管的。还有三个生产队，当时以队为单位，单独核算。各队在搞农业生产的同时，根据各自的情况也都有些副业。一队有传统副业纺经子、打麻绳，也有这摊儿。再以后，通过耿社长，从天津引进了合线机。二队有木叉子、合线、塑料编织袋。三队生产劳动服、塑料凉鞋。我记得不全，还有别的。当时这个村的副业在周围这一带，比别的村发展得强一些。到 1982 年，1983 年，集体不行了以后，都承包下去了，成个人的了。虽然当时的大气候是农村主要是以粮为纲，上级要求你 90% 的精力得搞农业，有一段说搞副业容易滋生资本主义，说副业是资本主义土壤，也批这个。但是人们还是搞，别管怎么说，你没钱不行啊，副业也是逐步地扩大。

问：那时候说亩产"过黄河"、"过长江"，咱这里是实实在在的吗？

答：这里是实实在在的，"上纲要"是 400 斤，"过黄河"是 600 斤[①]，"过长江"是 800 斤。

问：当时粮食增产主要靠的是什么？

答：水是农业的命脉，首先是水。以前是靠天吃饭，1958 年以后有点地下水，1963 年大水，1964 年沥涝，再以后天气逐步干旱。干旱怎么办？打井，挖地下水，用水浇地。先前人们还说用水浇地地肥庄稼不长，这里面也有一个认识过程。第二是肥。一个是大牲口，骡、马、牛、驴，一方面用于

---

① 应为 500 斤。

农业运输、犁地，另一方面生产一部分肥料；再一个是养猪，三个生产队都建有养猪场，养猪积肥，逐步地发展壮大。养猪在当时一个是卖钱，主要还是积肥。把秸秆放到猪圈，让猪踩，这样来积肥。当时，这村为什么比周围村产量高？水浇地条件比别的村好，养猪积肥比别的村发展得好，施的肥料多。还有品种。原先的麦子、玉米为什么产量低，关键是品种。种粮食，品种不行，别的再怎么也没用。

问：在科学种田方面，村里是怎么做的？

答：村里有试验田。当时是试验、示范、推广三步走。

问：当时怎么试验的？

答：专门有一伙人，专干这个，有几十亩地，看这个品种怎么样，种着行不行啊。当然，作物的品种改良和培育还得靠国家。

问：五公村的发展，耿社长起的作用是非常大的，与国家的支持也有很大关系，比如拖拉机站的建立，谈谈这方面的情况？

答：是，也离不开国家的支持。1953年十周年的时候，在五公村建立了河北省第一拖拉机站。我觉着他品质好，上面领导重视他，尤其是省委书记林铁和他关系不错，当然这是一种工作关系。因为这个村"组织起来"走共同富裕的道路比较早，国家打算竖这杆旗，所以比较重视，这是相辅相成的。在耿长锁的领导下，包括整个五公村，也没忘了国家的支持。不过那个拖拉机站不属于五公村，那些机器大面都是使用，说那些机器别的村不让使，光让五公村的使，不是这个情况，而是使用拖拉机的范围逐步地扩大。这么说吧，国家支持了五公村和耿长锁，而耿长锁和五公村也不忘国家的支持，事事处处想着国家。从对国家的贡献上头，这村生产搞得好，粮食产量高，对国家的贡献也大。当时国家缺粮食缺得很，打了粮食以后，当然人们的生活是相应地普遍提高了，可是也不忘国家，最典型的就是把好粮食都交给国家，交给国家的粮食越来越多，对国家贡献越来越大。粮食多了也不浪费，得交给国家，在耿长锁和五公村人看来，这是责任。为这个事儿，"文革"时期，耿长锁被开会批斗，有人问他，你这些年为什么把好粮食都交了国家，不把好粮食分给社员？耿长锁说："先国家，后集体，再个人。"总的来说，当时国家确实支持了五公，可是翻过来说，五公没忘了国家的支持，也对国家做出了贡献。

问：耿社长对根治海河的态度是什么？

答：我就去过一次。说实话上海河那活儿非常累，当时搞人海战术，开始人们还可以，到后期人们的生活条件逐步提高了，组织民工的工作越来越难做。当时大队干部也得去，轮流去带工，乔利广就亲自去带过工。我感觉耿社长对这个事儿也挺关心，是积极响应的，因为根治海河是毛主席提出来的。从大面来讲，根治海河，水利化确实是好，涝了解除水患，旱了可以使上水，当时确实是发挥了作用。可是饶阳这边呢，根治海河不明显。1963年大水以后再没发过水，别的地方能使上水，俺们这里使不上。这样到后期就有人愿意去，有人不愿意去，挺难弄的。一去两个多月，挺艰苦的，住大工棚，吃的也不行。

问：耿社长对他家人（后辈）的发展有什么好的坏的影响吗？

答：我觉得他大公无私，对家庭不能说一点儿私心没有，但是他的思想觉悟确实还是高，尽量不给国家、不给上级领导找麻烦。拿他个人来说，原来他是挣工分，（一九）六几年以后，那时候因为工作耽误劳动出工，国家给了他点生活补贴，一个月几十块钱，以后就不挣工分了。你要说当时给点生活补贴，再挣点工分，也说得过去。但是他拿了生活补贴以后，村里的待遇就不要了。至于人家孩子们出去，都有各自的情况，不是说就是因为他。

问：以前有几个美国人来过并写了一本书，您对那本书有什么看法？

答：有四个，我都接触过，跟他们都很熟，那本书我也有。我个人是这个观点，西方国家的思想意识和中国的不一样。他们来过十几次，了解的情况比较多，有正面的，有反面的，我觉得应该看主流，这本书的主流应该还是可以的。当然，书中有的地方比如说耿长锁他们家族势力、用人上等问题，实际上当时不是那个情况。比如说用人方面，平常干工作当中，有事能说到一块儿，有劲能使到一块儿，那么老跟着他紧着干，那他就觉着合适；你不干工作光找毛病，他能找那样的人吗，是不是这个道理？

问：村里的人对这本书印象怎么看？

答：说实话，村里有多少人认真去读呢？这本书还不好读多了，我也是大体上看一下。这本书的主流还是可以的，这样就得了，别去求全责备了，我是这么认为。你想，他们来了十多次，前后十几年，最后你非得说那本书百无一是，否定它也没什么后期价值。

问：对集体化时期和现在的农业发展比较，您有什么感想吗？

答：在农业上，我觉着改革开放以后确实发展快，集体化时期百分之大几十的人搞农业确实浪费人，当时农村的条件也不行，机械化程度低。现在社会整体上进步了，包括各方面的，科学种田水平比以前进步多了，农业上粮食产量也提高了，小麦亩产 1000 多斤，棒子亩产一千三四、一千四五百斤。现在产量高最主要的是品种，现在各家各户对种子非常重视，人们宁愿多花钱也要买好种子。另一个是机械化程度高了，现在为什么人们还愿意种几亩地？因为每家种几亩地根本不影响干别的事，现在种地反倒成副业了。我觉着，这个状况慢慢还得变。

问：这个村目前有没有土地流转的情况？

答：也有人找呢。附近宋桥村这几天就有，一亩地每年 1050 元，一租下来立时给钱，提前预付一年的。

问：老百姓乐意吗？

答：今儿上午我跟宋桥村的支部书记还说起这个事了，据说也不行，不太好弄，说成一家立时给钱，但是有的就是说不成，本来打算找 2000 亩，才弄成了二三百亩的样子。老百姓什么脾气秉性的都有，好事儿有时候也不一定顺着你的意思去干。我觉着慢慢地国家应该出台什么新政策，有的人光指着这玩意儿跟你僵持，极端民主也不行。

问：跟集体化时期相比，现在不少农村的公益事业没人管，环境卫生相当差，您怎么看这样的问题？

答：公益事业需要钱，集体要有钱才能安排，你要没钱可不就没法儿管。国家越是发展快，环境卫生这个矛盾就越突出。我有时候出去，发现在偏僻点的小村产生的垃圾就少，越是热闹的集镇产生的垃圾就越多。比方说俺们村，产生的垃圾比人家多得多，怎么办？俺们为这个问题也是老发愁啦！目前只能挖个大坑填埋了。再一个，在硬件方面这些年投资不少，村里大部分地界还不错，可是一到麦收雨季就看出来了。村里东头有的地界，路上一层树叶，到雨季因排水不畅，弄得泥泞不堪。人们环境卫生意识增强了，可是还有待于进一步提高。现在是这种情况，老百姓自己家里的卫生搞得不错，自家院里收拾得挺好，但不注意公共卫生，公共卫生意识不行。这个村的卫生问题非常牵扯精力，什么法儿也试过，效果都不太好。总体上，现在的柴草存放造成的环境卫生问题比原来好多了，原来的秸秆得烧啊，现在烧秸秆的少了，大部分秸秆还田了，要不介还不行。所以农村要是搞得跟城市似的，确实还得花大力气。

问：责任制以后，一家一户的小块土地与农业机械化发展不适应，这村是否面临这样的问题？

答：这个问题不突出，因为这村当时分地的时候地块比较集中，一般一户就两块儿地，地块儿少，地块儿相对大。虽然这村里地少，但是比较集中，还好点。

问：通过和耿社长比较，作为现在五公村的村主任，在向耿社长学习方面，您有什么感想吗？

答：我觉着，耿社长这个人说老实话，办老实事，做老实人，"三老实"他做得非常到位。在这些方面，一般地没人家做得好。再一个人家职位高了，但是平易近人，这方面一般地也不好做到。他亲口给我说过一个事儿：有一次去石家庄开会，在宾馆跟他一块儿住的也是一位老劳模，他说那个人躺在床上，往地上吐痰。他说咱应该保持房间的清洁卫生，尽量少给人家服务员找麻烦。他在这方面特别注意，所以他非常看不得这样的事儿。

一名"四孤儿"的回忆

李孟杰　口述　樊孝东　整理

采访时间：2013 年 7 月 22 日。

李孟杰（1940—　），男，五公村"四孤儿"之一，1960 年在北京卫戍区当兵，1978 年以连级干部转业，1981 年在县司法局工作。

问：您多大岁数了？

答：1940 年出生的，74 岁了。

问：您就是那四个孤儿之一吗？

答：嗯。

问：（入组）那年是几岁上的事？

答：俺八岁上的，俺姐十岁。

问：那时候您家里面是个什么情况呢？

答：俺记不太清楚了，俺爹实际上俺没见过他，他出去了，去福建了。俺娘死了以后，那是（一九）四几年，1947 年，后来就上了互助组了，就收留了我们。

问：当时您家有多少亩地呀？

答：3 亩地，地当时是白沙土地。

问：您是这个村的人吗？

答：就是这村的。

问：当时自己有房子吗？

答：没有房子，在别人家住着。没房子，一间房子都没有。

问：那时候入了组之后，记得印象比较深刻的有什么事？

答：吃人家粮食，组里给呗，参加劳动。地里怎么分的，那不太清楚。

问：您入组之前上没上学？

答：没有，8 岁没上学呢。入了组之后才上的学，得十来岁以后才上的学。

问：什么时候当的兵呢？

答：初中，上初中的时候。

问：哪一年当兵走的呀？

答：1960 年。

问：对耿社长印象比较深的是什么？

答：我们那阵没人管，耿社长经常来看看，看有吃的没有呀，冬天有没有棉衣。

问：你们做针线活当时是谁给做的？穿的衣裳，春天的单衣，冬天的棉衣。

答：我记得不太清了，反正俺姐知道。

问：在哪儿当的兵？

答：北京，北京卫戍区。

问：在部队待了几年以后回来的？

答：18 年，1978 年回来。

问：转业时候是什么干部？

答：连级。回来了在公社，在小堤待了三年，后在司法局，管司法。

问：从小堤找的工作？

答：嗯，到 1981 年，在小堤待了三年。

问：当兵之前在生产队参加过劳动么？

答：没有。我十一二岁上学，初小四年，高小两年，初中三年。

问：谈谈耿社长和老徐的事？

答：……

问：您不愿意回忆以前的事情？

答：不是，我这脑子迟钝了，得了脑血栓，腿也不得劲，哪儿也不愿去。

"八姐妹"小组第一任组长的五公情结

卢　果　口述　杨学新　整理

采访时间：2013 年 7 月 23 日。2014 年 8 月 6 日回访，2015 年 8 月 2 日回访。

卢果（1949—　），女，原名卢建国，后改名卢果，"老四户"之一卢墨林的孙女，1964 年上初中，曾担任五公村"八姐妹"小组的第一任组长，一队妇女队长，持枪民兵。1972 年结婚，嫁到王桥村，担任生产队会计、妇女主任，后回五公村开门市做小生意。

问：当初五公村是远近有名的，姑娘都往这个村嫁呀，你怎么嫁到别的村去了？

答：那个时候该不着嫁这个村，就是有人介绍，对了脾气，我嫁到王桥村，也不远，是邻村。

问：现在孩子们生活也都挺好？

答：挺好，两个小子，都没在家，都在石家庄呢！一个是石家庄裕华区工商局，一个是高速公路管理局。他们上学时都可以，都是前几名，那时候国家也管分配。上的都是中专。老二是上的交通学校；老大是上高中后，工商系统有指标，又考上石家庄的工商学校，要不他也上大学了。当时家里供不起，说走一步算一步吧。

问：您爷爷是"老四户"之一，您从记事起对他们那个互助组、合作社有个什么印象吗？

答：我是 1949 年出生，那个时候已经不是互助组了，已经成立合作社了。

问：说说您亲身经历，见过的，或者从老人们口中谈起来的那时候的事？

答：合作社我不记得了，人民公社的事记住了。

问：什么时候您爷爷没的？

答：俺爷爷活了 92 岁。我儿子两三岁上，死了三十六七年了吧。

问：他跟耿老他们岁数差不多？

答：不是，长锁爷爷的岁数小，数俺爷爷岁数大。

问：您哪一年初中毕业呀？

答：到俺们上初中就不行了，光剩玩了，1964 年俺上的初中，才上了一年多。

问：什么时候参加劳动？

答：1967 年到 1968 年吧。

问：您爷爷是"老四户"元老级的人物，当初您毕了业，对您有什么照顾没，比如保送上大学？

答：没有。我上初中那时候，村里不让人们出去，这村没出去多少人呀。赶上"文化大革命"，老师们也不好好教，没有说照顾，不像这会儿呀！当时光说农业干好就行了，种好地就行了。这村里条件比较好，以种地为生呀！

问：您是卢老先生哪个儿子的女儿？

答：老大。

问：您爷爷几个孩子呀？

答：俺爷爷三个小子，两个姑娘。

问：有没有听到过老人说起当初"老四户"或者互助组时候的一些事呀？

答：互相照顾，互相帮助。那时候长锁爷，谁家有事呀都帮忙。我以前的事呀记不住，才十几岁，我上初中是十五岁，1964 年。我上学晚，俺们家里弟兄多，那时候不让我上，光让我看孩子。

问：您是卢老先生的孙女，是不是上学那会感到很光荣？

答：我上初一的时候，还提这个嘞，宣传"组织起来"合伙挺好的，"文革"以后就不提了。当时总觉得挺光荣的。我记得我上初中时，还写过一篇文章，还给登了。具体的忘了，就是有这么个事。

问：写过一篇文章，还登了，具体是什么内容？

答：反正咱当时是写了合作社的什么什么事。俺们上初二开始"文化大革命"。这以后，我是觉着好像吃亏了，一开始还行。

问：老人们当时团结起来，靠的是什么精神？除了耿长锁的带头作用，有没有其他方面的因素？

答：是，那时候互相团结劲就大得多了，互相帮助得劲，那个时候的人们实在，谁有什么困难呀，都互相帮助。俺们小时候呀，见着老人吧，反正从心里就愿意帮助人家。这后来，我觉着呀，头"文化大革命"呀，俺们还上初中哩，这个村里人们参加义务劳动的多多了，净参加义务劳动，不计报酬。

问：说说义务劳动的事儿？

答：嗯，俺们十几岁的时候，下午去掰棒子，那个时候人们不说多少报酬。当时机械化程度不行，人拉车。那时候放着假，我们也参加过，比俺们大的那一拨儿，后响净拉车，根本不要工分。那个时候的人们思想境界高，团结。

问：那个时候老哥几个的关系很好，是不是经常在一起聊天呀，关于工作，生产这些？

答：就是呀！有什么事呀，大伙商量商量。那个时候成立组呀，不像现在单干，自己管自己。我记着那个时候上队里，有事就去生产队，人们心齐。当时上生产队里一个是开会，再一个是学习，还有演节目。

问：您兄弟姊妹几个？

答：俺们兄弟姐妹们多呀，俺们一共弟兄7个，我有5个妹子，一个弟弟。

问：为了要这个弟弟呗？

答：可不是，我是第一个，和俺弟弟差了21岁。

问：那您肯定特别疼你弟弟，他现在怎么样？

答：那肯定的。他现在不错，村里数不着第一也得数第几，搞特种养殖呢，养貂、貉、狐。

问：当初"老四户"的子女们有没有搞过特殊？

答：没有，没有沾上光，一个也没出去。我上学吧，那个时候赶上"文化大革命"，要不我上学还可以，后来没那个条件了，"文化大革命"耽误了好几年，都20好几了。我24岁结婚了，我说让孩子们上学吧。我们俩孩子上学都特别棒。

问：您看都是"老四户"，耿社长家也出去了几个？

答：他们出去了。

问：他们一开始也是在家里干活，后来当拖拉机手呀什么的，是不是人家都是找了婆家以后出去的？

答：他们什么时候出去的，反正耿占录我知道，他比我小一岁，当兵出去的。响姑姑（耿响）是怎么出去的我不知道，是教学出去的。捧姑姑（耿惠娟）出去的晚，那是怎么着上石家庄去了。她们比我大，俺是赶上"文化大革命"，没让考学，你说是呗？俺几个妹子，"文化大革命"都耽误了，吃亏了。

问：现在"老四户"的这些后代们都过得怎么样？

答：都不错吧。有搞养殖业的，有种植业的，我觉得挺好。

问：相对来说，在这个村都是致富的带头人？

答：是，对。我现在在五公开着门市呢，我不会农业，经商了，哈哈。

问：那其他两户呢？

答：李砚田没有孩子，养了个闺女，结婚以后在这待了两年就走了，回了塘沽的婆家了。她过去在县里织布厂当工人，是县委书记李春雨给她找的。这一家现在没人了。乔万象家人不少，乔连起、乔顺起他们，好像是承包林业队，都有了钱了。像俺们那个时候赶上"文化大革命"，可没有谁照顾，根本找不上，没那个机会。

问：原先那种团结互助，包括家庭那种和睦也都传承下来了？

答：有这个因素。从小受的这个教育，包括孝敬父母，关心别人，有困难帮助别人。

问：当年你丈夫追求你，这里面有没有因为你家是"老四户"这个因素？

答：就是这样，他就是崇拜"老四户"，后来他说把小子的户口落到这个村。

问：那个年代人们的思想觉悟高，工作热情高。

答：对，对，对。我觉得那个时候啥也搞得不错，人们也不说这累得慌，那累得慌，就算累得慌也不说，反正白天参加一天劳动吧，都是义务，那个时候什么都搞得挺好的。

问：您是持枪民兵不？

答：是。我是毕了业那年，1970 年。

问："八姐妹"是什么情况？

答：我就是"八姐妹"其中的一个。我是大姐，"八姐妹"小组的第一任组长，我岁数比她们都大，那都是不上学了以后的事。

问："八姐妹"是学习毛泽东著作吗？

答：那个时候差不多天天晚上学习，白天做活。那个时候帮助人的多呀，人们拿着这个做好事当经常事，不觉得什么呀，就跟义务劳动似的，就是成了平常事了，学习都形成制度了，都自觉。那时候别管是帮助困难户了，还是参加义务劳动，当时机械化程度不行，人们的体力劳动就大点，当时年轻，也不觉得怎么着累。白天做一天活，晚上就愿意去玩，没觉得是去学习了。那时候唱歌会，赛诗会，我开始还不会写呢，净去听了，觉着各种活动都搞得挺好的。

问：赛诗会您参加过没？

答：赛诗会，俺可参加过，就是没写过。那时候俺们小啊，净是上一伙的，香菊她们，她们比俺们大七八岁呢。俺们是下一拨儿，"文化大革命"这一拨儿的。那时候人们都团结，互助友爱，这方面形成一种风气，也不觉得吃苦，没这个想法。

问：当时卢老先生对您也有影响吧？

答：是。人们那个时候都互相帮助，我不知道是不是出生在这样的家庭的原因，从小就知道帮助别人，为别人服务。我从来没觉得吃亏，都愿意为别人着想。

问：当时这个村里对孤寡老人、五保户是怎么照顾的？

答：当时你不用说，就去照顾了。那个时候帮助五保户，已经形成习惯了，自觉了。

问：都是义务的？

答：都是义务的。那个时候做这个活也不觉得冤，觉得光荣。也许是因为在五公村，从小受着教育，觉得帮助别人光荣。

问：包括大队里吗？

答：大队里也去。照顾得好啊，干部去走访，特别是党员，轮着去走访，去给他们端屎端尿。老徐奶奶别看是小脚，干什么都跑在前头。我那时候上学，也还去呢！星期天还愿意去给人家扫扫院子，从心里形成了一个习惯，一到礼拜天就去帮助这些困难户、五保户。

问："八姐妹"学习是先进，生产是模范！当时都是什么时间学习呢？

答：都是在休息时间学习呀！

问：平时生产，也是相当于突击队？

答：我当过一队妇女队长，领着女的们做活。这是后来，我应该在队里已经待了好几年了。那个时候下午学习，不是学习就是开会。白天干活，这个干吗，那个干吗，指挥指挥人家呗。

问：那时候妇女劳力主要是干什么？

答：那个时候，不只顶半边天，我给你说，什么也做，应该是多半边天。男劳力有上副业的、使大车的、使小车的，这样的活男的多；地里干活的大部分是女的，割麦子、装棒子，都做，有时还净起早弄，有时黑夜做活，像剥棒子都是黑夜。

问：现在你们"八姐妹"都怎么样？

答：这会都是东一个西一个嘞！

问：您哪一年嫁到王桥村的？

答：1972 年结婚，1974 年生的大小子。

问：您从五公嫁到王桥村，那您感觉这两个村有什么区别吗？您过去以后，他们村对于五公村，对于您爷爷他们那一辈人是怎么评价和认识的？

答：我觉着这五公村的人觉悟高。我上他们村里去了以后，什么也是带头。我生下老二以后在王桥村当了一气儿会计，还当了一气儿妇女主任。俺家里的上班（工商局），我弄着孩子，我不干非得找我，人家说我能行，我说不行，没人给我看孩子，人家说你弄着孩子也行，带着孩子开会去。我当时是在生产队里当会计，大队里没当过。后来实在不行，我带着孩子，弄了不到两年。

问：王桥村生产各方面怎么样？

答：那个村不行，打井晚。

问：这村打井打得早？

答：这个村水利条件比较好。我嫁的那个村里的条件没这村里条件好，地多没水，打不了粮食。

问：那个村一个人多少地？

答：一个人平均 2 亩多地。那个村的地多，这个村的地少。那个村里 1981 年就分了地了，这个村里分地晚。

问：从您的角度看，这个村为什么分的晚了？

答：这个村不愿意分，愿意合，咱"组织起来"多少年，又分，当时不同意。我记得当时俺爹生气的多了。那个时候我结婚走了，俺兄弟才多大，俺爹老是说：过不了咧，过不了咧！俺弟弟后来说不上学了，俺们姐妹几个都结了婚，前后都走了，我四个妹子都嫁到五公本村了，还有一个嫁到耿口的。俺兄弟不上学了以后，岁数还小，后来就是俺五妹子净做活了。俺爹那时候怪生气的，他岁数大了，不愿意分。你想想，"组织起来"好几十年了，从 1943 年到 1983 年，40 年了。

问：老人们对这个分田到户到底是什么心态？

答：俺爹那个时候是不同意。他不同意也没办法呀！那个时候俺爹总说：过不了咧！刚组织得好好的，又分。人家别人都同意你也没办法呀，不分也不行。

问：耿社长对这个责任制是什么态度呀？

答：他也不同意呀！我觉着 1981 年到 1983 年，一直是学习呀、宣传呀，直到 1983 年才算开了窍。1983 年社长就给人们开了个会，接受了这个事，给人们讲了讲。别说长锁爷了，俺爹还总说，没法儿过了！我觉着刚一说分都接受不了，哪个村也接受不了，赶过一段，都转过来了，你也得转弯。

问：原来这个村比别的村强，说白了当年就是别的村的样板，现在这个村跟周围几个村比较起来，在经济发展、收入水平方面是个什么状况？

答：当年这个村从"组织起来"以后，就没说缺过吃缺过穿，我嫁的那个村就是没粮食吃，房子也不行，我刚嫁过去的时候，给了我一个破屋。现在应该差别不大了，别的村有企业，几千万的厂子没贷款，咱村里算比较平均，没太有钱的，也没太穷的。现在养殖业又行了，光种植发不了大财。

问：就您个人感觉，王桥村分地之前和分地之后比较，有什么不一样啊？

答：他村里分了比不分强啊，他原来啥也没有，地里打不多。

问：分了地之后产量高了？

答：分了以后产量高了，那个时候不够吃。他地里不知道怎么了，没水，主要是没井。

问：当初王桥村已经分了并且已经体现出优越性，是不是回来五公村给您父亲做做思想工作？

答：不行，做不了，俺爹还难受呢。

问：为什么？

答：刚分了那会儿，优越性不显，一下子体现不出来。那时候得自己买种子、买化肥，还得自己收麦子、打麦子。

问：当时你们村 1981 年分的，五公没分，你们是怎么个心态看这个事情？

答：当时分了，头一年分了，打的粮食多了，觉得分了也挺好的。当时刚分了，还不知道这个事。分了以后，过了一两年，打的粮食多了，就接受了。

问：您为什么在这个村开门市，现在自己做买卖？

答：我还愿意在这个村，羡慕这个村。我老头也是，所以他愿意把俺们老大户口落在这个村里。我走了十几年了，始终不愿意离开这个村。

问：你们"八姐妹"当初的那种精气神，是不是始终保持了？

答：我这个脑瓜，还是光愿意为别人。

五公"八姐妹"与她们眼中的耿社长

王捧菊　陈素琴　耿素君　徐宽荣　**口述**　杨学新　**整理**

采访时间：2013 年 7 月 23 日。2014 年 8 月 6 日、2015 年 8 月 3 日回访。

陈素琴（1914—　），女，1962 年深县中师毕业，1962—1968 在东沿湾村中小学任教，1968—1996 年在五公小学任教，曾任五公小学副校长。

耿素君（1956—　），女，1971 年初中毕业后担任村民兵连副指导员、妇女队长，多次被评为市、县级"三八红旗手"、"五好家庭"、"十星级文明户"。

徐宽荣（1941—　），1961 年初中毕业，1968 年入党，历任五公村共青团宣传员、民兵营教导员、村妇代会副主任、第三生产队妇女队长。1970 年结婚，曾任北马村党支部副书记。

※王捧菊、陈素琴、耿素君、徐宽荣，四人都是五公村毛主席著作理论学习小组"八姐妹"成员，其他成员还有卢果等人。

问：当初粮食过黄河、过长江，这村里是什么情况？
答：这村里亩产超千斤，贡献超百万斤。
问：交公粮吗？
答：嗯。
问：过黄河、过长江都是真的呗？
答：这村里产量都是真实的。
问：出现过这种典型的虚报了，耿社长批评大家不能虚报，必须实事求是这种典型的事件吗？

答：没说下头虚报，批评这种东西。他就是提前开会教导人们不能虚报。

问：他通过什么教育大家，试验田？

答：他用庄稼话来教育人们。他说，一亩地产那么多山药，产了么？咱们啊，一个人算一块山药，比方说这么大块（比划）的山药，一个挨着一个，长这么一地，能有那么多斤呀，能有那么多吨呀？他用这样的话来教育人们，要坚持实事求是，不能虚报产量。

问：五公村里妇女参加劳动、男女同工同酬这方面的情况怎么样？

答：劳力分班，分壮年班、青年班、老头班、老婆儿班等。也讲互相照顾，像体力壮的做重力气活，体力弱的给找点轻活。人们挣工分，一个拼一个，有的体格弱点的男的，还挣不过一个妇女呢。当时妇女们什么都做，能开拖拉机、开柴油机，还是手摇的那种。那个时候男的、女的一人一辆车到地里拉棒子；使三轮车上地里送粪，俺们去跟车。

问：当初"八姐妹"是怎么个情况？

答：俺们是理论学习小组，学习带头，劳动带头，修河修渠呀，做啥都积极。

问：都是自发的吗？

答：对，都是自发的。晚上去场里义务劳动，俺们义务劳动最多。白天俺们去装棒子、收棒子，晚上剥棒子，一剥剥一个晚上，一边剥着棒子还唱歌。第二天问是谁做的，无名英雄，还没人说谁做的。白天队长派了活儿说做什么，晚上就做完了，第二天队长一看做完了，还得另派活儿。那个时候思想觉悟太高了。

问：有一条公路都是你们修的？

答：下午去修的，推小车，义务劳动。这会儿人们钱少了都不干，俺们那会都是义务劳动，干了还不说，偷着干活。

问：那会你们有挑过河的吗？有挑过海河的吗？

答：俺们修过渠。

问：修渠是在本县吗？

答：是在本县，中午自己带着吃的。

问：原先是不是在这修过水库呀？

答：没有，咱没修过。

问：你们劳动之余都是俱乐部的成员吧，学习、娱乐、唱歌什么的？

答：俺唱歌不行，都是三句半、对口词啥的，也是宣传呗，说三句半都是自编的。那时候上早学，上夜学，上民兵训练，那会儿俺们都是持枪民兵。

问：你们"八姐妹"都是持枪民兵？

答：都是持枪民兵，有时候晚上没事一吹号赶紧就集合了，搞军事演习，几分钟就得起来集合好，俺们当那个特务连，演练。

问：拉练最远到过哪里？

答：到饶阳县城去了。

问：当时男女同工同酬方面介绍一下吧？

答：男女劳动没什么差别，也多少有点，男的工分比女的多点。那时候评工比较公正，一个大组分多少个小组，小组给这个人评工，半数以上工分是像这么评的。

问：耿长锁有几个子女？

答：五个女儿，两个儿子。大儿子当兵了，现在80多岁了。他二儿子比俺们大两岁，在队里干活，后来也参军了。他一个女儿高中毕业回村参加劳动，后来当了民办教师，再后来转成正式教师了。

问：他的子女们也一块参加劳动吗？

答：一块参加劳动。他外甥张满囤原来就是一队的副队长，后来当正队长，再后来是大队党支部书记。

问：他有一个女儿是拖拉机手？

答：三女儿，她是第一个女机手，现在也得有80岁了。后来认识了一个当兵的，他在部队从报纸上看到第一个女拖拉机手，他俩通信认识的，结婚以后跟着他走了，在天津呢。

问：王书记（王捧菊）是耿社长几闺女家的（儿媳妇）？

答：大闺女家，大闺女的二儿媳妇。俺婆婆一直在村里，耿社长的其他子女都不在家，一直跟着我婆婆。

问：原先那几位美国的学者在来村里采访，对他们有什么认识和想法呀，对他们的那本书有什么评价呀？

答：当时俺们还参加了座谈会，有时候是翻译上的问题，也有可能是认识上的问题。他对咱中国的社会看法不一样。有那么多的人名和事儿，我看他出的那本书上都不对。

问：什么内容不对？

答：人名和那些事都不对，张冠李戴的事不少。同是一件事，咱们认为那是积极的，他们看法不一样，咱从这面看，他从那面看。

问：他们来的时候跟大家的关系相处得怎么样？

答：关系处得挺好，人们待他们都挺好，他们和人们说话也挺好。一开始来还得翻译，待着待着，后来都不用翻译了，简单的会话都会说了。他们还住到户里了，在户里一块吃一块住，户家真拿他们当客人，对他们都挺好的。他们来了好几回呢。

问：王书记现在是五公村党支部副书记、妇女主任，跟当初耿社长相比，觉得在工作作风、工作方法各方面应该如何向老社长学习呢？

答：俺们刚上地里干活儿那会儿，社长经常到地里跟社员们一起干活儿。俺们刚学干活儿不会呀，你像割麦子，俺们捆个子，捆上了一会儿就开了，社长就教我们怎么打腰儿、怎么捆，他亲自示范教给我们。锄地的时候，他一边说着话一边教给俺们，他说你们锄过的地，锄完以后都踹实着了。因为俺们倒脚倒得不对，一边锄着一边踩着地，锄过去了也踹实着了。他亲自教俺们怎么倒脚，你这一步踩到哪儿，下一步踩到哪儿，来回倒着脚，等锄完了以后，地才能特别松软，脚印儿就有限那几个脚印。社长挺平易近人的，在一块儿有说有笑的。

问：耿社长是一个不善言辞的人吗？

答：你要让他说大理论话，他不会。你要让他给老百姓聊天儿，他有话。他跟一帮老头儿们，也爱开玩笑，也爱逗着玩，跟老人们闹，特别随便。

问：生产和生活当中的典型事例，给我们介绍介绍？

答：往常他净上地里去做活嘞，他岁数大了病了以后，家里人把他的锄头和铁锹给藏起来了，不让他去了。他不愿意，他还得别管从哪儿找个铁锹、锄头，拿着就上地里去了，这儿锄锄，那儿走走，上地里转转。他爱做活，闲不住。他能出去就出去，和人们打成一片，和人们走得特别近。俺们在地里做活儿，他过去了以后一块和我们做活儿。到中间歇会儿，就跟俺们坐一块儿；俺们学习，他也就讲解讲解，还照了相。像他去了学校里，跟学生们说说，小朋友，好好学习。去了办公室跟老师说，你们要好好教育孩子，他们是国家的栋梁，你们应该怎么、怎么教育。人们听了他的话，没人感觉这是个大官，都说他平易近人，不害怕他。

问：他给你们讲哪些事呀？

答：什么也聊，挺随便，拉家常。教育人们好好学习，好好劳动，教育我们要艰苦朴素的话说了不少。比如说，小年轻们说要买新鞋，他就说你这个鞋还没破，还能穿，就买新鞋啊。有一回他回家，把他家孩子们不怎么穿的鞋都拾掇出来，说你们看你们这得有多少双鞋呀！他看见浪费就受不了。他吃饭别的没有，有个芥菜就行了，一直到后来俺们都知道他爱吃芥菜。芥菜那么好吃啊？他就是想着那个时候能吃上这个就挺好了，不要求有多好。

问：耿社长的老伴是童养媳，他的家庭生活是个什么样子？

答：老徐奶奶当过妇女队长，当时叫场头，管着麦场，场里的活儿都是她管。夏天收了麦子，秋里收了棒子，麦场里的活儿都归她管。他家家庭和睦，上敬老下敬小。他们家是一大家子，兄弟妯娌之间可好了，从来不闹意见。不仅家庭和睦，跟邻家也特别好。村里哪家有什么事，他老伴儿徐树宽都是跑前跑后的。他们一大家子，人特别多，有在北京的，有在天津的，有在石家庄的，一到过年过节这一大家子都聚在一块儿了，八十来口子回来都来这里。可好了人家，村里都羡慕人家，这也是受了老人的影响。俺婆婆①80多了，今年去世了。

问：我们去年来还见过她，胖胖乎乎的，她原来身体不是挺好的吗？

答：急性心脏病发作，一下就不行了。她从来不歇着，挺爱做活，她做的鞋多多了。80多岁的老太太，给这个做个拖鞋，给那个做个拖鞋，用布做的棉拖鞋，闺女、外甥、孙子、孙女，大人孩子都有份，做那么多。

问：耿社长最后是跟着他大女儿？

答：跟着她，她跟社长生活的多，社长的衣食住行都是她照顾。

问：老师（陈素琴）是哪年出生的？

答：1941年。

问：您是从外村嫁来的？

---

① 指耿长锁大女儿。

答：嗯。

问：您当初为什么选择嫁到这个村来，周围的村对这个村是一种什么评价？

答：都是羡慕这个村，都觉得这个村好，外村的条件不如这个村。一说五公，都愿意来这个村里找个婆家。那个时候人们有这样的话，"五公的笤帚疙瘩顶一个脑袋"，意思是说五公村只要是个男人就能娶上媳妇，不管瘸的、拐的、傻的、呆的，都能娶上媳妇。那个时候这个村里没光棍，你看现在光棍多多啊。当初这个村一个工能分一块多钱，别的村一个工才两三毛钱。

问：那就是说五公村不仅是农业发展得好，还有副业？

答：副业也不少，三队一个工能分到一块三，咱们队（一队）里分到一块一，二队的稍微差点，能分到七八毛钱，后来块数来钱。

问：那个时候过年过节，村里有什么福利吗？

答：集体有猪场，过节的时候弄几头猪杀了，一个人分几斤肉；磨面都不花钱，磨坊是集体的；发菜票，拿着票去买菜。

问：那会儿的红白喜事，跟现在一样吗？

答：那个时候破四旧，不能送钱，送几样东西还得退回去。过礼的时候，原先是给块布或一件衣服，给的彩礼都给退了。人们送的东西大队里都给展出去了，谁家送的这个，谁家送的那个。当时提倡送《毛主席语录》、钢笔和本。结婚的时候是举行集体婚礼，陪送的给个大镐，给把铁锨。

问：当时集体婚礼吃饭吗？

答：不吃饭，跟开社员大会似的，人们几点到齐。新郎站在一边，新娘站在一边。

问：还不是站成一对一对的？

答：俺们记得不站成一对一对的，按照顺序，左边、右边男女分开站。

问：谁给主持呀？

答：妇联的头儿、支部书记、青年团分支书。像耿社长呀，他也参加，大队干部都参加。

问：这种场合耿社长是不是要讲话？

答：讲话，说点艰苦朴素呀什么的，教育人们的话。

集体化时期五公村的妇女工作

李文英　徐根①　**口述**　刘百恒　**整理**

采访时间：2013 年 7 月 19 日。2015 年 8 月 4 日、2016 年 7 月 28 日回访。

李文英（1948— ），女，1973 年曾在大队主管妇女工作，后因抚养孩子，长期在村务农。

问：您今年多大岁数？

答：65 岁。

问：您是哪一年进的大队？

答：1973 年。

问：那会儿您多大？

答：20 多了，25 岁吧。

问：进了大队做什么呀？

答：出去开会，做计划生育、妇女工作这些方面的，那个时候妇联主任是乔文芝。当时计划生育不像现在都是去医院，也不是集中起来，当时给人们发药、检查都是到户里，一户一户的。

问：那个时候做计划生育好做吗？

答：这个村里好也说赖也说，要的多的三个，四个的基本上没有。

问：那就是说工作相对来说还是好做一些？

答：还是好闹，那时候。

问：您去户里去给人家做计划生育工作的时候，怎么给人家做工作？

---

① 徐根——见本书第 73 页。

答：联系上头给人家讲，计划生育怎么地，有的也是不好弄，有的一户也说不清跑了多少趟。

问：遇到这种情况怎么办呢？

答：那个时候，大队里还有两个人呢，小队里也下去做这个工作，那不有那一帮子人呢。最早的时候是老徐，耿长锁的老伴儿，她和乔文芝一起做。慢慢地人们也就接受了这个了，经过上头计划生育宣传，人们也就不多要了，三个四个孩子的没有了，多了就是两个，现在老大如果是小子，就要一个，谁也不多要。

问：不多要，要俩应该是比较晚的了吧？

答：要俩这二年才准，上二年这个计划生育嘞，也没有多要嘞。

问：那（一九）七几年的时候呢？

答：那个时候，孩子们也不多。要俩的时候多。

问：按理说，那时候生的比较多啊！

答：那个时候一家三个的不多，三个的没有多少。

问：为什么？

答：那个时候上头提倡两个孩子。这以后，（一九）九几年吧，提倡头一个要是男孩，一个。要是女孩嘞，可以生两个。一般的人们就不多要了，人们都接受了。那时候老耿这人，什么事也是以身作则。

问：您去大队以后，耿长锁担任的什么职务呀？

李文英问徐根：老耿那时候是什么职务？

徐根：社长。

问：还是社长，他省里的职务也担着，村里职务也担着？

答：省里的职务也担着。

问：他主要是管村里的事？

答：村的，县的，他又不会骑车子，都是走着啊。

问：您能不能讲一讲有关耿长锁的几个比较有意思的事？因为你们接触算是比较多的。

答：1985 年去世的，20 多年了。有什么事呢，想不起来了。

问：他每天都怎么工作呀？

答：一般都上家里来。咱们这个大队，原来"文化大革命"的时候，搞批斗，上台让他做检查。人家耿长锁就没有着急的时候，我觉得他这个脾气秉性真是好，人家不着急，说我没犯这个错误，人家一样一样跟你讲，就是这样。他这个老伴儿，老徐奶奶，平常说话嘞，一看谁家有事，比如上海河，说不碍事，你走吧，家里有事我给你干。娘呀，她就给他扛着，跟着他干。我觉得挺关心人的，谁家有点困难，谁有点事呀，人家都接济着关心着。

问：那会儿在省里担任什么职务呀？

答：是什么副主任，革委会副主任，好像在县里也是，我觉得。我年轻的时候脑袋瓜没有事，现在脑子不记事了，那时候发生的事一下就忘了，娘啊，都想不起来了。都不知道说啥了。

问：哦，就随便聊吧，想到哪说哪。我们就是围绕耿长锁和五公村，发扬耿长锁的精神，搞这些东西你得有资料啊，你得有具体事啊。所以我们就得找你们，当年跟耿长锁工作过的人们聊一聊。

答：我们村里三个生产队，你看人们去做活，那个时候都集体做活，上地里去，没敲过钟，当当当，敲钟，没有。俺们村没有，就因为有老耿这个人，这村没这个钟声。

问：那怎么去的？

答：到了点就走了。比方说，下午吧，两点多、三点，人们就出去了。谁做这个活，谁做那个活，生产队的都布置好了。开社员会，一说，各队里一下通知，就积极地走了。不用敲钟，到了那个点了，就都出来了。

问：您是一直都在做妇女工作吗？

答：到结了婚以后有了孩子就退下来了，弄着孩子，开个会啥的不行，就到小队里做活了。

问：到小队做什么？

答：跟着妇女做活。

问：当时做什么呀？

答：什么活也做，做老人们的这些活，老人们掰棒子，年轻的推小车装棒子，浇地呀，就干这些。老的和年轻的是不一样的。

问：看来您这一直抓妇女工作？

答：嗯，一直抓妇女工作。

问：组织妇女去生产，好组织吗？

答：好组织，早先这村里的人们可好组织了。

问：那您组织妇女劳动，家里的活怎么办呢？

答：家里？那个时候都是集体，家里的活就是老头子做饭吃饭。

问：那孩子呢？

答：小队里找俩岁数大点的妇女给看着。

问：当时大队里有这个托儿所？

答：小队里找俩女的，谁家有孩子，做活的时候让她给看着。

问：那看孩子的妇女有没有工分？

答：有。一天10分工，那个时候得给你评工，评8分或9分，一般这女的评8分多。

问：看孩子的也是这么评？

答：也是这么评。

问：给她评分的标准是什么？看孩子和去地里毕竟不一样。

答：看孩子不下地的找岁数大点的，生产队评估，一个组、一个组地评。

问：一般会给她们多少分？

答：8分多，都差不多，有8分1的，有8分2的，还有8分5的，还有8分八九的。都不一样。

问：如果说干得跟男的一样的活，女的评分比男的低？

答：那个时候比男的低，人家男的9分多，女的都是9分往下，男的都是9分往上。

问：这样妇女们有没有想法？

答：人们还是不说给的工少。要都是女的，有的8分二三，有的8分五六，这就有人嘟囔哩！

问：就是说妇女之间会比，但是不会跟男的比？

答：不跟男的比。

问：因为我们看到有些地方呀，要求同工同酬，当时是不是上面也提倡同工同酬？

答：提倡，同工同酬。

问：男女同工同酬？

徐根：也提倡同工同酬，女的没那么大力气。

李文英：像上海河的时候，别管上哪里干活比男的差点，可是以后有的女的就达到 9 分了。

问：什么时候上 9 分了？

答：忘了，后头这几年。

问：怎么就拿到 9 分了？

答：估分向上提了。1983 年分了地了，就行了。

问：1983 年您还在小队吗？

答：嗯，当时还是上小队呢。

问：您是在哪个队？

答：俺是二队。

问：承包土地的时候村里是个什么状况？当时是怎么分的，有没有不同的意见，具体过程是怎样的。

答：那个时候，分地都是各队里有多少地，多少人，一个人合多少，俺觉着没什么乱七八糟的。

问：因为咱村毕竟比别的村晚，肯定有愿意分的，有不愿意分的。

答：俺觉得当时老些个都不愿意分，当时属二队里穷，属三队富。

问：二队里为什么穷？

李文英：俺不知道。

徐根：二队的成分高得多，那时候不是讲这个嘛，经常就批斗上了，做活积极性不高呀。

问：1983 年分的地？

答：嗯，我那年后就歇了。

问：今天听别人说起，咱村分土地分得晚，当时村里引起了很大争论，有愿意分的，有不愿意分的。后来投票，大多数说不愿意分，就往后推了一年多，耿长锁当时愿意分吗？

答：他也不愿意分。集体做活多好，又省劳动又省心。队里有生产队长，正队长、副队长。你做了活走了吧。现在这个，分给你了，你得接记着，买化肥、浇地，反正你什么都得管着。

问：当时您愿意分吗？

答：俺们不愿意分，不如在集体，当时都在集体做活呢，人们都熟悉。

现在离着远点的人吧，都不认识了。那时候三个队的谁也认识谁，现在都不认识了，一个村里都不认识了。

问：当时你们村里除了集体生产，一起干活儿，有没有其他的集体活动？

答：有，大队还有个俱乐部。到了冬天了，去排节目了，什么节目也有。开青年会，团员会。一说开会，没说不去的，你看吧，不去的极少、极少的，都愿意去，都参加。

问：都愿意去？

答：都愿意去，那个时候都参加。那天我老头说，咱们村的一开个会，老头老婆都去了。这村的人们都愿意参加开会。

五公村的妇联与民兵连工作

王捧菊　口述　郑清坡　整理

采访时间：2013 年 7 月 19 日。2015 年 8 月 2 日、2018 年 7 月 24 日回访。

王捧菊（1953—　），女，耿长锁外孙媳妇。1973 年后任民兵营第一连副指导员、指导员、民兵营专职教导员。1976 年进村妇联，加入中国共产党，1978 年进党支部，任妇联主任。饶阳县十四、十五、十六届人大代表，市级优秀妇代会主任，"三八红旗手"，2014 年被省妇联评为"燕赵榜样母亲"，现任五公村党支部副书记、妇女主任。

问：您今年多大岁数？

答：60 岁，1953 年生人。

问：正好是"组织起来"十周年那一年。

答：对。到 1963 年我 10 岁时，村里二十周年庆祝那时候我记住点，可是那个时候也小。

问：您什么时候开始上学和参加工作的？

答：我 1966 年高小毕业，毕业正赶上了"文化大革命"，学校里就停课了，回村参加劳动。1966 年参加了半年，1967 年参加了一年。1968 年开始，五公村又成立了一个学校，叫民办中学，开学我就又开始上学了。后来成了社办中学，这一个公社都去村西的中学去上，连初中带高中一共上了四年，二年初中，二年高中。1972 年毕业以后，回村上队里参加劳动。1973 年，我到民兵营里当了第一连的副指导员。当时有好多大学生来我们村下乡体验生活，我记得有个美术学院的学生来体验生活，跟我们一起参加劳动。人家来了以后做得挺好，跟我们一块干活。等他们走的时候，大队开了个座谈会，人家临走得对人家说上几句。你说这些学生来了，又不怕脏又不怕累，在队里干活挺踏实，然后还一块儿活动，给我们画画，写黑板报，出稿子。平常我们总是在一块儿劳动、搞活动，我觉得他们挺好。在那个座谈会上说大家都发发言，我就把学生们这些事儿说了一下，就是发自内心的话呗。我觉得，当时村里干部们对我那次发言印象都不错，这样我就开始到民兵连里当指导员。

问：那您在民兵连一直干了多长时间？

答：在民兵连当指导员，后又到民兵营当专职教导员，我记得1976年以后到妇联去了。

问：是村里的妇联吗？

答：村里。那时候村里老妇联主任是乔文芝，我先给她当副手，因为她年龄大，文化也低点。我是副主任，有时候跟她一块儿处理工作，该怎么安排，我就帮着她走街串户。在刚推行计划生育的时候，工作量不小，那时候净下街串户，做工作。我跟着她学了不少事，像婆媳、妯娌有什么纠纷，我们也去做调解工作。乔文芝那个老人挺好，她孝敬老人，跟村里人关系也好。乔文芝她娘那时候也七八十了，还在炕上瘫着。那时每天下班以后，我们一起去看她老娘，给她老娘买些吃的，买了药，一顿吃多少，把药包成包，老人记性不好。这些细节我看了挺感动的，看她对老人多好啊，对自己老人也挺孝顺。再有，那个时候村里有五保户，东头有一个姓乔的老婆儿，乔主任经常去那边，后来我和她一块儿去。西头一个叫宋如意的孤老婆儿，也是个五保户，像什么油、盐、酱、醋、糖，什么都给她买啊，有时村里给她油，给她米、面。一些零星的东西，村里管得不是那么细，乔文芝都要给她想到了，自己给她买。我去妇联以后，我也给她买，洗衣粉什么的都给她送。我觉着跟着乔文芝学了不少的事儿。我是在妇联的时候，1976年1月1号入的党。记得是1978年，村里有个选举，我进了党支部，成了妇联主任。乔文芝就成了党支部委员了，也是妇联的，只是不主管这个了。1979到1980年前后，她娶了儿媳妇，添了孙子以后，她要看孙子，我就算把妇联这摊工作整个接过来了。1984年村里调了支部班子，新班子组成，我就又上这新班子里了。老班子是杨同的书记，新班子张满囤是书记，村主任就是现在的支部书记李长铎。

问：干妇联主任一直到现在？

答：嗯，从那儿一直干到现在。

问：您当初参加劳动，队上怎么派活，怎么组织生产。当中有没有不愉快的事，你们是怎么解决的？

答：当时我干活儿的时候是队长带班，到地里以后锄地也是包趟儿，一人锄一趟儿。别人锄到头以后你不能落后，完事队长检查，不合格的返工。到了收秋收棒子的时候，队长把这地里都看一遍，明天哪块儿地该收了，晚上就开班子会，把该收的地分给小队长们，你领着一伙收哪一块地，他领着一伙收哪一块地。当时我还没来大队的时候，在俺们队里干活，妇女队长叫李香罗和卢金龙，她们是妇女队长，我就是协助她们的。当时我也是民兵连的，也就一块儿帮她带班去。他们是主要带班的，我也和她们一样干活儿去。收秋的时候，早晨三点就起来去收棒子，比社员们都起得早，争取第一个到地里。带班的去了以后，社员们才陆陆续续都去了。这一天你转几趟，论趟儿，那个时候不是包工，是包活儿。我记得有一段我的职务是协助分支书，分支书是负责做思想政治工作，谁干活干得多就表扬，谁干活耍滑偷懒得批评。当时你看我们到队里干活儿，分支书就让我们写广播稿。在地里干活儿也是看着，谁做得好，谁上前面去了，我们就记下来。回来以后就写，写完就交给大队广播站的广播员，他在喇叭里念。或者是开地头会，干四个来钟头的活，中间休息半个多钟头，在地头上开个地头会。队长就说说今个儿谁干活儿积极就表扬谁，谁干活儿来晚了批评谁，就在地头上那么一说。俺们就赶紧记着，今个儿谁来得早，谁干活积极，就记上，然后写稿，大队就广播。再一个就是隔几天大队里还组织巡回检查，到各队里、果园里、副业摊儿上，都去看，跟现场报告似的。我记得去果园看的时候，在屋里坐着还说会儿话。

问：大队干部下去地里检查工作？

答：大队干部、小队干部一块儿去转，现场广播似的。各个队里有什么情况都去转转，然后队里干部们集中起来开会，各队把各队写的稿在会上念念。哪个队有几个比较好的，几个比较差的，通过人们发言，三个队进行评比，哪个队比较好。我觉得这是1980年以前，1975年到1980年这一段。

问：那时候上面有些政策不太符合实际，要求推行，下面怎么应对？

答：我觉得当时村里没处理过这样的事，上黑市上买卖粮食，不是那么多。有的就是一家子都是年轻人，吃饭不算计，把粮食吃完了以后就没吃的了，他就得想法。我觉得有的典型的就是不算计，什么都愿意吃个鲜儿。黄瓜下来就想吃黄瓜温汤，没钱借钱也买上两条黄瓜。黑市上买粮食的不是那么多，那时候困难也确实是困难，人们就那么省着细着，掺点菜就过来了。

问：那会儿允许搞副业吗？

答：允许。当时生产队有副业，当时应该是比周围村里好点。周围村要饭的人不少，这村里没出去要饭的。条件不好的村里当时好像有照顾，不过照顾有时会有些偏差。大小队干部看哪家困难，也可能是表面现象，实际上可能也有装的，出来时穿的破点。干部有时候没有掌握得那么好。

问：那遇到这种情况村里议论吗？

答：可能有议论。

问：那怎么办呢？

答：我觉得"文化大革命"后，照顾困难户都比较透明了。"文化大革命"前好像是小队里照顾，我记不清了。人们也埋怨，有那么一家，怎么回回照顾他们。总起来说，那个时候队里力量也不是那么大，照顾也照顾不多，就是被照顾的也是极个别户。像照顾挺多人们意见挺大，没有这个情况。

问：割过资本主义尾巴没？

答：那个我不记得了，光说别的地方有，这个村没有，说出去割他尾巴去了，没有。

问：民兵连是怎么参加劳动？

答：民兵连当时就是去大队里干活儿。属于民兵连的就干大地里的活儿，干累的活儿。正年轻的上大地里干活儿，像有些岁数大的就去园子里拔草，到场里，上积肥组，干些杂活儿。我们民兵连的就去地里收棒子、平地、割麦子，都是干这些比较累的活儿。以民兵连为单位去地里干活儿，一边干活儿一边唱歌。

问：民兵连是怎么组织的？

答：按年龄说，到一定岁数都是民兵连的，统一的。有普通民兵和持枪民兵，一个连里有十几、二十几个有枪，参加民兵营的集训，打靶。

问：持枪民兵的主要任务是什么？

答：我们毕业以后持枪民兵就剩一半了，也训练过，也去靶场打过靶，也去参加过比赛，就是少多了。活动好的就是 1966 年"文化大革命"以前，他们那时候搞民兵大比武，持枪民兵除了去地里干活，就是训练。比俺们大的那一拨儿，李忠信他们，挂着竹竿就能上房。我们那个时候训练就少了，上面有什么精神，练练，打了靶，就算过去了，主要任务就是劳动。

问：民兵负责村里的治安吗？

答：那时候民兵营有值班民兵，每天晚上值班民兵就下去转，分两班。

问：如果遇见偷东西的怎么办？

答：那时候有偷棒子、水果的，抓到以后就送到大队里开会批评。

问：光批评完就没事了？

答：大队里开大会批评，我记得那时候抓到以后要立着做检查。那时候风气正，就没有人敢去偷了。

问："文革"时村里有武斗吗？

答：这村里没有武斗。天津的学生来了以后发动人们搞武斗，没发动起来。学生们说一进五公村就闻到了"修正主义"的气味，就组织学生们、年轻人推倒宣传队，领导班子都推倒。他们来了以后，在学校里批斗耿社长，就问他，可是问不出什么事来。问：你为什么把好粮食都交给国家？当时耿长锁耳朵有点背，就说：好粮食先国家，后集体，再个人。他一直这么分粮食，把最好的粮食交给国家，其次留集体的。集体喂着好多牲口呢，有牛吃的，猪吃的等。剩下的再给社员分。当时大部分社员觉着这个思想好，赞成这个思想。那时候个别人觉着咱们净吃不好的粮食，就提出这个问题，问他为什么这么做。我们村开批斗会，就这么批斗。我觉得也问不出什么事来，实际上这么多年耿长锁没什么事，你找不到有什么事是为他自己。他为什么能常在，为什么这么多年人们赞成他，他真是一心为公，没有为自己。

问：当时天津来的大学生批斗过一次？

答：他们在学校批斗的，还鼓动村里的造反派到旧大队部开批斗会。具体情况我不清楚，那时候我们小，才十四五岁，不让我们去。在村里那次我们听过。

问：在民兵连里您平时做什么工作？

答：地头上领着人们读报纸、学习，再就是领着人们劳动，除了训练就是这些，带头干活儿，早去。

问：妇联工作主要有哪些？

答：调解婆媳、妯娌间的纠纷，给人家调解纠纷，再一个就是计划生育。

问：当时计划生育是怎么做的？

答：当时挺不好做的。

问：计划生育开始是哪年？

答：1976 年吧，早的时候是 1972、1973 年就提倡了。一开始宣传一对夫妇要两个孩子，"一个少、三个多，两个正好"。但是人们愿意要三个，两个孩子不保险，三个孩子保险，人们是这个心理。经常是生了第二个孩子以后，到哺乳期完了以后，该上环、服药了，到人家家里做这些工作。再就是隔上一段时间，三个月普查一次。县里专管计划生育的技术员下来到户里检查，看看有没有怀孕的，怀孕的要带着做流产，没怀孕的采取的措施怎么样，天天净转这个事。

问：那是（一九）七几年？

答：1976 到 1977 年。

问：那时候工作不好做吧？

答：嗯，1976 年，1977 年一直到 1980 年，这一段不好做。

问：当时人家不愿意怎么办？

答：做工作呗！净有不愿意的，有超生的。像一队有一个妇女，已经有两个孩子了，一个男孩，一个女孩，按说正好了，人家就愿意要个老三，觉着两个不保险。一检查怀孕了，我们给她做工作，做不下来，公社的也来做工作，最后做通了，同意流产。可是当时已经 5 个多月了，月份大了，做刮宫不行了，得去衡水做引产。当时有三人一块去的衡水市医院，公社妇联主任和我都去了。去了以后住下了，最后也没做。一检查身体，她有点发烧，天天发烧，人家医院还挺人性化，你身体不舒服不能给你做，并不像人们说的那样别管怎么样都给你做了。当时月份挺大了，人家跟俺们说，不行生了以后做个结扎吧。我们请示了领导，沟通好了，就回来了。最后把孩子生下来后做了结扎。

问：怀孕 5 个月做流产，这个工作真是不好做啊！

答：不好做，但不做不行！有一次，在原先旧大队俱乐部院里开会做工作，她说上厕所，结果从厕所翻墙头就跑了。经常有这个事啊！你在屋里办学习班，你说不是强求强派吧，也得做了工作，不做还是不行，还不能说是摁着做，就得说上屋里办学习班，什么时候给你做通了什么时候去，是那个法儿。这里头有个过程，现在的人们叫她生她也不生了，觉着生多了是负担。1980 年开始一孩化，1980 到 1990 年这一段抓得很紧，实行一孩化。别管女儿还是儿子，就让你生一个，那段工作真是不好做。中间 1985 年到 1987 年又松了一段，上头政策上松了点，允许二胎。第一个是女孩的可以要二胎；父母是独生子女的可以生二胎；第一个孩子有病的，像有佝偻病的，到县医院开证明信到公社一批就行。佝偻病可能是缺钙，个人写个申请，村里一批，时间不长，一批就十几个。公社里一个信写上允许哪些人生二胎，手续挺简单。松了三年，每年生百十个孩子。以后就又开始紧，凡是生二胎的，不管是批了的还是没批的，先交钱然后检查，合格的把钱退给你。如果是投机取巧，开的信是假信，就把这个钱罚了你了，罚 1000 块钱。1989—1993 年，照这个，重新罚了一次。这工作不好做啊，这计划外的，比方说这村里生了一个，那你就得交 600，要罚都罚，不罚就都不罚，不讲特殊，一样对待。这一拨儿有多少人，一个也差不了。那时候人们也都挺自觉的，该交的也都交了，因为掌握的尺度一样，该罚的都罚，也没一个嚼舌头的。这个工作还算顺当，没有出现太大的问题。以后就是公社里统一下来罚钱了，俺们把凡是违反计划生育的底案给了他们。

问：家庭矛盾妇联也管？家庭矛盾有时候说不清啊！

答：也管。老百姓有找的，做过这样的工作。有的是婆婆和媳妇，去了和她们都说道说道，把事情摊开了，一般的关系还是能处好。再一个，我们抓了"好媳妇""好婆婆"的典型进行宣传，老主任在职的时候就抓这个工作。从 20 世纪 60 年代起就宣传新人新事，一步一步地宣传。村东头有个老婆儿，得了小脑萎缩，记不住家。她自己不能生育，抱养了侄子做儿子。儿媳妇来了以后待她特别好，婆婆出去她都跟着。到澡堂子洗澡都是领着她婆婆，先给老太太洗好了她再洗，在家里给洗脚。她婆婆说尿裤子就尿了，但屋子里给她收拾得特别干净。像这样的典型我们就宣传。耿素君，她公公也是得了脑萎缩，大小便失禁，有时候她丈夫不在家，那怎么着，一样得管，给他擦洗干净。人们都赞成她，还给她写过一篇稿，投到了《衡水日报》。耿素君是师桂英家的，是她兄弟媳妇，师桂英净夸她，真是实打实的好，一听就不是假的，真是那么做的。

问：20 世纪 70 年代有没有提倡男女平等，同工同酬？

答：70 年代的时候正提倡这个哩。队里平常一天是 10 个工分，这是虚的，最后把队里所有的劳力分成小组去评工分，劳动比较踏实的壮劳力给评 10 分，有的 9.9 分、9.8 分⋯⋯有的 7 分多，8 分多，相当细，评了的工才是实的。那时候人们都去干活儿，谁都能看见，男女干一样的活儿。女的干的活儿和男的一样多，质量也不比男的差，那就得给一样的工，一个一天也能挣一个整工。

问：妇女们家里地里的活儿都得干，她们有意见吗？

答：那时候男女都下地干活儿，男的回家也得烧火做饭或者抱孩子，女的上锅蒸饽饽、炒菜，还得抽空拾掇屋子。

问：那会儿有没有托儿所？

答：（一九）七几年就有了。那会儿大队妇联牵头免费给人们办的。在村里找了三个喜欢孩子的妇女，当时她们也就 30 多岁。她们每天早早出来，人们干活儿出去以前就把孩子送去，中午人们收了工把孩子接走。如果回不来就说给老师，老师就带孩子回家吃饭。后来村里为了方便人们干活，就在托儿所开伙，到前半晌给孩子们做一顿饭，垫补一下，粮食集体出，孩子们中午还回家吃饭。

问：这三个看孩子的怎么给工分？

答：差不多也是一天给一个工，但是拿不满，一般是 9 分多。

问：她们怎么评工？

答：不是社员评，大队里给，岁数大点的可能少一点，年轻的多一点。

问：托儿所办到什么时候？

答：到（一九）八几年，分队的时候就不办了。

问：村里有什么集体文艺活动、娱乐活动吗？

答：有。那时候村里有个俱乐部，有个文艺宣传队。他们俱乐部的人们是去果园里干活，把他们集中起来，中间休息的时候唱唱歌之类的。社员们开会的时候给人们表演节目，还去各个村里参加汇演。田间休息的时候，人们就是歇一会儿读读报纸，有时唱唱歌。人们干活的时候也唱，一边锄地一边唱歌，有爱唱的起个头，不光队长起头，青年妇女们爱唱的多，一人唱很多人就随着。我记得当时从地里推土到养猪场积肥，道上得有个十来分钟，走一道唱一道。

问：20 世纪 70 年代小麦亩产量多少？

答：我也说不准，差不多七八百斤。那时候不说品种，就是年年种一样儿，我记得种棒子年年种大马牙。现在人们老换新品种，一年一换。

问：村里有多少井？

答：50 多眼井，现在是 54 还是 56 眼。70 年代还有人工的井，后来都是机器井了。

问：分地、生产队解散的时候是怎么个情况，怎么解散的？

答：当时社员们不愿意解散呀，可能 1982 年、1983 年开始就有这个精神了呗，可能还早，这村里接受不了。咱是 1984 年春天分的麦苗，上一年集体种上麦子了，然后上地里拉着线一划，这儿的麦苗是你的，那儿是他的。集体已经耩上了，到麦季自己收麦子。要是正耩麦子的时候分吧，怕分不成耽误了人们种地，当时就先种上了。等一过年就划线，按垄分。

问：为什么拖了一年才分地？

答：当时人们不知道分地怎么样，觉着集体好好的，比哪个村都强，集体挺好的，也不用费心，到种的时候咱就去地里种，队长费心，化肥到了人们驮着化肥送到地里去，多省事，不愿费心。开始人们不分，后来周围都分过了，老耿也转过弯儿来了，也同意分了。

问：村干部有没有因为分不分产生过争论？

答：应该是在 1984 年以前经过了多次沟通。当时有同意的，有不同意的，慢慢来。但是周围村分了以后对咱村有影响，比如不分的时候什么都是集体的，如果这村有亲戚是邻村的，咱集体的化肥到了地里很可能施不到咱地里，出了村谁知道啊。那时候这种思想就包围了你了，要再不分也受影响。当时三个队也不一样，同是一个工分，到分队前三队挣一个工能分到一块三，一队开始是一块，后来一块一二，二队稍微差点，到不了一块钱。数三队好，三队的就不愿分。当时一家子到年底分了钱，人们都到大队桌子跟前等着，分了钱立时就存上。三队最多的时候一家能分到 1000 多块钱。人们都说：

"好家伙，看人家谁谁家，分了 1000 多块钱！"

问：分 1000 多块是什么时候？

答：1980 年以前。

问：怎么能分这么多？

答：出工呗！全家都是劳力，一个劳力一年多的挣到 360 个工分，一天都不歇。一个工按一块钱就是 360 块钱，你要是 5 个人的钱就多了。但是得扣除你的口粮钱，你一年分了多少粮食，粮食拿钱扣，还得扣去油钱、菜钱等，扣完了就是你的钱了。

问：三队的情况好是因为什么？

答：副业多。一队也有副业，但是总体来说不如三队。

问：他们搞什么副业？

答：有合线，还有棉花。数棉花卖钱卖得多，交了国家以后，给了钱，那是主要的，棉花卖的钱不少。那时候一个队种几百亩棉花，我弄不清了，印象中是 300 亩。

问：种棉花是国家下达的任务吗？

答：是下达任务。棉花收了，好的都给了国家，户里分棉花柴，一家几垄。人们把棉花柴推回家晒晒，一棵上边剩下几个棉花桃，开了摘下来弹棉花，弹出来是红棉花。人们用那个红棉花给孩子絮衣裳、做被子。队里有时候也给分点瓤子，分不多，这是给国家交完了以后，剩下点给社员们弹弹。队里有弹棉花的，弹成瓤子给人们分。分瓤子得从工分里扣钱，按平价扣。

问：副业是国家提倡的吗？

答：当时提倡。

问：20 世纪六七十年代的集市怎么样？

答：邻村有个邹村集，是个大集。五公 1983 年才有集。

问：（一九）六几年有一段取消集市，这个集市取消过吗？

答：取消集市的时候这个集市没取消。

问：有去集上做买卖的吗？

答：没人管，那时候管得松。1953 年开始统购统销那几年粮食买卖紧，后期就放开了。

问：集上都卖什么？

答：猪、羊、鸡这类的多，粮食少。去山东参观回来以后粮食才放开，山东粮食放开得早。这个村口粮水平比一般的村高。

问：人们一般多长时间赶一次集？

答：20 世纪 70 年代以前，邹村集是五天一次。对我们来说一年就赶一个集，头过年赶一次。

问：20 世纪 70 年代以后赶集多吗？

答：也不多，净老人们去得多，都是闲人们去，我们整壮劳力基本上不去。

问：20 世纪六七十年代婚丧嫁娶是什么样？

答：20 世纪 60 年代举办集体婚礼，定了阳历年（元旦）、正月初三，还有十月一日（国庆节）这么三个日子，三个日子可以选，集体结婚，上大队里一块主持。男的女的都上台，一边是女的，一边是男的，不是一对儿一对儿的。

问：20 世纪 70 年代以后有自己办的吗？

答：有。那个时候破四旧，不需要彩礼。我记得是 1976 年、1977 年、1978 年，谁家结婚不让大操大办，不允许吃卷子，不让磕头，不举行仪式。我和老妇联主任乔文芝去结婚的家里转，说给人家，可不能蒸卷子吃。去过几家以后人们就知道了，以后谁家结婚就不吃卷子了。我 1979 年结婚，还跟着乔主任转呢。我当时结婚的时候，走着就去了，去了以后吃饭有公公、婆婆，有个婆奶奶、婆姥姥，就这么十来个人，吃了顿饭算完事儿。

问：是不是这村里的闺女外嫁的比较少？

答：责任制以前这几十年，基本就是嫁到本村，"好女不出村"。现在大队班子里的好几个，支部书记李长铎、我是本村，还有个年轻的张红兵也是，老班子里头张满囤，老书记杨同，本村的多多了。有时候一伙儿站成堆儿了，净本村的娘家。

问：本村的娘家多，婆媳关系好处吗？

答：没事。从解放以后，这个村确实各方面比别的村强，婆媳关系、妯娌关系处得不错，没出现大的问题。再一个，妇联专门做这方面的思想工作，提前做工作，多宣传好的，不好的就出现不了。

民兵连长与生产队长的工作经历

李大虎　李忠信　**口述**　郑清坡　**整理**

采访时间：2013 年 7 月 19 日，2014 年 8 月 1 日两次采访。2017 年 8 月 2 日、2018 年 7 月 22 日回访。

李大虎（1947—　），男，曾任五公村民兵营二连连长，1967 年到生产二队，多次带领村民参加挖河开渠工程。

问：您多大岁数了？

答：67 岁。

问：您和耿社长接触过吗？

答：接触过。

问：都怎么接触，什么时候会接触？

答：（一九）七几年吧，那时候接触过。

问：怎么接触的，请您谈一下。

答：那时候我年轻，去大队里一起干活儿，主要是搞农业，农业上的事。

问：什么时候上的学？

答：1957 年上的小学。

问：上了几年？

答：上了四年小学，1961 年下学后就在家干活。

问：三年自然灾害的时候有没有印象？

答：那几年没有印象，我 1961 年不上学了就去生产队里干活儿，那时候还小，干一些简单的，踏水车，浇园子，后来给队里放了两年羊。到 18 岁当了民兵，跟着大队到各个队里去干活儿，干了几年。

问：您属于什么性质的民兵？

答：持枪民兵，一个排是三个班，也是到各个队里去干活儿。哪个活儿累，大队就派民兵这伙人去干。

问：民兵是怎么组织训练和生产的？

答：早晨训练，晚上学习，白天是干活的时候，那时候吹号集合去地里干活。冬季没活就搞训练，练刺杀，练跌打，跑步。

问：民兵除了参加劳动、训练之外还干什么？

答：维护治安，晚上巡逻，民兵队有十几个人，晚上巡逻俩人一班。我当民兵连长那阵儿，净上河工，经常带工出去挖河。

问：如果遇到情况怎么办？

答：遇到情况报案，往大队上报案。民兵营营长、副营长、公安员都在大队民兵营睡觉（值班）。后来就是"文化大革命"，也是这情况。

问：在民兵连担任什么职务？

答：当过连长。

问：讲讲民兵连长最得意的事情？

答：组织干活儿其实都是副连长组织的多。那时候得上河工，我净出去带工，挖渠挖河，出去干那个活儿。春天一季，秋天一季，一年两次，净干这活了。

问：您去过几次？

答：光上海河去了六七次。1971年去过一次，上天津东边叫五八四（农场），挡北堤去过两次，唐山地震去了，故城去了，去过这几次。

问：从一开始去就一直带工？

答：是的，一直带工。

问：讲一讲当时村里怎么组织社员去的？

答：生产队组织，那时候公社说这个村里要多少人，一个队里出几个人，各个生产队抽人。出去挖河都得是年轻的，20多岁的。

问：愿意去吗？

答：当时愿意去，那时候这活儿累呗，还都想去。在衡水枣强修桥那次活儿累，秋季春季我都去，一直到完活儿，我干了半年。

问：谁去谁不去谁说了算？

答：都是队长说了算，生产队的队长找人。我这带工也算大队也算小队，我上二队里当的民兵连长，在队里干活儿，算小队带工。大队呢，也去一个人。

问：一个大队几个带工的？

答：一个大队一个总的带工，小队有小队的带工，小队带工一个人。我是二队的，下面有十来个人，多的时候二十多个人。

问：去那么多人，而且都是壮劳力，和村里的农活儿冲突了，怎么解决呀？

答：冲突也没办法，上面要人，那也没法儿。一般时候出去的人少，去滹沱河北堤时候去的人多，一个队二十多个人，时间不长，一个多月。到别的地方去都人少，一个村去二十多个人，有时候三十多个。村里没劳力了，抽不出来人干地里的活儿就用民兵、团员补充。

问：出去一次多长时间？

答：去这一季两个月吧。

问：出去挖河怎么去？

答：有时候算拉练去，走着去，那时候一说就是不让坐车，拉练。有时候是坐车去，村里有拖拉机，（铁牛）55 的拖拉机，回来时再接回来。像衡水这段近，走着去走着回来，那次我没去。有的时候坐火车，到前磨头，赶不上车就走回来。什么情况都有，有走着的，有坐车的。大队里的干部带工是轮流去，那个活儿累呀，当时这村里的大队干部都去过。那时候咱村在全公社里是第一，去了就得拿第一，拿不回来第一没法交代。

问：有不好好配合干活儿的怎么办？

答：做工作呗，那时候做工作就是说你这个不行啊，你不好好干怎么行，讲道理呗。带工的跟大伙儿一样劳动。一开始都是伙着干，有推车的，有拉坡的，带工的派，不好弄这事儿。后来到 1974 年分着做，分段，多少米一段，一人一段，连带工的都有。

问：带工能少干点吧？

答：也不少干，还得多费点心。

问：有没有偷着跑的？

答：没有。

问：怎么给补助？

答：基本上一天一个工，一直都是，没有变化。后来是一点二，我没去。

问：有现金补助吗？

答：没钱。按照标工算，就是你做了多少方土，按标工上头给补助多少粮食多少钱。补助这个东西，这一项剩下了，钱就富余了。剩下钱了，民工分，一个民工分多少钱。剩下粮食了，就一个民工分多少粮食。不够吃了就不行了，不够吃的时候粮食也没有，钱也没有，那就再想法吧，有时候一天三顿饭就改成一天吃两顿。

问：那吃不饱能干活儿吗？

答：在五八四（农场），天津东边，那回就不够吃了。咱这个公社都够吃了，京堂公社不够吃，也是最后了，粮食不够吃了，一天吃两顿饭，那会活儿也不累了。为嘛不够吃，他不节约啊，来年开春更不够吃了。不过吃两顿饭也没事，饿不坏。

问：这样挨饿的有逃跑的吗？

答：修海河没有逃跑的，修黄壁庄水库、岗南水库时候有逃跑的，修水库我没去过。这时候挖河的都能吃饱了。一开始吃窝窝头，一个窝窝头上弄个红枣让我们吃。

问：工地怎么吃饭？

答：吃食堂，都在公社食堂吃，我们十几个村都在一个食堂吃饭，都是发饭票。

问：挖河的各个村、各个队之间有没有冲突，怎么解决？

答：的确有这种冲突。但是咱们村这边没有，我出去没发现过，咱带工的先把着边去，咱别多干也别少干，别发生冲突。带工的多干点儿，吃点亏也最好别发生冲突。我去这些次都是带工，都领头干活。那个时候毛主席说"火车跑得快，全凭车头带"，带工的不干谁干啊，都看着你嘞！

问：平时怎么管理约束人们？

答：给人们说，咱把这个活儿得拿下来，咱吃点亏没事。这一期工程争取提前完成，提前完了还得支持别的村。一看哪个村还没弄完，抽出两个人帮着干活儿去。

问：有没有娱乐活动？

答：河工搞不了娱乐活动，干活都挺累的，天天干活儿。

问：住宿怎么样？

答：工棚。去了就搭工棚，先打上土墙，上头一棚就是工棚，地铺，地下垫上麦秸。

问：吃的怎么样？

答：吃的按说还可以，一个星期改善一次生活，赶星期这天改善生活，这一天中午一个人一斤干面，炸馃子，蒸卷子。一人分上点熬菜，有饭量大的不够吃还有红窝窝头。那时候吃粮食净吃高粱，红高粱。在天津那次常吃大米，把大米磨成糁蒸着吃，吃干粮吃这个，喝粥也是大米，都是大米。

问：粮食是带过去还是？

答：现买。海河上你干多少标工，给你多少粮票和钱，在当地买粮食吃，那时候是全国统一着嘞。

问：干活儿怎么分配任务？

答：各大队带工的到公社开会，工程怎么干，多少土方，给各个村分配。

问：有没有互相引起争论的？

答：没有争论。当时有施工员算账，土方多深，多大坡度，一般差不多。

问：有没有河工做出出格的事？

答：没有经历过。出去都是干活儿，给点钱给点粮食，你该分多少粮食，多少钱，该给你多少给你多少，人家算出数来了，把单子给你。

问：选出河工的，选谁去有没有标准？

答：没有标准，都是生产队决定的，生产队谁带工谁找人。队里开会商量让谁去带工，带工的自己再找人。在村里平时两人就不对眼，不投脾气，就不用他。

问：您在民兵连干到什么时候？

答：1967 年不在民兵连了。

问：去哪儿了？

答：去二队，上队里干活儿去。

问：去地里干活是怎么个方式？

答：生产队去地里干活儿，生产队敲钟，一敲钟都去地里干活去。去了给分配，具体干什么活儿。

问：20 世纪 60 年代都干过什么活儿？

答：去生产队也算是民兵，不是持枪民兵了，组织人们干活儿。那会讲义务劳动，那时候人们的思想觉悟高，干活儿当无名英雄。收秋时候说明天去哪块地干什么，晚上就组织一伙子人去干了，早晨起来这活就干完了。这种事不少，哪个队都有，都是年轻的、团员什么的，自发起来的。

问：平时生产怎么组织？

答：民兵连长配合生产队，晚上开会商量明天的活儿怎么干。有时候需要民兵的话民兵就过去帮忙，基干民兵就是 30 以下的，30 到 45 的叫普通民兵。还有一个叫壮年班，是 45 以后的，能干的，就这么分成几块，需要干什么活儿、去哪儿都分配好。还有，老头班去场里、家里，去猪场造肥，老婆儿们去园子里种菜、拔草。

问：社员之间有矛盾怎么处理？

答：说服教育。两个人冲突，分析这件事谁对谁不对，解释一下。

问：二队里当时有没有副业，有哪些？

答：有。刚开始用横机，织线衣，后来有织布机，织塑料袋，织水泥袋、化肥袋，还有合线，叫捻线。

问：从什么时候开始搞的副业？

答：捻线这个早，从 1974 年、1975 年左右，织布机可能是 1978 年，比较晚。三队里买织布机早，1972 年、1973 年有的。我们二队业务不行，买了织布机需要先找销路。

问：当时你们怎么打井？

答：（一九）五几年的时候，国家给打了三眼深井。后来，好像是 1964 年，天津自来水公司又给一个园子里打了一眼。当时村里主要是人工打井，20 世纪 60 年代几乎都是人工架子打井。1971 年、1972 年开始机器打井，公社里、县里有了专业打井队。

问：是大队集体打还是各生产队里打？

答：各队里打，一个队里一盘架子，常年打井，都是人工。后来公社里有钻机，使钻机打井，就不用人工了。那时候三个生产队，一个生产队都有一个专业打井队。人工架子打井慢啊，有时一眼井打半年。

问：打井的钱是怎么来的？

答：各生产队自己拿。20 世纪 50 年代国家给打的那几口井都是无偿支援，一方面是搞勘探，一方面打了以后就算支援村里，给你了。天津自来水公司给打的那几眼井，主要是因为有老耿和天津的一个劳模魏振华关系不赖。这些井用的是铁管。用工是记工分。

问：20世纪60年代时自己队里打一眼井大概多少钱？

答：13个人一起打，按正常来说，一眼井两个来月，三个月。一眼井一千多个工，平均用工得一千挂零。当时数二队工值低，一个工值大概几毛钱。记得1969年二队一个工值三毛八分，三队一个工值五毛，三队最多时候一个工值一块两毛五。现在打不起了，现在人工贵了。

问：买其他东西花多少成本，比如竹竿、铁丝什么的？

答：那些花不了多少钱，一根七八米长的竹竿也就几块钱，最贵的时候五六块钱，打井也就是用十几根二十几根。那些几乎不算进成本里，别的都是自己的，成本主要是算人工。

问：打好的井谁来管理？

答：各生产队有专门管水利的队长。

问：平时怎么管？

答：他下面有一伙子人，管浇地的，管机械的。那个时候是双配套，两套设备。为什么是两套，因为电不行，所以用电上得有两套：一个电动机，一个柴油机，再有一个离心泵。那时候是离心泵，不是潜水泵，从1965年以后，水位逐步下降，离心泵也跟着往下落。（一九）七几年有了深井泵，铁管的那种，特容易坏，更难管理。使用潜水泵晚多了，1983年分地时候，卖了一片集体的树，一下买了7个。

问：定州在20世纪六七十年代成立了水井管理委员会，有一套制度。

答：生产队里有管水利的副队长，专门管浇地这块，柴油机、电动机、人员分配，维修，都是他管。

问：水利队长下面有几个人呀？

答：大概四五个人，主要是维修人员，修柴油机。那时候生产队正副队长每天晚上开会，哪个组织需要用人就调配人员。

问：我大伯和我父亲20世纪90年代以后管理过井，但现在管和以前都不太一样了，现在就是管理钥匙。

答：咱们这个地方土地承包以后，但是井还属于集体的，2006年才开始分井。土地承包以后每个生产队称为组，三个生产队成了三个大组，每个组有负责修井的专业修井队。如果哪个组的井坏了就报告给组长，把钥匙一交，说井坏了。一个组十几眼井，有时候修井队顾不过来修，一天不光坏一个。井都是集体打，集体投资，整个配套都是集体。

问：土地承包以后修井的钱从哪出？

答：集体出。原来生产队有房子，还有搞副业的机器、房子什么的都承包下去，一年能收一万来块钱的承包费，用承包的这些钱维护。

问：现在打一眼井或者修一眼井需要不少钱。

答：对呀，现在打一眼井得一万多，修井也花不少钱。现在打井，集体负责打井眼，社员们相对来说负担就小了，今年已经打了7眼。咱这村集体还是有一定经济实力的。1996年大队一下买了17个泵，换了一批。后来都是机器了，不好管理，2004年开始插卡管理。

问：在生产队的时候浇地有没有顺序？

答：一口井就负责这一块地，一口井管多少亩地，这是死的。一个小组长（机手）管一口井，一块地，三四个人用这口井浇地。一个队十几口井，七八天能浇过来一遍，一口井一般浇六七十亩地，多的八十来亩。

问：土地承包以后浇地哪个先浇哪个后浇？

答：根据组长的安排。这个井管多少地，有多少户人家。从哪家开始浇，怎么轮转，都是组长安排的。都得错开浇，一开始错不开，慢慢就错开了。麦收的时候最紧张，小麦收完，玉米种上了，这几天的水比较紧张。不浇麦子的就提前把玉米种上，割麦子的时候他就浇玉米。他组里几户自己就调节了，不调节不行啊。一口井那六七十亩地，少了三四天，多了一个礼拜就浇完了。

问：用电以后出水量比较大？

答：是的，出水量大，泵也大，达到八十来米，大泵，13千瓦、17千瓦的，还有23千瓦的，费电，一个钟头走二十多个字。

问：人民公社时期，上面如果分配任务，感觉不对的话，队长怎么处理？

答：一般这种情况少。1967年、1968年的时候，特别是1964年以前，各地都讲"过黄河"、"过长江"，提高粮食产量，"过黄河"是400斤，"过长江"是700斤[①]。那时候种植也不是完全自由的，老耿在这方面还是比较抵制的。咱

---

① "过黄河"是500斤，"过长江"是800斤。

生产队适合种什么，人们愿意种什么，都是村里集体一块儿商量，有时候和上头的要求有冲突，也不是明着来，咱该怎么种就怎么种。有的村不行，比如说推广多穗高粱，不让你种棒子，就让你种多穗高粱，有时候还有告状的。那时候搞推广，总不是一帆风顺的。咱这里也种多穗高粱，但是种植面积少。

问：那时候队里主要种什么作物？

答：主要农作物是小麦、棒子、棉花，个别的种一点豆子、花生，都不多。小麦、棒子种得多，一个是交公粮，还有社员的口粮。还得种一部分高粱、豆子，高粱产量高，一个生产队三四十头牲口，还有猪场，猪也不少吃，都吃高粱，每个队都养猪。那时候棉花地间作大麦，大麦是主要做饲料，麦秸也是饲料。棒子秸秆都分到户，一个是烧，更重要的是作饲料，各户晚上都要把棒子叶弄下来，大队去收，收起来切了喂牲口。集体还要留一部分玉米秸晒干了作饲料，各队的青草都得粉碎了喂猪。那时候一个猪场一个粉碎机，粉碎大麦秸、玉米秸。种棉花皮棉卖了，棉花籽榨油，棉籽皮弄回来喂大牛。

问：副业的产品都卖给谁？

答：卖给国家。

问：有没有去黑市上卖的？

答：没有。那时候有粮食黑市。有猪市、羊市、大牲畜等。收了麦子以后，户里去猪市买个壳郎猪回来养。

问：看定县的档案，（一九）六几年，取消集市（清风店），上级组织提出建议，这样的集市影响供销社，要求限制集市的发展，一些产品通过供销社下乡，当时人们什么反应？

答：当时取消了一些小集市，压缩了几个大的集市，邹村、留楚集。

问：取消集市对你们有没有影响？

答：没多大影响，集体的时候人们都很少赶集，除了赶庙，腊月二十六邹村集，人们赶集就是买点生活用品，供销社什么东西都有，人们很少赶集，也没什么工夫去赶集，你得出工挣工分。

问：个人有没有一些搞副业，做买卖的？

答：那时候没有做买卖的，咱有集体副业，大队里有橡胶厂，有车床，对外加工。生产队里有合线、织布，织劳动布，汽车零部件铸造（三队）。这些副业都是和外面签订合同，是集体搞副业，都是公对公，没有私人的。

问：有的地方个人做小买卖被割资本主义的尾巴，这里有没有？

答：这个地方没有，五六天一个集，人们也没有什么时间去赶集。割资本主义尾巴，是改革开放将开没开的时候有那么一段，（一九）七几年没有。

问：那一段咱村里有没有出去做买卖，搞副业的？

答：没有。咱们这村里没有这样的，社员们都依靠集体，集体的意识相当强，都不愿意一家一户出去单干。

问：土地承包以后有什么新的变化？

答：改革开放刚开始，重复投资相当高，造成老多的浪费。那时候家家户户都是小推车，后来有的一两户买头驴，使几天不使了，有的宰了，有的继续喂着。再后来一个小组五六家买一个拖拉机，麦收几天，秋收几天，干完就不用了，形成重复投资。那时候拖拉机还不好买，得托关系。

问：土地承包时候，周围村都分了，五公拖了两年才分地，怎么想的？

答：咱们这村百分之八九十的不愿意分。省里组织地区的劳模来开大会，给我们做工作，召开党员干部、积极分子会，动员分开。开会回来，村里社员们吵吵着"不分！"干部们也想着落实上边的政策，社员们就是不分，特别是劳动力少的更不愿意分。那个时候青壮年都上外边做工去了，村里劳动力少了，家里就剩老婆孩子了，愿意过集体生活，那时候这个村社员们依赖集体的思想相当厉害。那时候一个生产队一个菜园子，吃菜给菜票，吃肉每年一个人最少四五斤，多的时候七八斤，棉花、花生大队里都给社员分，20世纪70年代后期生活条件在当时觉得不错。到90年代以后，人们就觉出差别了，人多地少，平均一个人一亩地，不搞副业不行。村里人开始在本地打工的多，上远处的少，附近都有承包副业的，承包了不知道怎么整啊，得有人搞技术、跑业务。到2005年以后，到远处打工的多了，附近打工不行啊，厂子少了。

问：当时的集体副业是怎么承包的？

答：副业都是投标的。

问：招标有什么标准，什么人可以承包？

答：咱农村就是说钱，像合线机承包是原则上定一年五千（相当于底价），再往上抬。这个副业一年挣多少钱，一年给咱多少钱。包括房子、机器设备，别再废了，承包出去集体一年还有点收入。用劳力还是用原来的，对就业也有点好处。这里人多地少，光靠种地不行，怎么也得搞点副业。农村这点儿地方你怎么瞒也瞒不了。

问：土地最后是怎么承包的？

答：拖了三四年，整个的国家开始承包是 1978 年，1978 到 1980 年这一段大部分都分了。到 1979—1980 年的时候老百姓基本上都知道了。别处都分了，那时候咱这里搞小包干。

问：怎么搞的小包干？

答：小包干主要是农业这块儿，有时候包活儿不包工，有时候包工不包活儿。比方说，这块地从种到收，都是你的活，50 个工，也是竞标，你 30 个工或者 20 个工包下来，干完了就可以去干别的了，可以去挣其他的工。1978 年以后收拾棉花，从种一直到摘棉花这块地都是你的事，假如平均一亩产量是 100 斤，如果你的地产量是 120 斤，超产就给你奖励，奖励也不一样，有的给现金，有的给工分，大部分是给工分，这样来提高生产劳动的积极性嘛。

问：这也是从 1978 年以后开始的？

答：逐步地，分活儿分工种推广开。也挺有意思的，热闹着嘞。

问：您刚才说的 1978 年以后收拾棉花是属于包工还是包活儿？

答：包活儿。这都是为提高人们的生产积极性。当时农业这块劳动力过剩，特别是到冬季，搞副业的有活儿干，搞农业的闲着不行啊，劳动力过剩怎么办？让人们平地、积肥，到猪场积肥，半天推上三四车土，反正你得让他干活儿，没活儿也得给他找活儿，没活儿怎么办，他上副业能挣工，俺不上副业不挣工怎么吃饭啊。干这个活儿没什么收入，人们不知道吗，也知道，但是没有那么多副业，特别是季节性的副业少，劳动力过剩这个问题还得解决。当时三队还可以，有点副业，到冬季织劳动布，三四十岁的妇女就在家做劳动服。到后来机械化提高了，更解决不了劳动力过剩，没收入，这就得搞平均主义。到 1981 年冬天，没活儿干就放假，放了假你爱干吗干吗去。不去队里干活儿，干点加工活儿，骑车子买点花生回来搓皮，多少挣点加工费。干这个活儿，也是偷着干，工商的还卡你。当时花生属于油料，不让随便卖，棉花不让随便卖，绿豆不让随便卖，棉籽油不让随便卖。那时候实行统购统销，都不能自己卖。

问：那做干部的怎么解决这种问题？

答：那也没什么办法，你爱干什么就干什么去，社员们想干什么就去找点活儿。

问：那如果社员干别的被查出来怎么办？

答：工商查出来，托人花点钱就解决了。原来县里的一个政协副主席，后来退休了，刚开始承包土地时候，他上村里收点粮食，驮在自行车上去卖，挣个差价，一斤粮食能挣一二分钱，这一天能挣几块。当时一天能挣几块钱就是好的，生产队里三队工值最高，一个工值（10 分工）才一块二。

问：土地承包的时候，最后是怎么承包的？

答：承包比较利索，开会呗，把上头的政策告诉人们，全县就剩咱一个村了，必须得包。1983 年①春季一队二队分麦苗，春季就开始钉橛子，这块地是你的，这是他的。三队是割完麦子，由集体割麦子，分麦趟儿，钉橛子，割完麦子，玉米你自己种。刚开始分地，前面的人钉了橛，后面就有人给他拔了，不分，人们不愿意分。

问：拔橛子是哪个队的事？

答：哪个队都有这样的事，不愿意分。最后就是做工作，自由结组，一个组里的人签上名单，分地，一等地多少，二等地多少，说这是责任田，这就是给你的，你不要不行，你就得自己种，自己纳粮食，连做工作带往下压。

问：那副业呢，像牲口、猪、拖拉机、厂房、机器这些怎么分？

答：副业都是承包，牲口都分到组，抓阄，牲口作了价，价格定好了，一个组多少人，分上一头大牲口、一头驴，都搭配好。分了以后，一家一户使不了大牲口（骡马），卖了大的买小的，小的才养得起，买小驴的多。其他的副业都是承包，竞标，一年交多少钱，谁包了，一年交多少钱。那时候头脑比较僵，一个队十几辆大胶轮车，一家一户养不起，也没法分，都卖了，一辆车多少钱谁要谁买，少卖点也就齐了。

问：土地承包了以后，社员的劳动生产和出去做买卖的，有什么变化吗？

答：头一二年不太显，过个三五年就开始显了。纯靠农业的不行，必须要倒腾点副业，做点买卖的才行，从花钱就明显看出来了。咱这个地方，集体的时候产量高投资大，（一九）七几年那会儿，咱这个村是高产穷队。有水，化肥也多，产量是不少，一个队交公粮三四十万斤，三个队交一百多万斤粮食。（可是）麦子最贵的时候一斤才一毛六，要是没有副业这块，农业这

---

① 1984 年春季。

块也干不下去。以副养农，没有副业，农业弄不下去。

问： 那时候一亩地能产多少斤麦子？

答： 七八百斤。高产穷队嘛，高投入产量高，那时候化肥都七八毛一斤，最便宜的时候三四毛一斤。

问： 一亩地施多少肥？

答： 当时比现在施的少，一亩地按着两季来说，一季大概是三四十斤，这还不算底肥。底肥就是磷肥，当时各队都是用拖拉机、汽车整车整车地拉，一拉多少车，一亩地大概一百斤磷肥。那时候磷肥二十多块钱一袋儿，最便宜到过十几块。数碳铵便宜，8块钱一袋，一斤一毛六。

问： 村干部怎么处理上下的矛盾？

答： 上下的矛盾都集中在村干部这里，相当直接。那时候人们说，你当村支部书记你就得"能"，当生产队长和支部书记的责任、思路都不一样。咱就拿上海河来说，去海河有优惠政策，因为这个劳动强度比在家干农活儿大多了，高一倍还得多。工分一开始不多，后来也多了，上天津五八四还是一天一个工，后来一天一点三个工。当时为嘛生产队有一个生产队长，还有一个指导员，指导员就是主要做政治思想工作，负责解决各方面矛盾，处理干群关系。一旦出现了矛盾，队长解决不了，谁来解决？指导员。队长没有时间去处理这些问题，就得依靠指导员，还有民兵连的干部和青年团的分支干部协助分支书（指导员）协调处理这些工作。比如每年上海河派人都不好弄，副业上的不去，有技术的不去，农业、副业都不能耽误，俱乐部的也不让去，去的还不能光去，得找一些愿意去的。数哪一年不好找呢，唐山地震那年。在劳动力分配上，当时可以说是相当科学的，谁上副业，谁上农业，谁去修河，光副业方面，大队和生产队都有副业，都得抽人，生产队干部都得掌握这种平衡，掌握不好就容易闹意见。除了麦收、秋收正忙的这一段，大家都平平安安到地里干活，一旦忙过这一段，农业、副业的情况就不一样了。特别是到冬天，农业上劳动力过剩的问题非常突出，副业就那么多，农业上这时候没活儿了，劳动力过剩怎么办？你就得给他找活儿干啊，没活儿干没收入社员们不干啊！冬天干什么活儿，一个是平地，一个是积肥，大冷天去了以后半天也推不了三车两车土，这样也得记工分，结果造成劳动力浪费，副业上的还挺有意见。这里面都是矛盾，就是这么过来的。20世纪80年代以后，劳动力确实过剩了，也确实没活儿，也不出去打工，那就是混工分，要不就放假，你愿意干吗就干吗去。当然，集体也是想方设法搞点副业，找一些季节性的副业，给人们找点活儿，但是你得有门路，有技术，还得有懂技术的人，这些都是生产队干部考虑的事。像三队这边冬天和外贸订合同，制作柳编工艺品，织劳动布，也能解决一部分就业。

问：遇到社员闹矛盾，怎么处理？

答：这种事不太多，比如有个人调皮捣蛋，我作为生产队队长就可以停他的工。这种时候就是合理不合法，要不你怎么办？

问：海河出工劳动强度大，一天一个工，不想去怎么办？

答：刚开始工分少，后来慢慢就多了。再一个上海河有土方钱，回来能分一部分现金。吃的比咱村里老百姓相对好点，到那儿你买点菜回来生产队给报，去的时候队里也给带着一部分菜去。在海河很少地方吃得不好，就是有一回在故城吃得不好，高粱面红窝窝头，放一个枣，吃着牙碜；吃钢丝面，吃着胃疼。

问：那会儿村里的人都能吃饱吗？

答：能吃饱。

问：您当队长的时候有没有出去找过活儿？

答：没有。

问：一个生产队有多少干部？

答：不算小组长大概十二三个，一个正队长，一个分支书（指导员），十来个副队长。三队人多，正副队长一共有十七个。

问：副队长怎么分工？

答：管副业的有一个，管喂猪的一个，管农业技术的一个，管水利的一个，管使车的一个，管园田的一个，等等。一个副队长都得独立担起一摊儿，一般的事儿该怎么处理都能处理了。还有管家务的副队长，这个人可是不简单啊，得相当模范，队里所有的东西都得经他手，什么东西该买，什么不该买。

问：管家务的就是管生产队财务的？

答：不太一样，管家务的只管物，不管财，财务有会计有出纳。

问：副队长之下还有什么管理人员？

答：有小组长，小组长都是临时性、季节性的。比如到浇地时候，生产队都有管水利的副队长，一个队十几眼井，一眼井一个小组长，一个组得有四五个人这些就得六七十人。

问：参与管理的人员不少啊！

答：管理人员包括队长、指导员、副队长，都干活儿，各守一摊儿。

问：想不到一个生产队有十几个队长，一个生产队有多少人？

答：头到分地前，三队的是1113人，二队780人，一队900多人。

问：每个队都十几个队长？

答：是，三队最多时候十七个队长，包括指导员（分支书）、副指导员、团分支书。当时村里有党总支、团总支、民兵营，生产队是党支部、团支部、民兵连，民兵连长不搞活动就在生产队搞生产，也负责一摊儿。

问：生产队的时候村里有什么集体活动？

答：那时候多了，从1964年咱这里成立了文学创作组、文艺创作组，文艺宣传队那时候叫俱乐部，有敲鼓的鼓乐队，武术队。还有个美术创作组，天津音乐学院来了以后搞的。记得当时是八个组。

问：社员们参加集体活动积极吗？

答：那时候这些组里都是青年，组织集体活动都相当活跃。除去八个组外还有个民兵营，光持枪民兵就是一个民兵连，一百多条枪，经常搞活动，集体训练、拉练。1963年起，还组织了一个民兵尖子排，参加省、地、县包括北京军区的演出。

问：参加活动的集体观念怎么样？

答：集体观念都相当好。俱乐部搞义务劳动一搞一个晚上，外面喇叭一广播，人们比民兵搞紧急集合来得还快。青年团、民兵营、文艺宣传队都是业余的，一般是晚上活动。

问：白天干活儿晚上活动，那人们不累吗？

答：举个例子，秋收的时候，队长晚上开会安排明天的活，个别的人偷听。明天安排的活儿，他晚上领着人就偷着做完了。割麦子收棒子一个人几趟搞比赛，你说三点去，他两点半早去了，等你去了早干了半截子。要说搞义务劳动，学雷锋做好事，人们的热情都相当高，"铁姑娘"、"八姐妹"都是这个时候的事儿。那个时候讲"以社为家"，家里的活可以不干，但是义务劳动他要是不参加，他就觉得脸上过不去。

五公的党组织建设和文化生活经历

徐藏申　口述　樊孝东　整理

采访时间：2013 年 7 月 22 日。2015 年 8 月 2 日、2016 年 7 月 28 日回访。

徐藏申（1943—　），男，1960 年中学毕业，1962 年担任团总支组织委员，1963 年任团总支书记、大队管委会委员，1964 年加入中国共产党，1970 年任生产队副队长。

问：您今年多大岁数？
答：71 虚岁，属羊的。
问：请您说说耿长锁的事。
答：这么多年了有些事都忘了。
问：从您中学毕业以后，是怎么在村里当的村干部，先介绍一下你的个人情况，再说说耿社长。
答：我是 18 岁中学毕业，那是 1960 年。毕业后在队里干了一年活儿，然后在大队担任团总支组织委员。当时团的组织在大队是团总支，生产队是团分支。1963 年学习雷锋那年当了团总支书，那一年开始，在大队班子里担任管委会委员。1968 年冬天，实际上 1969 初，"文化大革命"的时候被罢官了，以后就歇了。之后去队里干活儿，一年后，在小队当了个副队长。1963 年我在团总支当书记的时候还不是党员，1964 年填了表了，批下来了就开始了"四清"，所以我们那拨人入党仪式就没举行。
问：这里"四清"是怎么搞的？
答：这里"四清"是 1964 年开始，粗线条"四清"。我记得那时候在大队里开会，一个姓藏的主任说，有什么错误一个一个都得交代，这个记忆相当清楚，因为那时候这个事儿一辈子都忘不了。那一年"四清"，我们那拨儿人入党，公社党委会批下来了，没举行仪式。到1976年打倒"四人帮"以后举行了入党仪式。以后到了党总支当总支宣传委员，到了党分支里当了书记，在第二分支里当分支书，就是这么个过程。1983分队那年就歇了。前前后后在队里干了二十多年，中间隔了几年，歇了以后就没有什么事了。老耿那时候在村里。

问：什么时候开始接触耿社长？

答：时间长了，记不太详细了。那时候是参加了大队领导班子，当了团总支书、大队管委会的委员以后，这时候开始接触的。

问：那是哪一年？

答：1963年，学习雷锋那一年。

问：和耿社长直接接触多吗？

答：直接接触挺多的，大队班子平时开会都在一起。那时候平常给耿社长写个材料，给大队里写个什么汇报。耿社长这个人就是一个地地道道的老农民的本质，从我接触他，（几十年）一点都没变化。他天天去地里转悠，都是走着去的。那时候他也有车，是上边配给的。小董给他开车但是他也不坐，他都是走着去。按说他这个身份，还艰苦朴素，本本分分。再一个就是实事求是，我觉着给我印象深的是他的实事求是，没有搞浮夸这一类的，有什么说什么，实际怎么样上边来了就照实汇报。我记着有一次河北省的副省长杨一辰来这里，我正在大队值班呢，他披着个大衣，问我老耿呢。我说你有啥事你就说吧，他说你帮我找一下老耿。当时我也不知道他是省长，我出去给他找，碰上老耿的司机，说老耿在地里转呢。他来了以后就是调查一下村里的生产情况，主要是找老耿了解生产情况，生产管理这一方面。耿社长哪一回都是实事求是地汇报工作，没有一点浮夸。老耿那个时候没事就在地里转，他不在家里待着。

问：实事求是方面有没有什么具体事例？

答：拿交公粮来说，都是好的先交公粮，留下不太好的自己分，自己吃，每年都是这个情况。那时候打井，上面水利上有补助，打一眼井补助多少钱，他不要。他说咱不要这个补助，咱应该为国家多做贡献，咱们这个队情况还好点，就把钱都给差一点的队了。再一个就是这化肥，上边说补助点化肥，这都是自己拿钱买，都是把钱如数地交给上面。

问：那时候这个村一年交公粮，一般能交多少粮食呀？

答：这个数字我也弄不清，时间长了记不住。那时候村里交公粮，在这个公社能占一半，这一个村能顶好几个村，别的村都不行，打不了多少粮食。

问：一年能买到多少化肥？

答：这个数字也记不清了，那时候用的少。

问：一亩地能用多少斤？

答：40 多斤，那时候有尿素，有少量的磷酸二胺，美国进口的，这个更少，总共三五吨，一个生产队也就一两吨。

问：这个是花钱买还是国家给？

答：花钱买，那时候还有碳铵，有磷肥，磷肥现在是粒儿，那时候净面面儿。

问：磷肥一亩地大概用多少？

答：七八十斤，面面儿的。

问：碳铵呢？

答：六七十斤一亩地，碳铵含氮量少。

问：加起来就不少了，是一块施吗？

答：不是一起用，用了尿素就不用碳铵了。磷肥和氮肥搭配着用，碳铵和尿素都是氮肥，不一块儿用。

问：当时亩产量大概多少？

答：也就八百多斤，过了"长江"了，当时来说这个村产量是高的。

问：邻村当时大概是多少？

答：那时候邻村到不了这么多，也就五六百斤。

问：那会村里党团组织是怎么个情况呀？

答：大队算是党总支部，生产队算是党分支，党分支书记就是生产队的指导员，这是党。团是大队的团总支，总支下面各生产队是团分支部。这是党、团。再一个是妇联会，这个不分。还有民兵，这村是民兵营，大队是民兵营，生产队是民兵连。

问：党总支和团总支的分工？

答：在党总支领导下，有团总支、团分支，有党总支、党分支。这村大队分三个生产队，一、二、三队，一个总支里三个分支，团是配合着党的组织来的。我在团总支当组织委员的时候，实际上在团分支还当团分支书记，以后当团总支书记。

问：团总支和团分支都负责什么工作？

答：团总支主要负责全大队的青年工作，俱乐部工作，那时候青年团相当活跃。说起俱乐部，老耿当时对俱乐部工作相当支持，经常给我们讲要起带头作用，要把文化这方面搞上去。我想起来一个事儿，当时是团县委联系的文化馆给村里添置一些铜、锣、琴、鼓乐器一类的家什。记得我和我们村一个人一块儿去，上保定采购。现在出门坐火车都是到衡水，那时候去天津、保定都是到前磨头①坐火车。回来的时候，到前磨头后天黑了，旅馆都满员了，找不到住的地方。这时候碰见老耿了，老耿就说你们跟着我来吧，带我们住了一宿旅馆。说这个事儿，并不是说他有特权，不是那个事儿。他那时候是全国人大代表，开会回来正好在前磨头碰上。住上以后第二天后晌，老耿就给我们讲，你看县里这么支持咱们，你们一定要把这个事搞好。实际上老耿对这些青年工作抓得相当紧，我有体会。别人在当党支部书记的时候，他们都没这么支持，比不上老耿。我找过他一回，说发动青年做好事儿，你看咱们怎么弄。他说你们可以搞一次义务劳动，提高青年的觉悟。那个时候我们义务劳动搞得多，都是老耿支持的。比如，第二天要种麦子，粪已经在地里了，第二天拖拉机来了把肥泼开才能耕。到晚上，青年们就去义务劳动，把粪泼开了，第二天队长一看没活儿了。

问：当时俱乐部大概多少人？

答：青年大概有300多，经常去的也就100多。

问：都是没有结婚的？

答：也有少量结婚的，大部分都是没有结婚的，那时候村里提倡晚婚，男的26岁以后才结婚。这个村的俱乐部分了若干个组，有文学创作组，文艺组，是演出的，有学医的，绘画的，打击乐，敲鼓的，一共六七个组呢。反正通过这些活动我觉着老耿在这方面支持的劲头挺大，现在也想不全当时的事情了，时间太长，好几十年了。我那时候才二十，到现在五十年了。

问：俱乐部的经费从哪儿来的？

答：主要是村里给，县团委支持一部分。那时候青年们也不要什么钱，

① 现在属深州，五公村离前磨头45公里。

除了活动花不了多少钱，都是义务的。

问：活动范围是在哪？

答：村里，也去别的村，有时候搞文艺汇演，这个村还上过北京呢。

问：去北京的费用就多了吧？

答：那时候上边给一部分，村里出大部分。一般在村里演出花不了什么钱，都是义务的。你像那个俱乐部，一说建俱乐部，组织义务劳动，推土，平整地，几天就把俱乐部的院子就垫起来了，快多了。那时候年轻人的干劲也大。那时不像现在，干活儿你给我多少钱，当时经济意识没有那么强，不一样的性质了。

问：弗里曼、毕克伟他们来了以后是住哪儿，您见过他们吗？

答：住接待站，我陪着他们咧。大队派我负责他们吃住，住都在接待站，吃饭在接待站吃过，也在户里吃过，在户里吃饭我就没跟着。

问：在户里吃饭是不是有补助呀？

答：那时候队里有点补助，但是不多，一个人一顿4毛钱。

问：接待站的经费是怎么来的？

答：县里给拨的。

问：他们来了以后你们天天陪着吗？

答：陪他们去户里座谈，通知去接待站。

问：他们都能说中文吗？

答：说中文。

问：有没有带翻译？

答：有一个翻译，我记得是省里派来的。他们也能说中文，有时候说不清就用翻译，说的中文不那么强。

问：最早是什么时候来的？

答：年份我就记不住了。

问：弗里曼来之前咱们这来过外国人吗？

答：来过，但都是看看就回去了，村里人们接触不着。弗里曼他们来是长期的，来了就住下了，尤其是还在户里吃饭。

问：他们来的时候，县里、公社的人提前对村里是不是要说些注意事项？

答：主要是说点礼仪方面，其他的没有说，他们问什么就说什么。

问：老外们都问一些什么问题？

答：问的挺多，比如什么时候开始办社，怎么组织起来的，当时是1943年组织起来的，他们也问这个。他们出去转，见着什么稀罕事了都问问，大队的组织机构这些的都问。

问：1958年"大跃进"的情况您了解吗？

答：那时候我还上学呢，就听说是"放卫星"什么的。这村里没放，据说是老耿不让放，别的地方都放，咱们不让，这是听说的。那时候我上中学呢，1958年我上中学第一年。

问：大队俱乐部人们编排的节目你印象深的有什么？

答：想不太起来了，当时是清楚，现在想不起来了。李惠英那时是团总支副书记，《花开第一枝》把她和师桂英的日记选进去了，师桂英在衡水文联呢。

问：李惠英多大了？

答：比我大一岁，可以采访采访她，那时候她在团总支部。

问："文革"那阵儿村里斗得厉害吗？

答：厉害啊，斗的是耿长锁的媳妇徐树宽。还有别人，有驻村干部，也有群众。他们这里面有人指挥着，耿长锁也挨斗了呢。他们当时厉害多了，人民大学的、南开大学的都过来过。那时候阶级斗争，村里也斗得厉害着呢。那时候著名诗人田间来五公村考察，公社党委副书记冀锁柱包这个村，给我们开会，创作组也参加了。冀锁柱说你们好比是温室的幼苗，没见过太阳。他的意思田间好比是太阳，就是让田间指导你们好好创作。批斗老冀的时候说，你心中有几个红太阳，只有毛主席才是我们心中的红太阳。老冀就说我错了，立时就抄老冀的家，他是个文化人，有不少书啊。把我的家也抄了，抄了家，罢了官。

问：村里怎么批斗耿长锁的？

答：有老百姓说，老耿，咱们村的好粮食都交上边了，净叫我们吃不好的，你什么思想？这哪儿是批斗他，实际上是给他摆好哩！这不是表扬他吗？

问："文革"时期生产的情况受到冲击了吗？有什么变化吗？

答：我不知道，忘了。都去造反了，没人管了。

问：当时耿社长的老伴儿徐树宽为什么受批斗？

答：她是生产队副队长，真是一心一意为集体，也是老党员，具体事我还是真想不起来了。

我在五公村广播站的日子

杨宽亮　口述　郑清坡　整理

采访时间：2013 年 7 月 25 日。2014 年 8 月 5 日、2016 年 7 月 30 日回访。

杨宽亮：（1950—　），女，1969 年初中毕业，1976 年任五公村广播站广播员，后在三队副业组干活。

问：您今年多大？

答：64，属虎的。

问：上过什么学？

答：初中毕业。

问：毕业以后到哪儿了？

答：当广播员。

问：当了几年？

答：1969 年到 1976 年，生孩子就不干了。

问：广播站是哪年建的？

答：最早是（一九）五几年的时候，公社通过电话线传到户里的小喇叭进行广播，那玩意时间不长都坏了。后来大队买了大广播机，正式成立广播站就是从我开始的。

问：您怎么当的广播员？

答：五公是省军区、衡水军分区的点，县武装部也包这个村。我初中毕业以后，1968 年县武装部搞了一个关于耿惠娟下乡知识青年先进分子的展览，我刚毕业当了讲解员，搞了得有半年，从那儿回来后开始在大队广播。

问：广播的时候用饶阳话还是普通话？

答：一般的时候用普通话，开场用饶阳话，念广播稿、念报纸社论用普通话。那个年代，毛主席什么时候下了最新指示得赶紧报。当讲解员的时候，一开始挺紧张，还得有表情，声情并茂的，要不感动不了人。当时人们觉得我广播得可好了，要不我 25 岁才结的婚。我年轻的时候比现在好啊，现在光看孩子了，还得下地劳动。

问：一共有几个广播员？

答：当时有两个，我和冬芳。

问：晚上用值班吗？

答：晚上必须在广播室睡觉，大队里如果有特殊情况，得赶紧广播，当时省军区、衡水军分区特别重视这个工作。早晨替换着吃饭，到点听了广播，没事儿就去大队试验田做会儿活。下午提前下班再广播，晚上就在那儿守着。当时农业生产抓得紧，没事也不能光闲着。

问：广播员算专职还是兼职？

答：专职广播，其余的时间上队里干活。

问：工分怎么记？

答：一开始也是评工，一般的在生产队干活儿比我岁数大点的一天挣 9 分，我就是 8.5 分，生产队管。后来就不再评工了，一般都记 10 分满工，特殊情况记半天工。当时人们都很认真，都很自觉。

问：开始社员们给你评工的时候考虑你广播的那部分吗？

答：我从县里讲解员回来的时候，也在村里参加过劳动，当时我的工分还是比较高的。我先去林业队，后来去试验田，这都是大队的副业，在生产队干活儿少。我这人比较直爽，都是为大队服务，村里你有什么事，你是什么人，人们都知道，社员们也不说什么。

问：一天广播几次，都是什么时间广播，广播的内容有什么？

答：一天两次，早晚各一次。夏天早上一般五点半，冬天头七点前开始转播中央人民广播电台新闻和报纸摘要。冬天太早了不行，吵得社员睡不着觉，社员意见大。到七点新闻和报纸摘要播完了，回去吃饭。早上的广播内容，一般是中央人民广播电台的新闻和报纸摘要，人民日报的社论早上不念晚上必须念，村里的好人好事等。如果村里没什么事，也找一些其他报纸的新闻念念，放一会儿歌。反正不能空了台。当时李忠信、耿亚民负责宣传这块，大队各单位上报的材料，比如林业队、各生产队、副业摊儿、民兵营都有专门写稿子的，在这里再印。我们两人把报纸和新闻稿件分一分，各自熟悉自己负责的部分，要不然播的时候结结巴巴的不好听。广播的时候要注意，不能咳嗽，或者突然冒一句土语，这都不行。咱是搞宣传的，得注意形象，当时很认真。中午一般很少广播，除非有特殊情况。晚上也是一样的程序，内容上也差不多，有时候加个天气预报，晚上相对灵活一些。早上社员们干活走得早，晚上都回来了，有时要播一些先进事迹、好人好事，插播大队通知等。时间上随季节变化不太确定，冬天一般五点多开始，有时候早点，有时候晚点，也没个死规则。中央人民广播电台的《新闻和报纸摘要》是到点必须播。有的社员七点回不来，有时候有重播，或者念《人民日报》社论、报告文学、通讯等。当时的社论很重要，国家政策有什么变化，有什么新情况，必须及时广播给社员们。一般到九点就停止广播了。赶上中央开大会，广播的时间就比平常长，有时候一直到晚上九点半还播呢。

问：各生产单位的稿件有人把关吗？

答：写好了给各单位，负责人念念，看有没有大的出入，说假话的、太夸张的不行，要不然说服不了群众。稿子报到民兵营营长那里，我们拿过来再顺顺就成了。我们不改稿子，我才初中毕业，没那个水平。

问：当时初中毕业也就不错了。

答：我上了几天高中就不上了，要说初中也算不错了。说起这个事儿，当时民兵营长李守正跟我说，上咱们大队里头多好啊，别出去啦！不让出去，这一气儿干了多少年呀！我25岁上结婚，27岁上生孩子才不干了。头生前不到一个月才不干了，当时我挺着大肚子。有人说，都这个时候了还去广播嘞！因为一下子找不到合适的人，她一个人太使得慌，这里离不开人啊！

问：当时村里有几个大喇叭？

答：四五个。

问：您生完孩子以后回生产队劳动了？

答：上三队副业组，织劳动布，做制服。

问：你们有业务培训吗？

答：主要就是说好普通话。我在学校的时候也说过普通话，后来在那次展览上用普通话讲解，来广播站以后平时自己也跟着电台学习发音。有时候去县里广播站，找邹立基给辅导辅导，大队有时也请他过来。

问：平时你们属哪里管理？

答：大队。电工给我们修理机器，副业上的人也去，民兵营长李守正也去，也管着，记不清归谁管了。你问问（李）忠信哥，他知道。

问：如果有什么事拿不准了找谁？

答：找李永利，他当时年轻，也写东西。周元久有事也过来，忠信哥有事也过来。忘了谁管了。

问李忠信：当时谁管着广播站呢？

答：我管过。

问：当时您是什么职务？

答：1970 年我是民兵营副教导员，1974 年以后是专职教导员。

问：那基本上是民兵营教导员管？

答：对、对，民兵营管。

问：报纸上的文章，除了社论，其他的内容是怎么选的？

答：跟农村相关的，毛主席的指示。

问：广播室订了哪些报纸？

答：《人民日报》《河北日报》《衡水日报》，还有《参考消息》，当时这是内部报纸，一般不念。

问：社员们对广播站有什么反应？

答：有这个广播站比较方便，社员们知道的事情也多了。那个年代不能跟现在相比，现在各种渠道多多了，当时这就是社员们了解国家政策的一个主要通道。

问：现在回头看，当时有一些比较"左"的做法和思想，对这些社员们有什么影响？

答：当时有点文化的能听出点门道，没文化的也听不出什么道理来。反正有这个广播，这村就比别的没有的村强得多，别的村有广播得晚啊。

一位放映员心中的五公集体生活

师桂英　口述　樊孝东　整理

采访时间：2013 年 7 月 24 日。2014 年 8 月 5 日、2016 年 7 月 30 日回访。

师桂英（1943—　　），女，河北省肥乡县王庄村人，自幼随父亲师希圣到饶阳县五公拖拉机站，落户五公村。1961 年在饶阳县五公电影放映队和文教局工作，1987 年任衡水市文化局副局长、文联主席，1989 年出版短篇小说集《沙滩梦幻》（天津百花文艺出版社），现居衡水市。

问：您多大岁数？
答：我是 1943 年生，今年 70 周岁整。
问：您是五公村人吗？
答：我老家是邯郸肥乡县，我是十岁上到的五公村。1953 年五公成立河北省第一拖拉机站，我父亲从河北省农业厅调到五公拖拉机站，任副站长。当时拖拉机站是省直单位，我就跟着父亲从保定到饶阳县五公村来了，到了以后我很快就适应了。一开始他们还叫我"小侉子"，慢慢地我就学会了当地方言。我初中毕业的时候，我家里也没房子，就在那儿租住村里的房子，跟村里社员一样。
问：拖拉机站开始是个什么样子？
答：刚来的时候，拖拉机站就是户里的三间房，整个拖拉机站院里有几辆苏联产的拖拉机。
问：您是五公中学毕业的吗？
答：是。我们上初中时候，学校种地，在学校里也老干活儿，收麦子、割高粱、拔豆子，学校里还有一个挺大的菜园。就那么苦累，我们也唱歌："绿色的田野，金色的河流，到处都飞扬着欢乐的歌声……"这是《女篮五号》的主题歌。吃饭吃不饱啊，晚上就溜出去偷西红柿、茄子吃，饿啊！就那样还唱歌："我们走在大路上，意气风发斗志昂扬……"饿着肚子还意气风发呢！我们上学的时候自己盖房子，当时是里坯外砖的房子，外边包的那一层砖，我们得到砖厂自己拉。拉砖路上我们唱："麦苗儿青来菜花黄，毛主席来到了咱们农庄，千家万户齐欢笑，好像那春雷响四方……"那个时候虽然苦，但是精力非常充沛。要说苦是真苦，但那种乐是现在找不到的。上初中的时候，赶上大炼钢铁，家里的一个锅，我非得拿去。我爹回来说，怎么把锅拿去了，我说捐献了。我先是七班，到二年级重新按成绩分了班，又分到十班。

问：刚才听您唱歌很好啊，在学校的时候是文体明星吧？

答：哈哈，我是学生会的文体委员。那会儿我唱歌，也写歌。那时候全民写诗，1960 年我就在《蜜蜂》上发表过一首诗。那时候等于是学校老师组织的，我们语文老师选了十几首寄给《蜜蜂》了。《蜜蜂》就是现在的《长城》，中间名字改了好几次，叫过《河北文学》什么的。现在有的时候也写一点，去年《长城》第一期发表了我的一个中篇小说《小木匠的初恋》①。当时自己也写剧本，初中生啊，就自己写剧本，自己拍戏。我们七班的文体活动特别活跃，学习比较一般。拍戏的时候，徐宽荣当丈夫，我扮她的妻子，演《勤俭持家》。讲的是小两口在丰收以后，妻子出去买东西，买上一点毛线，买个小闹表，买这买那，回家以后丈夫就批评她，咱们别浪费，得勤俭节约。这是当时那个剧本的内容，也是反映当时的社会风尚吧。

问：学校还有什么有意思的事？

答：1958 年"大跃进"，深翻土地，一人多深，翻了以后种，一人一个畦，插上名——师桂英。你知道当时怎么种的吗？地整得像拿梳子梳过，麦粒一颗一颗地往里按，横平竖直，斜着看也是一条线，跟绣花似的。种得非常密，肥料也多，一层肥一层土，踩实了，再一层一层的，长得特别好。我们植物老师说，这块儿麦子到时候一棵得分多少枝，一亩地打一万斤绝对没

---

① 发表于《长城》2012 年第 1 期。

问题，准打一万斤。你想想，咱们种麦子比绣花下的功夫还大嘞，每一棵麦子长得形状都一样，麦苗大头冲哪里都冲哪里，绿油油的长得特别旺盛。我们满怀信心，觉着打一万斤肯定没问题，保准能丰收。

问：那结果怎么样？

答：到第二年春天麦苗长高的时候，大概是四月份，这时耿长锁转悠着过去了。我们觉着高兴呀，周围的乡亲也过来看。他说你们看看，咱村里哪块地里有这里长得好啊！不错，赖是不赖，不过你们这个没人家打得多。我们说凭什么呀，我们比他们施的肥料多，现在麦苗长势这么好，为什么就不能打那么多？他说，你们赶紧拿镰刀割麦子，干吗割呢？说割了让它通风啊，一棵一棵挨着，你不割了通风，你打一万斤？一千斤也打不了。你想想，跟绣花似的，就是种得太密了。最后听了他的话了，我们就赶紧割啊，割出跟小路一样的。我们以为割了就好了，结果还是密，后来一刮风就倒了，我们又给它搭上架子。结果呢，到收的时候发现颗粒不饱满，净秕子，打了有300多斤。

问：初中毕业后就到公社电影放映队了？

答：正式上班是1961年9月13日。从毕业到上电影放映队中间有几个月，就在村里干活儿。实际上我毕业之前就想参加工作，说实在的，上学时候也不想好好学习。当时那个环境，在学校也老是干活儿，种树，学校甬路两旁好多杨树都是我们栽的，还盖房、种地，干各种活儿。那时候就觉着苦中有乐，人们都是永远精神饱满充满激情，永远爱国，永远觉着社会主义好，到现在我也是这种思想。在学校的时候，我就去五公广播站帮忙。我现在说的是饶阳话，因为在饶阳五公这些年了，但是当时我可以说一口标准的普通话。那个年代，各村经常去公社报喜，粮食丰收亩产达到多少或是其他什么事，写上喜报，到公社报喜就是我来朗诵喜报。后来公社里对我有印象了，发现我能唱歌，会跳舞，普通话说得不错，还可以写东西。当时电影放映队缺少一个能搞宣传的人，公社领导说要是能叫师站长家的闺女来准行。一个是广播站，一个是电影放映队，我最后选择了电影放映队。为什么呢？那时候我特别爱看电影，当时想着放电影这个工作多好啊，放一辈子电影，每天都可以看电影，所以就没去广播站，去放映队了。

放电影，一般是带着两个拷贝转着放。五公公社当时是个大公社，包括4

个乡 36 个村。主要在这 36 个村放,后来又分分合合吧,有时候也到别的村。我记得正式上班那天,公社主管文教的一个姓王的老师找我谈话,说让我到电影放映队工作。那时候他不知道我回不回邯郸老家,我父亲原来在邯郸农场当厂长,后来调到省农业厅。他问我回不回去,我说可能不回去了吧,因为我父亲那会已经在五公。问我调你到电影放映队愿意去吗?我说愿意啊!我特别愿意,我喜欢看电影啊!那一年我 18 岁,看电影这活儿多好啊!这样就上班了。上班以后,开始是村里接送。那时候没通电,得有车拉着发电机、放映机、扩音机,还有影片和我们的行李,好多箱子呢。那时候,放映队到哪个村也是跟老八路似的,得帮着老乡干活儿啊。记得去桑园放电影,早晨起来给人家挑水、打扫院子,白天去地里帮着干活儿去,老乡们干什么活儿,我也帮着干。人们都说:"这不是老八路来了吗?"各个年代都有特色,那个年代就那样。"四清"的时候,一次去一个村里放电影,看见一个老太太推碾子,我就过去帮她推。聊天中才知道她家是地主,吓得我一下子愣那儿了。老太太说,闺女你别推了,赶紧走吧。当时被队长看见了,他冲我摆手。我当时也不知道,也没给我报告。后来,我还就这件事写过一篇稿子《笨重的十年》,发表了。你做好事,却做得不对。

问:当时放的都有哪些电影?

答:都是老片子,《白毛女》《刘巧儿》《小兵张嘎》,"三战":《地道战》《地雷战》《南征北战》等。

问:当时人们愿意看吗?

答:不仅仅是愿意看啊,你比如说是在上五公演吧,周围村的都过来看。一看见放电影的大车来了,就喊"电影来了!电影来了!"小孩子们就围着我们跑。放电影之前先给人们说段快板、唱个歌,人们那个掌声真是响啊!当时上边要求搞影前宣传,每到一个村就出去采访,完了现编成快板书,晚上就得说。比如:"打竹板,台上站,今天来到了豆店……"走到一个地方宣传到一个地方,跟当地群众打成一片。当时我被评为全省的"红色放映员",也是全省活学活用毛主席著作积极分子,得了不少奖状,后来都没了,20 世纪 80 年代以后的还有几张。

问:到村里放映就在那里吃饭吗?

答:吃派饭,村里户家轮流派饭。那时候吃得很差,饼子有时候掺菜,那也觉着很有乐趣。

　　问：在电影放映队也是挣工分吗？

　　答：我是挣工资。我家是吃商品粮的，非农业户口，当时的非农业户口很重要。我父亲是十六级行政干部，当时相当于副县级①吧。

　　问：您的兄弟姐妹们现在在哪里？

　　答：因为我母亲没有工作，后来让还乡，要是不还乡就在当地村里落户。因为我上电影放映队了，我父母感觉工作还可以，我的弟弟妹妹们就都成了五公村的农民了。你们采访的一个叫耿素君的，"八姐妹"之一，是我的兄弟媳妇。她非常好，现在她家是县里的模范家庭，我们这个家庭总是当模范，过去叫"五好家庭"，现在叫"文明家庭"。五公村出来的人不算太多，都是模范。

　　问：您的孩子都干什么的？

　　答：我的儿子、女儿都是学钢琴的老师，我们自己办了一个童星艺术学校。我现在还教快板书的课呢！暑假里也准备整理一些稿子。

---

　　①　录音中说相当于地委一级。

五公放映队与社庆记忆

李云普　口述　樊孝东　整理

采访时间：2013 年 7 月 18 日，地点在他个人的工作室。2014 年 8 月 7 日回访。

李云普（1943—　），男，曾任电影放映队队长，1961 年初中毕业后在献县参加美术培训，后成为画家。1963 年五公村二十周年社庆时担任讲解员，后参与三十年、四十年社庆与展览会的筹办，多次举办五公村村史、耿长锁家史展览。

问：您多大岁数了？

答：我 71 了，哈哈。

问：这些都是您的书画作品？

答：是的。刚成立了一个书画社，有一个月了。

问：这个也往外卖一部分吧？

答：村里都卖，还有特意来找的。

问：您哪一年毕业的？

答：我 1958 年上初中，1961 年毕业。那时候我家成分高点，上的是五公乡中，也叫五公农中，这是 1958 年建起来的学校。

问：这个纪念活动是哪儿搞的？

答：那个耿长锁合作社纪念活动，1953 年十周年的时候是省里搞的，1963 年二十周年的时候也是省里搞的，《人民日报》发的社论。

问：当时社庆活动都有什么内容？

答：1963 年二十周年社庆的时候，省委书记林铁来了，主要是展览耿长锁互助组成立起来以后农业发展过程。

问：您什么时候开始接触书画的？

答：1953 年十周年的时候，开始在学校老师的带领下参观耿长锁展览。1961 年，当时五公还属于献县，我那年初中毕业，在献县上了一个美术培训班。同时学习书画的，五公村里还有两个。从献县毕业回来以后，赶上了 1963 年社庆，村里让年轻人当讲解员，让我去。那时候在农村来说，我是初中毕业，就去当了讲解员，主要讲解"孤儿"那部分。

问：那您什么时候开始创作的？

答：1973 年，三十年社庆我也参加了，这时候基本上就是画，在接待站画画、写标语。1983 年四十年社庆，这一次不让画，让我布置照片，实际上我那个时候并没有现在水平高。

问：您在美术出版社上过班吗？

答：没有，后来我在电影放映队干过十几年，当过电影放映队队长。

问：那是公社的放映队吧？

答：是的。那时候很不容易，晚上下雨、下雪，很冷，打着伞给人们演电影，受了大罪了。那时候我们都是省广电局统一考试，统一发工作证。

问：在电影放映队是挣工资还是挣工分？

答：我在生产队的时候挣工分，不过一般也是干些技术活。在电影队是挣工资，一个月 42 块钱，比挣工分也不强，多不了多少，主要是喜欢这工作。

问：您和耿社长有过直接接触吗？谈谈对耿社长印象比较深刻的事。

答：有过直接接触，只是人家岁数大，我们小，村里住着离得远，我们是西头，人家在东头。不过，那时候我搞社庆展览，他的这些个事情也都了解点儿。知道比较多的是，他经常到地里转转，看看，见面说话，挺平易近人的那么个人，就这么个感觉。别的有些个事儿，那时候咱干的这个行当，一般在生产队待的时间极少，在县里搞展览、照片、画展比较多，在生产队接触不多。

问：您除了社庆还搞过关于耿社长哪方面的展览？

答：拍照片，搞过耿长锁家史展览，五公村史展览。

问：现在还有当年宣传耿社长的画和照片吗？

答：有一些，原来比较多，后来省里来人要走不少。

集体化时期五公村的副业生产

李满囤　口述　郑清坡　整理

采访时间：2013 年 7 月 22 日下午。2014 年 8 月 3 日、2015 年 8 月 3 日回访。

李满囤（1938— ），男，1971 年加入中国共产党，曾担任民兵排长，大队副业组组长，负责打绳和橡胶厂，后负责五公村果园，土地承包后任第一生产队副队长。

问：您今年多大岁数？

答：76 岁。

问：您当时在大队里负责哪方面？

答：副业。

问：哪一年开始在集体干活的？

答：18 岁上，那时候不上学了。

问：那应该是上到中学吧？

答：没有，就是小学。

问：土地改革，你有没有印象？

答：有一点儿，跟着我母亲，记不太清了。

问：入小社的时候，你有没有印象？

答：有，老耿他们先搞起来，后来人们都跟着学，原先十来个小队，后来是三个队。

问：您加入互助组是哪年？

答：忘了。

问：你们家是怎么入社的？

答：忘了。

问：三年自然灾害那会有印象吗？

答：那会儿我刚来，当民兵。

问：您负责做什么事情？

答：出民工。

问：您什么时候开始到大队干副业？

答：三十多了。

问：得（一九）七几年了？

答：可不呗。"文革"啥时候？

问：1966 年开始。

答："文革"以后，我在民兵那边。当时这个村里一队、二队、三队，就是一连、二连、三连，那时候让我当民兵排长，有冲锋枪，一天放两三遍哨。

问：您怎么当排长的，每天怎么组织训练、生产劳动的？

答：劳动就是起大早干活，训练是整个民兵营集中训练。

问：这个村就是一个营？

答：嗯，一个村就是一个营。

问：一个排有多少人？

答：营、连、排、班，记不太清了。我的脑子不行，脑血栓 20 年了，1993 年得的，一直吃药。

问：民兵除了平时训练、维护治安，还有参加劳动，你是持枪民兵？

答：对，持枪民兵。我那时候经常有枪，我到副业上去了还带着枪哩。

问：您到副业上怎么还带着枪？

答：搞副业，那时候也是挣工分，一天挣一个工。

问：哦，您怎么过去干副业的？

答：大队让我过去管副业。

问：您搞副业是什么职务，组长还是队长？

答：组长一类的。

问：您负责哪方面？

答：打绳，耿长锁那时候就打绳，做皮签儿，橡胶皮做的。

问：您手下干副业的有多少人？

答：手下连打绳的，人不少，有个四五十人。

问：男的多还是女的多？

答：女的多。

问：有多少女的？

答：做皮签儿的都是女的，打绳的也是女的多，女的得占三分之二。

问：她们都是什么年龄段，多大岁数？

答：小的也就是十几岁，都不大，岁数大的不多。

问：皮签是什么？

答：橡胶做的，就是皮垫儿。

问：那做皮垫得有设备吧？

答：有，设备有一个大轮子、轴、大锅炉。

问：有多少台这样的设备？

答：三台。

问：做皮垫儿这块的有几个人？

答：15个。

问：几个人一台设备？

答：四个人一台，三班倒，机器黑白不歇。

问：一天挣多少工分？

答：需要大伙评算。

问：橡胶的原料从哪来？

答：就是上唐山找料。

问：找什么料，废旧橡胶吗？

答：去下订单的厂子找。

问：怎么接订单，跟谁联系？

答：专门有跑业务的两三个业务员。

问：他们怎么跑业务？

答：当时去外边，因为有老耿在，要求人们艰苦朴素。出去一天只有饭补，一顿饭4毛，别的没有。你要住宾馆，饭费就是包干，一顿饭四毛，一天一块二，多一分钱也不行，那时候就这样。

问：你们主要联系哪的厂子，主要就是接唐山的订单吗？

答：什么地方都有，石家庄、邢台、西安等。

问：都是什么厂子，给什么厂子加工？

答：厂子种类不同，有做水泵的，有做别的，这一类的。

问：做一个胶垫的成本是多少钱？

答：不少，一半多。

问：算不算成本和利润？

答：算啊，还得给人们的工钱呢。那时候（工值）有合八毛的，有合一块的。

问：您是负责这个村的副业还是一个小队的？

答：别的副业咱不管，只负责打绳和橡胶厂两块，别的不管。

问：一般情况下，做一个橡胶垫可以赚多少钱？

答：十分之三（利润率）。

问：这样算的话，一个月得有多少这样的业务？

答：弄不清。

问：活最多的时候能做多少？

答：闹不清。人们做活，就是挣工分，副业上的钱都交给大队了。

问：一年的活多不多？

答：多，没啥闲着的时候。

问：打绳的原料从哪来？

答：县社进的麻。

问：打什么绳，有什么用？

答：什么绳都有，手指头粗的绳子，就是老百姓家里经常用的绳。有时候给供销社加工，那个活儿多。

问：除了给供销社加工之外，这些东西卖吗？

答：可以卖。

问：卖给哪呀？

答：谁用就买。

问：有没有去集市上卖？

答：不赶集，供销社加工的多，有买的就去院里买。

问：副业的院子在哪？

答：在村里这个地方（大队部）。

问：那谁来买？

答：谁需要就过来买呗，也有外地的来买，不出摊，就在这里卖。那时候买一根绳也就三毛两毛的。

问：一般情况，人们都买多少？

答：两三毛钱的。你要多长的，可以订做。

问：三四毛钱的绳子有多粗，多长？

答：圆珠笔粗，一丈多长，4米来的吧。

问：一般情况下，刚才说的那么一根绳子能赚多少钱？

答：毛数来钱。

问：那样的话，成本得两三毛钱，占三分之二？

答：嗯。赚的也就三分之一，到不了一半。

问：一天最多打多少绳？

答：几百斤。

问：一两百斤还是七八百斤？

答：一百多斤。

问：如果有三根手指粗的绳，大概得多少钱？

答：短的几毛钱，也有几十块钱的。

问：几十块钱那样的绳子有多长？

答：那得看怎么用，有20米的，也有30米的，不一样。

问：多长时间打一根绳子就是圆珠笔粗、四米长的？

答：打根绳用的时间不长，好几道工序呢。

问：你估计想要打三根挺粗的，20多米长的绳，从纺线开始到最后完成，需要多少工？

答：每根需要10个多一点。

问：如果打那种细绳（圆珠笔粗，四米长的），得需要多少工？

答：没法具体统计，因为这需要好几道工序。

问：那您说的10个工，是指把线纺好了，从小绳到大绳？

答：……

问：从哪个工序开始算工，从纺线开始？

问：一天要照着三四十斤的毛来纺？

答：对。一般的人一天要纺三四十斤毛。

问：一天要照着三四十斤的毛来纺？

答：对。

问：哦，就是一天得纺三四十斤才算一个工。

答：嗯，一般时候到不了一个工，就是八分多九分来的工。

问：搓绳的人一天需要做多少才算一个工？

答：那个就没准数咧。

问：您负责副业到什么时候？

答：待了大概八年。

问：到承包土地了吗？

答：不到呢。

问：在搞副业的时候，您每天怎么给他们派活？

答：每天八个钟头活计，需要做什么，尽量超了。

问：那会人们好管理吗？

答：好管

问：如果不听话怎么办？

答：那时候人们都听话，没有不听话的。

问：完不成任务怎么办？

答：完不成的话，到时候评工分就少。

问：离开副业之后您做什么工作？

答：果木园，在那儿待了七八年。

问：那您在哪一年不干果木园的？

答：在那儿不干了，又回到生产队里，当队长。

问：当队长是哪一年？

答：没记住，我是 1971 年入的党，这个事记得。

问：到果木园工作是入党前还入党后？

答：想不起来了。

问：您在果园主要干什么？

答：看果树，不让人们偷果实。

问：看果园的有多少人？

问：十多个人。

问：您回生产队后，当的是几队的队长？

答：一队（副）队长，我是管家务的队长，管整个的家产。

问：这个队长不好干呀！

答：对，整个的家务啊。

问：那您怎么管？

答：好管，那时候人们好管。比如说打大绳，你来领麻，给你十斤，完了你得给出七斤绳，一般差不了。说这么一个事就能解释了。那时候什么也不怕，就怕什么也没有。

问：那你管家务都包括什么呀？

答：什么也有，什么都管，粮食库也管。

问：您手下有多少人？

答：这队里那时候六七百人，二队的500多人，三队的八九百。

问：您做管家务的队长，这么多事情，你一个人管得过来吗？

答：管得过来，好管。喂牲口的单有喂牲口的，看大车是专有看大车的，你要用三辆车，得找我给你批了，你才能套车出去。

问：用粮食是不是也得找你批字？

答：有什么事用粮食，也得小队长同意。

问：你们一队几个队长？

答：有书记、队长、副队长、妇女队长、小队长。

问：你们生产队长们是不是每天得碰头开会？

答：经常开会。

问：队长之间的关系怎么协调，好协调吗，有没有闹矛盾或者产生冲突的时候？

答：也有，不过没多大矛盾。

问：有没有跟队长产生矛盾？

答：有那么一点半点儿的，也不是什么大问题。

问：一般在什么情况下有冲突？

答：有时候评工的时候有。

问：一般解决的话，好解决吗？

答：好解决。那时候人们的思想觉悟高，不能说一点没有。

问：你们一队到承包地的时候什么情况？

答：承包土地的时候，是我带头承包。

问：当时是怎样一个过程？

答：把土地承包下去都是经我手的。

问：您具体说说是怎么承包下来的？

答：承包的土地分为一类地和二类地，而且每一类地都分散在村里不同地方。你得排上号，贫地一亩合半亩好地，按一人分多少，抓阄决定哪块地，结上组，是自由结组，就不是派咧。

问：承包土地时的家务（车马工具）怎么承包？

答：几家。

问：1984 年承包土地之后，您还是队长？

答：我就退下来了。

问：承包之后就是各干各的？

答：承包了土地，井还得管。

问：当时的平均亩产量是多少？

答：生产队时候，（小麦）跟现在也差不多，那时候的小麦也得千数来斤，今年小麦最高的一千零几十斤。

问：当时为什么产量那么高？

答：那时候施的化肥，磷肥、尿素。

我在五公从事农业试验、
青年工作和副业生产的往事

耿亚民　**口述**　樊孝东　肖献法　**整理**

采访时间：2013 年 7 月 22 日。2014 年 8 月 2 日、2015 年 8 月 4 日回访。

耿亚民（1945—　　），男，1961 年初中毕业，1964 年在五公村试验田主管耕作，1966 年在团支部任支部宣传员，后任团支部书记、副教导员。1972 年任林业队大队长，1975 年回生产队三队主管副业，1982 年自己开设小工厂。

问：您今年多大岁数了？

答：69，虚岁。快着呢，一晃完事儿了。

问：您上过什么学？

答：我 1961 年初中毕业。

问：请先简单介绍一下自己。

答：初中毕业以后到生产队了，待了两年，干了两年活儿。到 1964 年大队搞了一个农业试验田，我就到试验田去了。1966 年我就进了团支部，当了支部宣传委员，以后当团支部书记、副教导员。1972 年到林业队，在那里当了两年多大队长。1975 年，又回到生产队了，到生产队抓副业，一直到改革开放后，1982 年。这以后就自己搞起小作坊了。

问：试验田是什么时候开始有的？

答：试验田是 1963 年，和农研所挨着比较近，有十几亩地，主要搞品种杂交对比。

问：农研所是哪的？

答：县农林局在村里搞的农业研究所，农林局驻五公大队农研所。那个地方有个医院，就挨着医院盖的农研所的房子。在医院前边的地方又找一块地方盖的房子，都在道南，后边医院，前边是农研所，再前边是试验田，挨着试验田，指导起来相当方便。

问：饶阳县别的地方也有这样的农研所吗？

答：县里有两个，留楚还有一个。

问：农研所的编制有几个人？

答：最多五个人。

问：五个人的具体分工是怎么样的？

答：有所长，副所长，研究人员。他们主要是抓这一片的农业指导，技术指导，再一个就是防治病虫害，土壤改良，土壤化验，取点儿（标本），取点儿送到上面去。

问：农研所跟试验田是一种什么关系？

答：农研所属于县农林局，试验田属于大队的试验田，是领导与被领导的关系。大队的试验田离农研所比较近，农研所周围就是试验田，正好农研所有什么科研项目就放到这个地方来，守着这个地方嘛，农研所出门就是试验地，有什么项目都挺方便的。

问：农研所做试验的地是咱们村里的吗？

答：都是咱们五公大队的。那时候离着农研所那个地方比较近的那块地，有十几亩地，设立了试验田。有高粱试验田，主要是搞品种杂交，品种对比，在种植的过程中有一些对比，相互对比，看哪块比较好。

问：除了您之外咱们村负责试验田的还有谁？

答：主要负责的是周元九，他是大队技术员，具体负责试验田是我的事。

问：您主要是负责一些什么事？

答：一些实际操作，耕作等各方面的劳动都是我管。

问：当时有什么设备吗？

答：对试验田来说没有什么设备，用的设备就是农研所的设备，农研所有气象观测，试验田会抽出一个人来观测那个。

问：试验田村里就两个人吗？

答：村里在这个当中一共有五六个人，在我印象中最多是七个人。有乔库、满敬、李涛、瑞莲、李庆，还有我，再就没别人了。

问：试验田这几个人大概是一个怎么样的分工？

答：具体分工的只有一个，就是农业气象观测有一个专门的人，其他项目没有具体分工，无非就是有什么试验项目大伙儿就一起干，具体试验分工没有。分工也是临时性的，比如有什么项目大伙儿一块干，负责人临时指定，说这个项目你主要抓吧，抓完再有项目再临时分配一下。

问：当时主要开展的试验项目都有哪些？

答：气象观测、杂交制种，当时就是这么些事。主要搞一些玉米杂交制种，玉米杂交在当时（指 1963—1964 年）是个新鲜事儿呢。再有高粱杂交制种，高粱杂交制种当时咱这一片没有，让咱们过来人说，当时也是比较相信这个的。

问：咱们那个时候种的高粱多吗？

答：以后是不少了，但是这个品种是怎么搞的呢？那时候我们到地区开农业技术会，在会议上临时确定说搞一个新项目，就是搞高粱杂交。高粱杂交是在哪里搞啊，得上海南岛搞，说派谁去，当时说你去吧，我说不行啊，我离不开，这一去就是半年的时间呢。为什么去海南呢，因为那里气候好，一年四季都可以搞。那时是秋后，他是为了多搞一季，在海南岛搞完到第二年春天咱这里就可以种，立时就可以用了。但是我去不了，我去了家里一摊子事都扔下了怎么办啊。他说你不去就不去了吧，于是派其他两人去了海南岛，一个是农研所的，一个是农研所的协助员，他俩在会后就立马奔了海南岛。他们到那把技术学好了以后就回来教给我们，我们学会了就开始鼓捣。

问：除了玉米的、高粱的，小麦、棉花的试验搞过吗？

答：小麦一般都是自交系，自花授粉，不太好弄，就没搞。棉花杂交搞过。主要是玉米、高粱、棉花这几项。

问：有搞得比较好的品种在咱们这里种植推广的吗？

答：咱自己没研究出什么成果来，实际效果不是很好。有小麦密植、稀密对比，是在咱们这儿搞的。对小麦来说主要就是选择品种，从外地引过来的新品种在咱们这里试种看看究竟怎么样，适应不适应咱这个地方，从气候、水土等各方面看适应不适应。咱这块儿引进的品种多了，引进来搞了若干个试验区，在这里一片，那里一片，同时做试验，看哪个比较理想，试验两三年以后看哪个产量高再推广下去。

问：试验田的主要工作就是这个吗？

答：主要是对比试验搞得多，自己培育新品种方面是棉花研究得比较多，但是最后也没有什么成果。还有棉花除虫，采用玉米棉花间作，在棉花地里种玉米，在间作的过程中怎么除虫比较方便。抓除虫这块儿，大队技术员和我们在一块儿干，周元久抓得多，我在这方面抓得少。周元久是有名的"虫子怕"，害虫都怕他，主要抓除虫。实际上这个"虫子怕"主抓试验田，他是试验田主要负责人。他在除虫这方面的研究相当不错，不过现在他不在了。在当时他主要抓怎么治虫子，我们搞治虫搞得少，主要是管品种杂交。在我印象中他在棉花地里种玉米，提前把玉米叶子弄下来达到除虫效果，这是用生物法治虫，并不是用药物除治。

问：您在试验田待了多长时间？

答：我在试验田待了有四年就不待了。后来到大队当了团支书，后来葡萄我都没见，那一阵儿很少过去。

问：耿社长去试验田转转吗？

答：我在试验田的时候，耿社长经常过去看。每次去了以后问小麦品种、高粱品种又搞出什么新样来了没有，他经常过问。有一次，他过去说你们搞一样对比吧，我说搞什么对比，他说搞玉米双株，一穴双株搞对比，我听说这个效果不错。隔一段时间，他又来问试验结果，说试了试效果都挺好。再有，像小麦品种对比，他是经常问这方面的事。有时候他去了要看看你们弄得怎么样，哪方面进展怎么样，他问得相当细。他前头说了的事，过一阵儿得问你办没办啊，就像这个双株玉米，他得问你们办没办啊，说办了办了。办了就行，效果怎么样啊？效果不赖，可以，行了行了。别说了以后没效果，他特别腻歪这个，他说了以后你就得实际干，你没有实际干就得批评你了。你看说了以后你们这么拿着不当事儿，他就是特别认真。像当时搞玉米和棉花间作来诱杀棉铃虫效果挺好，在咱们这边推广挺好的。

问：那咱们还是取得了一定实际成果，并且有一些技术成果还得到了应用。

答：对、对、对。

问：您离开试验田去了哪里？

答： 我就到大队这边团支部做青年工作了。

问： 那您简单地介绍一下青年工作的开展情况。

答： 当时做青年工作的面和项目很多，比如说夜校，业余学校，有些练毛笔字的，学农业技术等。

问： 上午说到青年工作，接着谈吧。

答： 1963 年我在团支部任宣传委员。1964 年组织夜校，都是些全民性质的，每一个村差不多的都参加，像上岁数的都参加了。在这个过程中成立了各种班，好多个呢，比如珠算班、数学班、毛笔字班、农业班（农业知识方面）、电工班等等，好多班呢。当时都在学校里，原来是个小学，尤其是一到晚上，各个屋里差不多都有人，人多多了。再有一些走不动的，上点岁数的不愿意到夜校来的。各个生产队都组织夜校，主要讲农业知识，比方冬小麦怎么管理呀，其他各方面的怎么管理。当时因为我以前在试验田里待过一阵，正好这方面知识也比较多点，就给班上讲讲。三队里是我讲，二队里主要是愣讲，他在哪里的什么电工学校上过学，一队里是谁呀，忘了。

问： 这些讲课的也都是咱们村里的人吗？

答： 都是本村的，本大队的。

问： 您当时在什么班？

答： 我在创作班。当时有个人叫冀锁柱，是在五大队蹲点儿的一个干部，他对写作方面相当喜欢，组织了一个创作班。这个创作班也有一帮子人呢，搞文艺创作的，写作的，诗歌、散文、小说，写出来的文章不少呢。当时有《河北农民报》、《衡水日报》，再有河北省农协、河北省文联、衡水地区文联，很多人在各个报社、文联里做通讯员。我参加了这个写作班，当时我下了班就去，我曾经在《河北农民报》、《衡水日报》做过通讯员。

问： 当时投了一些稿子吗？

答： 投了，也发表了不少，我也发表了几篇。

问： 发表作品有稿费吗？

答： 有，不过我们的稿费都买了书了。当时书很多，因为大队里没有地方，就寻思都放在我家里得了，在我家里弄了个图书馆，谁看书谁就来借。当时尤溪对这块抓得相当紧，他是衡水文联的老师，发表不少文章，他也弄一些书来。那时候我们这个班也买一些书，我记得李惠英、师桂英，她们的稿费买了书都放在我这个地方，在我这炕头上那么老大一堆，谁去谁就放在那。

问：大概有多少册？

答：几千册吧。当时创作班这方面挺活跃的，上头一直来人，有出版社的，有各个报社的，还有一些作家们，谁来了以后他不能白来啊，都带一些书来。

问：开展过哪些有意思的活动呢？

答：经常开诗歌会，赛诗会。赛诗会有意思着哩！没事就组织个赛诗会，你也说，我也说，那时候屋子里得有一二百人，在西边那个屋子里，那个屋子大，经常在里面开，挺有意思，那阵儿活跃得多了。

问：这么多人，组织起来容易吗？

答：由于人们经常学习，有那种思想，一说有什么活动非常好组织，好组织得多了。那时候人们的思想跟得紧了，思想提高了，集体观念相当强。当时组织个活动，你别发通知，只要一发通知，这村里 300 多青年都来了。那条东西向的马路先前不行啊，坑坑洼洼的，不像现在平整，那时候都是土道。后来商量咱垫垫这趟道吧。说什么时候垫，当时我就说这样吧，咱发动青年垫，一发布通知村里各个队的二三百个青年，凡是在家的没有不去的。去了以后报到签名，有二三百人。从桑元那个地方推土推到这里有五里多地。一人一辆小推车，一晚上一个人推 10 车土，来回 100 里地，这样把道垫平了。大队俱乐部这块儿，也是发动青年垫起来的。那会儿一说义务劳动没有不去的。那时候也有意思多了，如果不通知某个人，他就会认为自己落后了，跟你闹脾气啊，有的人在底下也闹啊，说怎么不通知我。

问：有什么娱乐性的组织和活动吗？

答：发动组织俱乐部，组织文艺宣传队。文艺宣传队有 30 多个人吧。每年一到秋后就开始了，一直活动到春节，春节以后很快就没什么闲工夫了。这一两个月的时间到处演出，那时候分大队经常演出，人们的积极性很高，有重大节日如建军节、党的生日，一些属于这类的节日都有演出。有时邻近的大队都互相串串，到常安大队演出，20 多里地，晚上就走着去了，完了回来。还去北京演出过，在北京演出好几个节目呢。有个节目是《两个媒婆到我家》，根据一首诗"一只乌鸦叫呱呱，两个媒婆到我家……不用中间撮合人。"改编的一个反映婚姻自主的小短剧。在 1973 年建社 30 周年的时候，自编自演的《三把大镐创业》，是大队的村史社史改编的，演出了多少场，我是饰演耿社长。当时是天津音乐学院师生来了以后，他们的音乐知识相当丰富，干什么的都有。来了以后说把"组织起来"编一个歌剧，叫《三把大镐创业》。耿社长当年不就是三把大镐起家创业的啊，五公大队这个"社会主义之花"就是三把大镐创业起来的。以这个典型事件为原型，自编自演。

问：《三把大镐创业》演一场要多长时间？

答：两个多小时，现代歌剧。

问：参加演出的有多少人？

答：参加演出的，我得想想，有不少人！

问：剧中人物还有谁？

答：有刘芳，当时叫郭×，剧中改名改成刘芳，有李砚田，有耿社长，卢墨林等。这部剧并不是从"老四户"到人民公社整个过程都写下来，是从当中取了这么一段，从郭×来"砍社"开始。1953 年郭×来说大社不行，要取消，以郭×"砍社"为背景写的这个东西。

问：从时间上主要演的是哪段？

答：1953 年到 1955 年那段。1952 年 11 月，在耿长锁农业合作社带领下，把村里 20 多个小社合成一个大社，全村 401 户入这个大社，大社还属于初级社。1953 年，从省里来人说你这个大社不行，必须去掉，要求党员必须带头退社，动员人们退社。全村开党员会，开支部会，开协调会，谁也不退。在这个情况下怎么办呢，让党员带头出社。带头出社以后并不是散，而是带着几十户仍然组成小社。当时是小社组织起来合成大社，上边说不行，你要把这个大社划掉，还得划成小社。

问：上头是不是认为五公的步子走得太快了，有些冒进？

答：步子迈得太快。春天"砍社"以后，到秋后省政府觉着之前"砍社"执行的那一段路线是错的。怎么办呢，就开始十周年大庆。这个剧就是以这个为背景写的这一段，主要反映合作社曲折发展过程，都是自编自演的。

问：节目是自编自演？

答：百分之八十到九十都是自编自演的。那时候知识青年下乡，都是自己编的小歌剧，到处演出，挺受欢迎的，人们都挺喜欢看的。这些自编自演的节目，在衡水地区来说影响也是挺大的。在民兵刚野营拉练的时候，大队的俱乐部野营拉练到衡水演出。当时可不是坐车去，是拉着小车，把所有道具装到小车上，傍晚出发一路唱着歌就到了衡水了。差不多走了一宿，第二天早晨早早就到了。去了以后，地区宣传部部长李毅开会挺有意思的，他说为五公鸣锣开道，热烈欢迎。那家伙，几千口子人，人多挤不开，鸣锣开道，还发了奖状。我们临走的时候，张端书记去送了，回来的时候，大队里说这样不行啊，孩子们太累得慌，不行，得去接他们。说别来接了，家里说不行，不接不行，别把你们累坏了。开着大队的拖拉机接我们去，半路上把我们接回来，已经走了快一半了。

问：当时这些文艺节目排练演出的时候都给记工分吗？

答：记工。有时不记，晚上不记。像有时候白天有演出任务就记，人们都是记工分，因为耽误这么长时间你不记工分不行，也不合适。就这样大队说没事，你们干这么累的活，演出任务的时候你们别含糊，有大队给你们兜着呢，到时候给你们记工，特别鼓励，鼓励劲儿大得多了。我们去了衡水演出，张端支部书记都送我们去，看着我们没事儿走了，他们才回去。1972年调整领导班子，说你到林业队去吧，我说去吧，我就不在生产队待，到林业队了。我到林业队，这宣传队怎么弄，说我把宣传队带到林业队去吧，三十来个人，林业队也需要这个。

问：演出会耽误劳动吗，这种关系是怎么处理的呢？

答：我们那阵也是按劳分配，不是无偿的。一般由组织活动的记工，年终拉清单给了大队，一看谁谁多少。谁耽误多少大队都有底儿，耽误多了也得挨批。以农为本嘛，别的方面耽误农业劳动是不行的，适当的耽误可以。如果耽误过分的话就会挨批评，我挨过切身批评。

问：当时村里人们对政治学习的热情很高吗？

答：学习风气相当好！那会就说早晨起来吧，四五点钟，冬天啊，老头、老太太都起来去背"老三篇"去，就在打谷场里，差不多人们都去了，去了以后都背啊。我背这段那你听听对不对啊，六七十的老太太都去啊，何况年轻的呢。在我印象中大队给人们订衡水报纸，一家一份，你想那思想能不进步啊！当时都写文章。在中学时候，我是团总支副书记，有个敲钟的吸收他当了团员。中学毕业回来以后，我还担任团支部书记。后来有个什么事找他，也没在家，他已经超了龄了，怎么给他做工作啊，说不行取消了算了。当时咱的组织观念也不行啊，不知道怎么办了，说不行给他报上去得了。报上去回来他就不干了，这个人都30好几了，还当团员呢，回来恼了。他说你怎么回事呢，平白无故把我团员就勾了，我入团你知不知道，我说我知道，我容易不容易，我说不容易。结果和我干了一仗。你看当时人们那个进步劲就那么大。开赛诗会，诗歌比赛，人们那个热情，好家伙！当时好多诗在我脑子里印象相当深！那时候写好了你自己朗诵，并不点名。我还记得当时自己写的一首诗，写五公建社三十年，现在记得不太清了，开头写的是："昔日五公好凄凉，五条沙路十座岗……十年九载闹饥荒……"我在哪地儿就写哪地儿的事，当时在林业队里就写林业队的事。那个生活过不够，特别有意思。有个重大节日，人们那个积极性和热情劲哟，相当热情，不用组织，人们自然就起来了。比如说中央开大会，说晚上几点发表社论，村里的人们就一直守着收音机，等着收听！我那个时候，一边听还一边赶紧地记呀。完了以后，人们就单等着大队敲锣打鼓。大队里一敲鼓，各家各户乌拉乌拉地都跑着往大队里去，往生产队跑，集合完了就举行游行。好家伙，那个场面激动人心啊！尤其是一个党代会，一个人代会，人们就是不吃不喝也要等着发表社论，拿着笔和本，在收音机跟前听，听了赶紧记，见了谁都要宣传啊，怎么、怎么回事呀。

问：听您这么一说，当时人们的精神特别饱满，劲头特别足。

答：每天晚上活动到十一点，人们都在小学校里，屋子多啊，一待就待到晚上十一点还不歇呢。

问：1972年您到了林业队，林业队和生产队是平行关系？

答：平行的，也是一个生产单位。

问：林业队最早是从什么时候有的？

答：应该是1956年那会儿，高级社的时候。

问：这些树是什么时候种的？

答：林业队建成以后种植的，那边原来是一大片沙岗子、河沟，把沙岗子都推平了，折腾了两三年才栽种上果树。我去了以后，一看这河沟子就是个贼道，里面是紫穗槐，总有人顺着河沟去偷果子。请示了一下大队，把贼道改了，刨了一些树，又重新栽上并且一下子打了两眼井。

问：林业队有多少人？

答：有个七八十个人，有几百亩地。

问：这些人是怎么来的？

答：都是从各生产队抽出来的。

问：种些什么树？

答：苹果、梨、桃、杏，主要以这些为主，还有一些其他的，核桃什么的。还有试验田，试验田也归林业队领导。

问：林业队秋天收了果实是卖了还是分给村民吃了？

答：都是卖了。

问：卖到哪儿？

答：都是走果品公司，合作性质的供销社一类的。

问：林业队当年的收入情况怎么样？

答：那时候收入和现在不能相比，有几万块钱，大概七八万吧。

问：林业队收入怎么分配？

答：林业队不单独核算，收入全部交到大队来。在林业队参加劳动后也是记工分。林业队里有会计，每天歇工的时候会计给记工，一个月一总，统计好了把工分表给生产队的会计，一年下来 200 个或是 300 个，最后在生产队结算，领取报酬。

问：林业队跟县林业局有关系吗？

答：当时林业队是属县林业局领导，他们有一个果木组经常来这儿蹲点。一方面是技术指导，无偿性的，有时也帮着推销产品。另一方面安排种植，这块儿多种些，那块儿少种些，进行适当调控，不至于产生过剩的情况。现在回忆起来那时候的事，挺有意思的。

问：当年的林业上的果子收了给社员分点吗？

答：也分点，分的都是不太好的，好的都拿去卖了。

问：大概一个人能分几斤？

答：分不太多，一般就是卖，也卖给社员。到时候喇叭里会喊，什么时候卖，谁要去买去就行了。也分也卖，分得少。

问：卖给社员的也是好的吧？

答：最好的走了，卖了钱了，卖给国家。

问： 您从林业队离开到哪儿了？

答： 1975 年后又回到生产队了，跟生产队的书记李忠信就伴儿，主抓副业。队里副业没人抓，于是我回队里主抓副业。

问： 您是几队？

答： 三队，当时副业多，多极了。

问： 都有哪些副业？

答： 车床，电气焊，汽车配件，做冰糕冰棍，翻砂，铝铁合金。在当时来说，铝铁合金在咱们国家还算先进的东西哩，之前铝和铁合不到一块，俺们想办法让他合一块。织布做劳动布的工作服，搞了一阵子不做了，以后又搞织化肥袋子，又搞景泰蓝仿古瓷器。景泰蓝做得挺漂亮的，要是摞到现在也挺好的，当时没那个思想。

问： 当时铝铁合金主要用来干什么？

答： 搞热处理，主要做热处理的炉子，淬火用的那种大炉。炉上面放零件，托的那块板一般材料顶不住烧，铁的铝的都不行，一烧就氧化爆皮，烧坏了，铝铁合金不氧化。还有做那块板下面那个大球球，一个球球好几十块，那时的钱值钱啊。当时饶阳县东风机械厂一个人发明的这个技术，通过了国家专项技术鉴定，很先进啊。咱想学这个技术吧，说好了教又不教，请人家也不教，人家不教给，不教给我也得想办法偷你那个技术。

问： 铝铁合金技术是这么偷回来的啊？

答： 哈哈，连偷带学呗！也难怪他保守不教给。当时这项技术研究出来不容易，技术相当不错。咱后来在这方面挣钱了，订了不少合同。

问： 都去哪些厂子订立合同？

答： 天津，冶金部，都是大厂子。当时来说这个技术在全国相当出名，是高科技的东西。

问： 利润如何？

答： 相当可观。一块铝合金炉底板有几百斤，大小不一样，四十多块钱一斤，大几千块、万八千一块，下边那个球一个就是几十块。

问： 铝合金的订单一年有多少？

答： 我觉得有几万，那时候钱不好挣，钱特别实。

问： 利润率大概是多少？

答：得百分之六七十，利润相当可观。改革开放以后还有人找我们想弄这个。

问：铝合金大概搞了多少年？

答：搞了有两三年。

问：为什么这么挣钱不继续干了？

答：这时候一个劲儿地变动，一分地这些集体企业就没了，完事了，那阵人们也就拿这不当事儿了。

问：这两三年是哪一段？

答：20 世纪 70 年代末 80 年代初。一个生产队一年总收入才十来万块钱，第三队那会多的时候一年才十一万块钱，一户最多分千数来块钱。我有一年做了 460 个工，刨去粮食吃喝最后分了 200 多块钱，这是分的最多的一次。

问：除了铝合金，还有什么搞的比较好的副业？织布怎么样？

答：织布做劳动工作服，也是出去订合同，全国各地都去，织成劳动布，做成劳动服（工作服），出去订货。那时有 6 台织布机子，织好了马上就裁了做衣服，裁缝人不少，具体多少记不清了。还有做塑料凉鞋，做得也可以。做鞋底子的机器是我从广州买回来的。当时跟北京鞋帽公司挂钩，做好了鞋发到那里，他再发到全国各地。这里头还有个笑话哩，当时县委书记王志勇，有一回到西安去开会还是参观，天热了，说不行我得买双凉鞋，在商场里买了双凉鞋，回到住处给一块去的看这双鞋，有人一看，五公生产的，哈哈哈，你说有意思呗。等他回了饶阳，让人笑话了好一阵子，都说王志勇书记到西安买了双凉鞋，买了一看是五公产的。这也说明，五公这个凉鞋的销路还是挺广的。

问：凉鞋的厂子做了几年？

答：干了好几年呢。编织化肥袋子也做了很多年了，一直到改革开放。

问：1984 年分地的时候还有哪几项副业？

答：凉鞋那时候不做了，就是做化肥袋子，没别的副业了，到那时候人们思想就涣散了，副业就完了。

问：最后的副业是怎么处理的？

答：都承包给个人了，个人出钱买了。织化肥袋子刚一开始承包给个人了，大概十七个人承包了，干了一年多，就一次性买了。

问：集体企业到现在有保留一些吗？

答：没有。

问：当时人们对联产承包怎么看，是否愿意分？

答：刚开始人们不大愿意分，说干得挺好的怎么就分了，因为几十年都在一块儿。

问：五公村通上电是什么时候？

答：1958 年开始送的电，有一个发电厂，就在北面，有一个大发电机，当时电压相当低，因为带的面积大，带不动，就凑合着。

问：那个发电厂是哪里投资搞的？

答：可能是县里投资的，具体哪里不大清楚。真正比较正常的发电大概是 60 年代，双配套，一个电动机，一个柴油机。当时那个电和现在没法儿比。

问：对耿社长印象比较深的事情有什么？

答：支部和耿社长对培养下一代吃苦耐劳这方面，实实在在的，这是一个最大最大的特点。我当青年团的宣传委员的时候，那时候青年工作很多，任务很重，上边经常来人。但是，在生产队还必须干活儿，干部必须参加劳动，不参加劳动不行，有最低限额。那个时候，张端经常找我，问我参加多少劳动啊？参加劳动记工分，有小本，在生产队记，参加劳动了就给盖上戳，是 10 分，还是 8 分。有一年冬天，我排练文艺节目太多了，耽误劳动日太多了，一个月就参加了五六天劳动。支部书记张端狠狠批评了我，说你工作再忙也不能忘了劳动这个事，你这没法交代啊。耿社长也说，你这样不行啊。

问：谢谢您，跟我们聊了这么多！

答：我说的就是拉家常，也没什么参考价值，不过都是我亲身经历的事儿。

我在五公村做农业技术员的工作经历

岳叔和　**口述**　杨学新　郑清坡　**整理**

采访时间：2015 年 7 月 23 日。2016 年 7 月 25 日、2017 年 8 月 1 日回访。

岳叔和（1938—　），男，献县礼村人，1956 年入昌黎农学院学习（现为河北科技师范学院），毕业分配到献县农业局，1966—1968 年任五公农业技术站站长，兼五公大队驻村技术员，1969 年调饶阳县良种繁育场工作，1975 年后到饶阳县农业局工作，曾任农业局副局长、局长。

问：您今年多大？

答：虚岁 78，属虎的。

问：1938 年出生是吧？

答：嗯，正是日本侵略中国的那个年代。我 5 岁上就牵着牛躲日本人，一跑跑出十里地去。日本投降以后，那个牛顶我，你看，我说没撂下这个家伙。

问：您是哪的人啊？

答：献县礼村，礼貌的礼。

问：您哪个学校毕业的？

答：昌黎农学院，昌黎农学院分配到这县的人特别多。

问：那可是个老学校了。

答：嗯，打日本那个时候办的。

问：到 1945 年日本投降，还能记得什么事吗？

答：俺们那时候五六岁上呗，我有个叔伯哥在村里是个干部，就教俺们喊："汉奸，汉奸，为了吃穿，到村不是杀人，就是要钱。"汉奸一听就追俺们，俺们就跑，跑一段他就不追了。

问：土改时候的事情您还记得吗？

答：土改的时候我也 10 来岁上吧。

问：哪年土改的？

答：可能是 1947 年。

问：您对当时土改有什么印象？

答：那时候刚记事，村里组织贫民团，村民代表，俺们村也是个比较穷的小村，二几百户，时间不长。

问：您家是富农吗？

答：不是，我家是中农。因为我家没房子，住的别人的房子，有十几亩地。

问：几口人？

答：我家五口人：我母亲，两个哥，父亲在沈阳。当时我大哥当兵去了，在四野。那时候有个随营学校，他们在献县张家庄待了一段时间，又去了大曹庄，在大曹庄、小堤这儿待了一段时间。

问：您中学是在哪上的？

答：我是在献县上的中学。

问：您上昌黎的时候多大？

答：那年是 1956 年，虚岁 19。

问：那您工作是哪一年？

答：1959 年。

问：您是一毕业就到了饶阳工作了？

答：刚毕业到的献县。那时候饶阳县已经划归了献县，献县当时是大县。在献县待了一段时间就到饶阳来了。我第一次下乡就是到饶阳来，那个时候比较艰苦。

问：在献县什么单位？

答：在农业局。我毕业后第一次分到献县，当时不让回家，不像现在，先让你回家待一段时间，当时是毕业先上班，上班后马上下乡，我就上这里来。来这里哪有车呀，用自行车带到饶阳。第二天就到了五公，然后是深州、武强，转了一圈回去，领导才说你回家去看看吧。

问：那您当年到五公是干吗来了？

答：这算是我第一次来，了解了解情况。那时候五公有个农研所，所长王春普，还有孟凡林、李玉山、李云芝，五公村技术员周元久。当时是八月份，玉米还不是很熟。在五公待了一个礼拜，又到深州、武强转转就回去了，一圈转下来半个月的时间。

问：在五公待一个礼拜都做什么呢？

答：就是下去考察作物的生长情况。

问：您当时下乡对五公印象怎么样？

答：对五公的印象很好，工作实实在在。

问：那您后来在五公技术站主要的工作是什么？

答：那时候我当站长，管着六七个人，我是五公大队的驻村技术员。一个站管四个乡。

问：平常主要做哪些工作？

答：一个是从大面上指导农业生产，一个是五公大队技术工作，一个是领着三个技术员出来工作，一个是虫情测报等。

问：后来您到哪了？

答：1969 年到了县良种繁育场。

问：您在五公农业技术站工作的具体事情讲一下吧？

答：我白天跟技术员们一起干活，把技术传承下去。这里原先不用磷肥，后来我用磷肥种了两亩麦子做实验，后来长得挺好，才开始用磷肥。

问：那时候用新技术好实行吗？

答：五公这里接受比较快的。

问：施肥浇水怎么测？

答：当时土壤测多少水分，比如土壤一低于 15% 就浇水，一到 20% 就行了差不多了，红土和白土还不一样，根据这个测。

问：打井的技术呢？

答：我不管打井。

问：那浇水呢？

答：浇水管，那时候井很少。

问：怎么进行技术管理呢？

答：从种植上，地要平整。

问：施肥用什么肥？

答：一般就是硫铵、碳铵，那时候县里开始建化肥厂了，粗肥用的也不少，农家肥，养猪、养鸡产生的肥料。

问：那时候用化肥用多少？

答：20—30 斤一亩地。

问：化肥就是磷肥？

答：不，还有硫铵等。

问：您说的 20—30 斤，是全部加起来 20—30 斤？

答：对、对，超不过 50 斤。

问：您在五公农业技术站是哪年？

答：1966—1968 年。

问：1969 年 1 月就到了良种繁育场？

答：对、对。

问：在良种繁育场待了几年？

答：12 年。

问：那到 1981 年？

答：我 1974 年当农业局副局长，兼良繁场场长，长期驻在良繁场，招待所留一个房间，回来住招待所。良繁场的工作也没人接，农业局也要管，来回跑。

问：哪年当局长？

答：1983 年。

问：棉花除了施肥，品种上呢？

答：石短五号。

问：棉花怎么全面管理？

答：全面管理，一个是根据土壤的温度，适当的照光，比较严谨。

问：浇水呢？

答：浇一两水。

问：那水够吗？

答： 因为棉花是耐旱作物，全县两红一白，即红高粱，包括本地高粱和杂交高粱；红山药，棉花。

问： 怎么收拾棉花？

答： 留 12—14 个果枝，每个果枝上留 3—4 个桃。

问： 摘棉花村里统一摘？

答： 对，统一摘。

问： 摘棉花是自己卖还是上交？

答： 属于种子的交种子站，属于商品棉的交棉站。

问： 剩下的呢？

答： 一般全部都交了。

问： 那会儿多少钱一斤？

答： 记不太清了。

问： 在五公的时候小麦产量多少？

答： 500 来斤。

问： 当时棉花在五公亩产 100 斤的时候，其他地区产多少？

答： 几十斤，四五十斤。

问： 那小麦在五公亩产 500 斤的时候呢？

答： 县里才 200 来斤。

问： 小麦产这么高的话是怎么管理的？

答： 全面浇水；优种，泰山 1 号，还有北京的几个品种，记不太清了，主要是抗寒。抗寒性好就早播，9 月份开始，9 月底就全部播完，留麦地在 10 号以前播种，白露节的时候播。现在 10—20 号播种，都是半冬性的。当时水利条件不好，得依靠老天爷。

问： 小麦的田间管理是怎样的？

答： 冬前浇一次冬水，施一次冬肥。

问： 一亩地用多少？

答： 这可没准。春天再用一次化肥。

问： 那大概一亩地用多少斤？

答： 四五十斤。

问： 基本上就是管理？

答：小麦出穗的时候喷磷酸二氢钾，咱县里还有一次飞机喷，1970 年。

问：喷完磷酸二氢钾以后呢？

答：治虫，调查虫情，春天防止麦叶蜂，出穗前后调查瓢虫、蚜虫，根据情况防治。

问：怎么防治？

答：喷药。

问：这个田间管理就算完了？

答：对、对。

问：收的时候用人工收还是？

答：人工收，20 世纪 70 年代中期就有了小收割机了。

问：玉米呢？

答：基本也是人收。

问：那个管理跟小麦比怎么样？

答：玉米管理就简单一点。

问：什么品种？

答：全苏 156，农大 4 号、7 号。

问：玉米大概能亩产多少？

答：六七百斤。

问：周边能产多少？

答：四百斤左右。

问：五公村比周边高出近一倍？

答：嗯，高出一倍。

问：小麦浇多少水？

答：浇六七水。

问：用什么浇？

答：那时候就有了水泵了。

问：在五公有没有自己发明的技术？

答：有，如病虫的生物防治，玉米诱集带等，当时美国来信要高价购此项技术。报请上级，由于种种原因没落实。还有引进技术，重点是虫情测报，再就是推广技术。

问：推广的程序和方式是？

答：开会推广。

问：推广是经过大队还是？

答：试验好了以后，村里技术站推广，县里每月都开会，汇报情况，哪个更好就用哪个。

问：推广的时候，老百姓有没有不愿意种的？

答：自愿，想种就种。

问：在五公的时候有没有和耿长锁接触呢？

答：开会都参加。

问：您对耿长锁印象最深的是？

答：实事求是。

问：能举个例子吗？

答：调查的具体数字，他掌握得很清楚，你虚报不了，他去地里转。那次我去找他，家里有人等着他，我说带他回去，他自己走回去。

问：技术推广站里有几个人？

答：七八个人吧。

问："文化大革命"对五公有什么影响呢？

答：没什么影响。

问：1966 年之前五公也有农业技术推广站？

答：有，有。

问：那时候站长叫什么？

答：刘玉杰。

问：耿长锁有没有过问你们站上的事？

答：他常去看。

问：他对你们站重不重视？

答：重视，也推广。

问：饶阳哪个村里都有农研所吗？

答：对、对、对。

问：谈谈耿长锁吧。

答：老耿经常跟人们在一块儿，身体也还好，同吃、同住、同劳动。

一名生产队技术员的工作往事

乔连起　口述　郑清坡　整理

采访时间：2013 年 7 月 22 日。2014 年 8 月 1 日、2015 年 8 月 3 日回访。

乔连起（1950—　），男，1966 年开始参加集劳动，曾担任生产队技术员，主要负责调种子、化肥、播种、打药等。

问：您今年多大了？

答：64 岁。

问：生产队的时候，您做什么工作？

答：我当过几年技术员。

问：您多大开始参加集体劳动？

答：十几岁上吧。

问：那是哪一年啊？

答："文化大革命"的时候，1966 年。

问：您的技术从哪学的？

答：就自己一点一点学的，我没有什么文化。

问：就是一边干活一边学的？

答：对，我一点基础都没有。

问：您当时在哪儿干活？

答：生产队里。我们是一队。

问：您当时在队里干什么，一上大队就是技术员？

答：不，一上去就是打打药，干了几年，有点技术以后就培养我，在队里当了几年技术员。一直到包产到户。

问：那您技术员干的时间可不短，干了十几年？

答：以前我给一个老技术员当助手，以后他调到大队里来了，我是负责生产队这一块呢。

问：技术员主要是做什么呢，负责一些什么呢？

答：生产队里种子、播种，这一套东西。

问：是买种子还是培育种子呢？

答：一般是净买，培育的时候不多。

问：有培育过吗？

答：也培育过。

问：培育过什么种子？

答：培育过玉米、高粱种子。

问：培育的怎么样啊？

答：种子这玩意，它不是说培育了就种出来了，有的种几年就退化了。生产队培育的品种少，主要是大面积推广。大队里有试验田，当时主要是大队里试验田把种子调到生产队里来，是从县里调过来的。我们主要不是培育种子。

问：那您主要搞什么，田间管理？

答：对，主要是田间管理。技术员主要负责调种子、化肥这些。虫情测报，除虫这块儿有一伙专门搞的。

问：虫情测报主要依靠什么？

答：生产队里主要是靠观察，其他的没有。

问：给你们培训不？

答：倒是培训过。

问：在哪培训呢？

答：地区的植保专家专门驻村工作，到生产队里讲课。那个时候棉花种得多，讲棉花整枝。现在这边种棉花少了，河间、保定那边还种着呢。

问：那会儿种棉花，有没有补贴？

答：没有补贴，那时候是计划经济。

问：种棉花从种到收一亩地要多少工？

答：没算过。那个时候机械化程度低，用工用得多。像耩麦子，光打麦子就得 20 多天将近一个月，先割，割了上麦场，再用机器打，扬场。

问：您说的用一个月是一个队还是全村？

答：一个队就得一个月时间。一个队一个打麦场，要是没脱粒机，用拖拉机拉着碌碡，且费工呢。

问：麦子，从种到收田间管理要经过哪些步骤？

答：耕地，播种，主要是田间管理。

问：种麦子施几次肥？

答：一般施两次。底肥一次，开春一返青再施一次尿素。

问：还施第三次吗？

答：个别施三次，弱一点的。

问：一亩地得多少斤尿素？

答：四五十斤。那时候产量低呀，七八百斤，现在都 1000 多斤。

问：那是什么时候，（一九）七几年吧？

答：嗯，（一九）七几年的时候，这个村 1983 年分的地，包产到户。

问：施底肥的时候用磷肥吗？

答：当时主要施磷肥，二铵都不多；农机肥，麦子秸秆，兑一车大粪。

问：浇水浇几遍？

答：多的时候七八水，一般得六水。那时候浇水多，不科学嘛，现在一般三四水。

问：尿素从哪儿来，是买还是调拨？

答：那时候净调拨，调拨也得花钱买。那时候尿素少，有时外调的时候得找点关系。一般上面都重视春季施肥，都调得过来。

问：其他的管理呢？

答：打药，打不多，主要是春季防止蚜虫，种棉花防棉铃虫。

问：品种怎么安排？

答：大队里有试验田，有示范区，一块一块的，看怎么种好。

问：哪个小麦品种产量高？

答：也是来回换，使了几年山东种子，泰山 1 号、泰山 4 号。

问：玉米一般施几次肥？

答：一到两次吧，一般是一次。

问：主要是底肥还是追肥？

答：玉米没底肥，追一次肥。

问：那追什么肥？

答：主要是尿素。

问：浇几水？

答：多的时候三水，那时候天旱，有时候一水也不浇。

问：玉米产量一亩是多少？

答：六七百斤，七八百斤吧。

问：小麦比玉米产量还高啊？

答：那时候小麦七八百斤，玉米也是七八百斤。那时候八百斤就不错了。

问：除了棉花，经济作物都种什么？

答：还种花生，主要是棉花。

问：棉花施几次肥？

答：最多两次肥。苗期施一次，施十几斤；生花期桃多了施一次，二三十斤。

问：怎么施的肥？

答：一边浇水一边施肥。

问：棉花浇几次水？

答：没准，看天气。天旱的时候，浇2—4次水。

问：收拾棉花是个累活吧？

答：妇女都包了，一个人包几亩地。技术员和生产队长检查检查质量。

问：您和她们一起干活？

答：不，我不负责种植，我负责检查质量。我还负责打药，和他们一块打打药。

问：打几次药？

答：没准。你得检查，看看指标，是不是得用药。

问：棉花收了以后种什么？

答：棉花收了，把麦子种上。

问：您当社员的时候，有没有特别有意思的事？

答：有意思的事，哈哈哈……没有什么有意思的事。

问：每天都干这个活？

答：当技术员的时候，打药呗。在地里干活，有时候得帮着生产队长出出主意，给他当个参谋。

问：要是这么说，那生产队长离不了您呀？

答：俺们每天晚上碰头，商量明天干什么活，怎么派活，怎么干。

问：您出了主意，生产队长都听吗？

答：一般都得商量着来。

问：那个时候包工多吗？

答：棉花种植的时候是包工包活儿。一般从整枝就包下去了，一人一亩地，你就整这一亩地。

问：一亩地棉花整枝一遍，得用多少工？

答：不太好说。

问：最多的时候呢？

答：一亩地得四五天吧。

问：其他的活计都是包工包活儿？

答：有的活儿能包，有的活儿包不了。包不了的活儿，生长队副队长们带着一伙人，给你记上锄地、锄草，锄了多少，检查检查质量，完成得怎么样，给你上工。

问：包工包活儿上面有没有干涉批评？

答：上边政策上的干涉，那是以前咧，上边来人，有计件工、包工的，有时候批评这个的。

问："文化大革命"的时候，1967—1969年这一段呢？

答：那时候净是日工多，一个生产队长领着一帮人干活。

问：（包工包活）那是什么时候了？

答：1975年以后了。

问：有包产的吗？

答：一般是小段包工，基本上没有包产的。

问：1980年以后别的村承包土地了，这个村咋那么晚？

答：晚了二年，这个村的人们接受不了，没办法，哈哈哈。

问：有没有人特别想承包的？

答：分地时候有不愿意分的，分了怎么种啊，觉着一块儿在生产队做活省心，大部分都不愿意分。

问：什么人愿意分？

答：政策促使你没法，外村人家都分了。

问：当时你愿意承包土地吗？

答：我也不愿意，当时也接受不了，哈哈哈。后来分了吧，倒是也不错，产量也高点了。刚一分，接受不了，什么工具也没有，怎么弄呀，接受不了。

问：刚开始承包土地的时候，有没有搭伙种地的？

答：有，一大家族的一起，一个牲口伙着使。

问：承包了以后，地是个人的，但干活在一起，有这么一段吗？

答：有互相帮忙的，活多了叫几个人，互相帮帮忙。

问：有报酬吗？

答：没有报酬，关系不错的。现在都讲报酬，干活都是雇人。那时候刚一分地，不讲报酬。

问：刚承包土地，除了种地还干什么，有做买卖的吗？

答：做买卖的不多。

问：从什么时候开始做买卖了？

答：以后人们都外出打工。还有原先队里有些副业，在副业上当领导、跑业务、干活的人，这些人有些基础。

问：那些人富起来的早一些？

答：嗯，那一部分人现在比较富。

问：您家里做什么买卖？

答：开个台球厅，打台球。

问：一个月挣多少钱？

答：两千多块钱。

五公拖拉机站的峥嵘岁月

王书印　**口述**　郑清坡　樊孝东　**整理**

采访时间：2013 年 7 月 20 日，2014 年 8 月 1 日两次采访。2015 年 7 月 20 日、2017 年 7 月 30 日回访。

王书印（1944—　），男，曾在安平县农业机械管理局工作，1963 年调饶阳县机械局（五公拖拉机站）主管档案、统计工作，1969 年调入饶阳县武装部。

问：您是哪年生人？

答：1944 年。70 岁的人了，以前的事记不清了，好在我在拖拉机站管档案综合统计，干了八年，有些事还能回忆起来。

问：哦，您什么时候去的五公拖拉机站？

答：我原来在安平县农业机械管理局工作，1962 年分了县以后到饶阳县机械局，机械局和拖拉机站是同一个系统。1962 年 8 月 24 日，因工作需要，把饶阳县机械局、留楚拖拉机站、五公拖拉机站、官厅拖拉机站、城关拖拉机站统统合并到五公，对外挂两个牌子，但是一套人马，既叫饶阳县机械局，又叫五公拖拉机站，属于县直单位搬到五公。当时，这个拖拉机站规模相当大，饶阳县有两个工人比较多的单位，一个五公拖拉机站，一个饶阳机械厂。这是 1962 年。

问：当时拖拉机站有多少人？

答：183 个人。那时候也没什么工厂。

问：当时拖拉机站是怎么成立起来的？

答：一开始不叫饶阳县拖拉机站。1953 年 12 月 7 日庆祝五公"组织起来"十周年的时候建的，当时叫河北省第一农业机器拖拉机站，同期建立的河北省第二农业机器拖拉机站是在永年。到 1956 年 4 月，经河北省批准，把河北省第一农业机器站改成了河北省饶阳县拖拉机站。据我了解，1953 年建站的时候，当时才 3 台拖拉机，人员大部分是军队转业回来的，这些转业人员经过国家培训，后来逐步调入一些学农业机械的大中专毕业生来，当时有台湾人，有海南人、广东人、广西人、山东人、河南人、北京人、河北人，全国各地的都有。

问：还有台湾人？

答：林立昌，他落户在高桥了，他就是台湾人。他是解放过来的兵，转业后经过培训到了拖拉机站。

问：师桂英的父亲是什么职务？

答：他是副站长，站长是吕光。

问：到 1962 年合并到五公的时候有多少机器？

答：当时有 54 台拖拉机，这里说的是混合台，因为拖拉机讲混合台、标准台。据不完全统计，拖拉机站最多的时候是 79 个混合台，其中有 2 台苏联产的斯大林 80 号，1 台苏联产的德特 54，1 台匈牙利产的，1 台美国产福特，1 台东德产 KS07，6 台苏联产科特 35，2 台捷克产热特 25A，14 台捷克产热特 25K，14 台罗马尼亚产的 UTOS，1 台英国产的卫布朗已经封存报废，31 台波兰产的 C - 45，8 台东方红 54，10 台铁牛 40。后面两种是国产的。

问：这些拖拉机都是划拨过来的吗？

答：都是划拨来的。

问：还有哪些机器设备？

答：其他设备有，汽车、油罐车各 1 辆，两轮摩托车捷克产 1 辆，110 伏的发电机组 1 组，30 年代美国产老式汽车道奇 1 辆，英国产的自行车 7 辆，储油罐 30 吨 1 个和 15 吨的 4 个，C6—15 车床、C6—18 车床各 1 台，联合康拜音匈牙利产 4 台，大型脱粒机苏联产 4 台，割捆机苏联产 2 台，喷肥、喷雾车波兰产 2 台，中耕器 5 台，U 型镇压器 30 组，环型镇压器 5 组，镇压器连接器 5 架，播棉机 10 台，谷物播种机 12 台，钉齿耙 15 组，还有各种型号犁，大型独轮开沟器（深翻土地）等。这是拖拉机站最兴盛时期的规模。据我回忆，房屋建筑面积 4270 多平方米，其中办公室 40 平方米，会计室 40 平方米，总务室 20 平方米，机务室 40 平方米，供应室 40 平方米，排灌室 20 平方米，油库 20 平方米，医务室 20 平方米，伙房加饭厅 120 平方米，零件库 100 平方米，洗澡堂 60 平方米，机车库 1100 平方米，修配间 480 平方米，工人宿舍 2112 平方米。

拖拉机站当时占地 50 亩，在五公和高桥的当间，东西 200 多米，南北 150 多米，这么一片。1962 年底，有干部工人 183 人，其中行政干部 18 人，机务管理人员 15 人，修配工人 22 人，驾驶员和农机手 122 人，勤杂人员 5 人，医务人员 1 人。另外，下乡耕地的时候还得雇用农机手，但不是拖拉机站的农机手，属于临时雇用，完事回家。当时除了搞运输的几台外，都下乡耕地，全年最多的时候耕地达到 30 万亩。特别是 1963 年发大水以后，那个时候不要钱，就那年不要钱，白耕。平时耕地 8 寸多，一亩地 8 毛 3 分钱，后头挂个耙才 8 分钱。当时油料也便宜，烧 0 号和负 10 号柴油。

问：当时拖拉机站的待遇怎么样？

答：待遇也不高。出去作业由村里管吃饭，吃的比一般的好点。比较来说也不错。

问：拖拉机站一年经营赚多少？

答：它是个国营单位，不讲赚钱，但不能亏损，一般是自负盈亏吧。有时候上面给拨一点钱，搞维修什么的。除了 1963 年发了大水耕地免费外，当时拖拉机站供不应求啊，各村都找啊。我当时做了统计，在一块大五合板上画了一幅全县 16 个公社 197 个村的大地图，每个村上面钉一个大头针，每天哪些村跟我联系，用哪种型号的机器，我都把这些信息钉在那个村的大头针上，16 个公社怎么分布，哪个公社有几台什么型号的拖拉机在作业，让人看着一目了然。当时全站有 8 个机耕队、1 个运输队，一个队有一个统计，我是综合统计。

问：您哪年离开的拖拉机站？

答：1968 年建立了县革委会，我 1969 年 1 月调到政治部了。

问：您当时和耿社长有接触吗？

答：和老耿直接的接触很少，因为拖拉机站是县直单位，再一个我当时年龄小，刚去才十八岁，特别是咱是办公室一般人员，可能站长跟他有接触，所以和五公、耿长锁发生直接关系的事情不多，偶尔有些机会接触。

问：感觉耿社长是个什么样的人？

答：老耿这个同志太好了，为人低调，一点架子都没有，和蔼可亲。有几件事我觉着可以写的，属于实事求是方面的，对工作极端负责，对同志极端热忱，这样的事我回忆起来有三件：在20世纪60年代初的农机队伍中有些人思想不稳定，除了"低指标瓜菜代"以外，个别人对农业机械化事业产生动摇，散布一些消极言论，说"远看是个要饭的，近看是个逃难的，走近一看是拖拉机站的"；穿得不好，浑身净油腻，就说什么"逆风臭十米，顺风臭十里"，还说"有女不嫁拖拉机站的郎，一年四季守空房，有朝一日回家转，提溜着一兜油衣裳"；说在拖拉机站上干这个没意思，"上车操向杆儿，下车黄油眼儿，青春随着排气管儿"，"脚蹬鬼门关，阎王把手牵，眼望南天门，命悬半空间"，干这个事危险，有的人就回家不干了。总体来说，当时在农业机械化队伍中有些人的思想不太稳定。所以当时开展了一个活动——"农业机械化的前途和我的志愿"的大讨论。

为了稳定队伍，大致上是在1963年10月份，庆祝五公"组织起来"20周年前夕，河北省农林厅副厅长张秀荣，这个同志是外国留学回来的，当时50多岁，女的，业务很精通，后来听说在"文化大革命"中死了，很可惜。有一天她来五公开座谈会，在这个座谈会上，老耿参加了。五公、邹村、高桥、王桥的干部，五公公社的干部以及拖拉机站的人员都参加。我在会上做记录。会上让大家给拖拉机站提意见，耕、耙、轧、播、抽，这些都是跟社员打交道的。三言五语说完了，这时候随张厅长来的秘书说，听说拖拉机站耕地时有"五深五浅"，说吃好了耕得深，吃不好耕得浅；白天耕得深，晚上耕得浅；有人看着耕得深，没人看着耕得浅；后铧深，前铧浅……有没有这种情况呢？这时候张厅长点名让老耿讲话，说你是实事求是的模范，对这个事有什么看法。老耿说，咱们耕地没有出现过这个情况，他实事求是地说了很多种地的事。

老社长最让人佩服的就是实事求是。1958年的时候，谁也在报纸上喊叫，登什么，人家毫不动摇，俺五公一就是一，二就是二，不掺汤不使水，是什么就是什么，不管哪个行业的什么人，说到老耿这点都得五体投地，非常佩服！他不管你多大官来了也是一样，不受这个局限，跟什么人也得说实话，实事求是。到最后张厅长总结说，老耿同志给拖拉机站平了反咧。再一个是老耿对工作一丝不苟，对同志非常热情，非常负责任。1963年11月13日，农历九月二十八，星期三，那年是闰四月。我为什么记得这么详细？我有记录，我当时是20岁。那天是五公演电影的日子，演的《洪湖赤卫队》，我记得非常清楚，从来没演过这个歌剧《洪湖赤卫队》。可是当时在青年当中，"洪湖水浪打浪"这个歌曲已经传唱开了，但是没人看过这个电影，头一回演。

　　因为头一天邹村大集上在商场门口已经贴出告示了，这一天演。所以那一天人们都像疯了一样，各村的都知道了，一传十，十传百，都知道了。人们早早吃了饭，有的没吃饭拿着窝窝，大人孩子都赶着去看电影。有四五个篮球场那么大的地方，正面、后面挤满了人，屋上、树上站着都是人。可能是因为这个原因吧，当时衡水地区11个县都在滹沱河北堤搞工程，挡堤哩。当天衡水地区有一个县的民工在安平县袁营村那儿食物中毒了，那个地方离着饶阳比较近，当时到饶阳城里也没汽车，五公有5辆汽车。打电话，我估计因为演电影各地方都打不通，打到拖拉机站了，正好我没去看电影，在办公室接着电话了。

　　当时张春明是副县长，他在电话中口气很重，说我命令你到五公，找到五公汽车队，开车拉着药品火速赶到袁营工地。我撂下电话觉着挺难，到那儿找谁呀，正演电影呢，大喇叭哇啦哇啦响着，找不着人啊。拖拉机站离那儿也不远，我小跑着就去了。最后在边上有几个没看电影的人坐着，当时就有老耿，有公社里的同志。我当时一想，这样跟他们说一下也行了，他们管着汽车队和医院呢。我就给他们说了，赶紧把电影停了，在喇叭里喊，找人啊，五公汽车队的和五公医院的人，赶紧回去，有紧急任务。电影看不成了。这是跟老耿接触的一次。老耿在这个事上，表现出对工作极端的负责任，对同志极端的热忱。他一宿没睡上觉，安平那边不来电话，他不放心，不睡觉。当时是农历快十月了，早的已经生炉子了。人们说这么冷，咱去公社里揪点疙瘩吃点饭去。老耿说，人家都睡着觉呢，别麻烦了，大师傅忙一天挺累的。我当时就在场。到最后老耿听到那边来信儿了，已经下半夜三点多，电影不知道什么时候早散了，交通员把他送回去了，回去后囫囵个儿躺下。在这个事儿上，我觉着老耿对同志对工作的态度十分明确，完全体现出来了。当时有《为了六十一个阶级兄弟》，这是山西的事，北京电影制片厂拍成电影，以后又编上了课本。这算是个事吧，不是工作中的直接接触，只是偶尔的一件事。

后来，我到县里工作以后，对五公就知道的多了。1972年冬天，衡水军分区司令员刘长兴和席达副政委在五公搞点儿，搞"抓一好不忘带，抓三好突出帅，一好带三好，全面到四好"。那个时候部队讲人的思想第一，活的思想第一，政治工作第一等，把部队四个"第一好"的经验推广到社会上来。县里政治部刘继欣和我参加衡水军分区这个组。我们住在五公接待站，那一天下了场大雪，白天雪还在下，到户里去不了，歇了半天。老耿去了，他溜达来溜达去，到我那屋里了。那会儿熟了，就聊天。老耿说，下着雪这么冷，我给你们说个笑话吧。老耿说了这么个笑话：说是有两个人，上厕所里解手儿。这两人都没有带手纸，等大便完了，谁也不好意思找块人家擦剩下的手纸用，就那么蹲着待着。其中有一个人的小孩来叫他爹回去吃饭，说俺娘做熟了饭，你去吃饭吧。那个人跟孩子说你先回去吧，别等着我。他也不擦屁股，等着另一个人。过了一会儿，孩子又来叫他，俺娘说你怎么老不回来，再不吃就刷锅了。他说一会儿就回去，马上就完了。等第三回叫他，他说，你说给你娘吧，让她出门吧，我跟他鳔上了。意思是较上劲了，看谁闹过谁了，他不起来我也不起来。实际上这是死要面子活受罪，老耿讲的是这么个意思。

说到衣食住行，他说你看现在人们穿的，为了线条美穿得那么单薄，有的大冬天的穿裙子，她冷不冷自己知道，但是她要这个面子。吃东西，要一大桌子菜，光怕不好看，要个面子摆个阔气，这条大鱼，这边还没吃完，没翻过呢，就吃饱了，这多浪费。农村里没钱，也得贷款，借的满是账，也得盖房，人家邻家盖得挺好的，咱不盖多憋屈，要面子呗。说话办事，要正确，不能瞎说八道，吹牛皮，干不成事也说我干成了。三句话不离本行，后来他就说到种庄稼，咱庄稼人多少年干这个心里有个底儿，什么品种，种在什么地，施多少肥，浇多少水，合理密植，农业八字宪法，水、肥、土、种、密、保、工、管，大部分老百姓心里有谱儿，谁也糊弄不了谁，在报纸上登着山药亩产10万斤，麦子长多少多少斤，实际没人信。他说有一回，报社来了叫他把产量提上去，他把记者也怼回去了。他就是这样，实事求是地教育我们。

我跟老耿接触，就这么三件事，都是偶尔的事，跟他打交道不多，别的也谈不出啥来。拖拉机站的这些情况，恐怕现在活着的人了解情况的也不多了。

问：拖拉机站除了在本县耕地外，还有外出作业或其他任务吗？

答：根治海河时候给工地送过东西，有些工程需要抽水就去，支援北大荒也去。像这种自负盈亏的单位，后来运转不灵了。1962 年还搞了一气儿多种经营，比如搞电气焊，到集上焊车子，给招待所里洗被子，拖拉机带上钢磨去村里给社员磨面，拖拉机一响，大喇叭一喊叫："磨面的来了！"这些都是一时的，有那么一段。

算起来，耿社长离开我们已有三十年了，但他那朴素慈祥的笑貌，和蔼可亲的面孔，音容犹在。他的自力更生、艰苦奋斗、廉洁奉公、实事求是的革命精神，像一座不朽的丰碑，激励着我们永远前进。

一个材料员印象中的五公村和耿长锁

郭润良　口述　杨学新　整理①

采访时间：2015 年 7 月 23 日。2016 年 7 月 26 日、2017 年 8 月 1 日回访。

郭润良（1939—　），男，饶阳县北合村人，高小毕业后前往甘肃工作，后回县工作，1973—1978 年作为县委工作组成员驻五公村，负责撰写材料。

问：您是哪村人？

答：北合村的。

问：您今年多大？

答：77 岁，你们是记者？

问：我们是大学老师。我们这几年围绕着耿长锁和五公村搞了一些调研，这次来主要采访原先在五公村生活、工作过的一些老前辈，回忆当初的经历，通过口述的方式展现出来。请您谈谈原先在五公的生活和工作经历，一些典型的人和事，想到哪说到哪。

答：我在五公待的时间倒是不短，我现在是血压高，身体不太好，记忆力太差。

问：您是哪一段时间在五公村待着的？

答：我原来在县委办公室，收发、打字、写材料。1973 年到 1978 年在五公村。

问：您在那几年主要从事什么工作？

---

① 肖献法陪同采访。

答：当时也是写材料的，后来写材料一般地都明确是耿长锁的秘书，我跟他秘书都是写材料。

问：那您是在哪儿上的学？

答：还上学？我文化很低，我才是高小毕业。高小毕业以后先去甘肃待了一段时间，回来上工厂工作，文化太低。我和老肖都差不多，他经常写。高小毕业搁现在就是和没文化差不多，可是那时候一个高小毕业生练练也可以写材料了！

肖献法：我1973年从五公走了以后他就去了。

答：咱们那会儿就是写个材料，人家张更立、邹立基就明确是耿长锁的秘书。

问：相当于县委派驻五公村的报道组？

答：不是报道组，是驻五公村的工作组，主要是定期汇报、积累资料的工作。

问：肖老师，您是哪一年去的呀？

肖献法：第一阶段是1965—1966年，第二阶段可能是1970年到1973年①。

问：您前边是谁，还记得吗？

肖献法：我前面是周铁圈。

问：周铁圈前面是谁？

肖献法：没有人了。

问：周铁圈，肖老师，还有您。你们三个是接着的。

问：您在的时候耿长锁开始认字了吗？

答：应该还早。那时候学毛著嘛，从那开始学的，这也是他的一个特点。你说他根本没上过学，但是他写的字挺工整，特别是写他的名字——耿长锁这三个字，写得还非常好，不像是没文化的人。

问：他平常讲话怎么样？

答：他就是那么讲，逻辑性还挺高，又挺幽默，讲话和讲故事似的。

问：您在这五年当中印象最深的一些事是什么？

答：有些事感受很深，我就是记忆力太差，要是具体地讲一个故事我讲

---

① 在肖献法本人采访中，说第二阶段是1969—1972年。

不了。

问：没事，就讲平常的事，想到哪说到哪。

答：我觉得现在人们经常说的实事求是、艰苦奋斗这些，我体会最深。现在正好反腐倡廉呢，他当时真是廉洁。那时候上边给他一点儿补贴，那他的工分就贵贱不要了。新华社也曾经以"廉洁奉公"为题报道过他。他带出来一个好风气，那时候五公的社员去果园，谁也不偷摘果子。他们的这种风气也影响了我们下乡的工作组，甚至一直影响到现在。我们当时在接待站住，除了必须配的东西，其他一律不要。那会儿条件挺差，吃饭的粮票挺紧张，他有时把我们叫到家里去吃顿饺子。老肖也在接待站住过，我们都有这种体会。但是他呢，从来不在接待站吃顿饭，除了必须陪的，像是外宾来的时候才去。那时候饶阳县第一辆小汽车就是给耿长锁的，是一辆华沙牌的汽车。

问：不是一辆吉普吗？

答：不是，那是后来的事，最早是一辆华沙。他的车有时候必须出门时坐坐，回来时候送到接待站为止，司机也在接待站住，从来没说送到家门口过。有一次，他的一个亲戚从东北来了，叫他舅呢。来了后上杨各庄，让他派车到杨各庄去接，他最后也没去接，更不要说别人去沾光了。他这个廉洁劲儿，我对这件事印象还是挺深的。

问：从1973—1978年，正好是根治海河的时候，当时人们怎么认识？

答：我在的那时候他还挂着名是大队长，已经不任实职了，但是村里的一些事还是听他的。村里一直到最后都尊重他，连书记也尊重他的意见。根治海河这事他没问题，出工去多少人，补多少粮食，拿什么工具这都没问题，他都非常支持，人们也愿意去。

问：从"文革"结束，到1978年十一届三中全会，改革开放，接着实行责任制，这几年中耿长锁在心理上有什么变化，你能感受出来吗？

答：责任制这个事挺难说，刚开始人们的普遍反应是不理解。当时老耿坚持不同意分，人们也不同意分，但最后分了，对五公损失挺大。这事说起来挺难，反正我的看法是，如果集体一直坚持发展下去，五公的变化会更大。当时分产到户不该一刀切，那些好的集体经济应该坚持下去，有些穷地方包产到户好，但是像五公村、常安村、圣水村，这些集体经济好的，当时人们非常不愿意分，结果都分了。

问：还有石家庄晋州周家庄。

答：对了，晋县周家庄，人家一直是集体，顶过去了。当时省里来人做工作做不通，最后让县里主要领导在这里盯着，就那么压着，让县里其他部门去做工作，愣逼着没法了就分了。这一分集体经济损失可大了。现在总说，生产责任制以后发展多么好，那谁知道集体经济一直坚持下去会发展成什么样子呢？那时候一说水利化、机械化就提五公。不过这事挺难说，河北省梆子剧团要拍现代戏《耿长锁》，来这儿座谈，原来的省文化厅副厅长孙德民，写《青松岭》的那个人。他说到这儿来，按说写五公应该是突出集体化，土地合作组是中国最早搞合作化的，一直坚持集体，这是五公的特点。可是另一方面，后来改革开放，小岗村的联产承包，这剧本究竟怎么写呀？他最后只能避开这个地方。我们以前经常在一起的耿长锁的女婿张启，他不是也写书嘛，他说这个村集体化一直坚持下来，就比现在强多了。我也是这个观点，当时不应该一下全实行分产到户，一刀切。有些条件不好的穷地方可以分下去，发展挺好的集体经济应该坚持下去。

问：当初五公集体经济不错，都有什么？

答：一是五公村里粮食产量高，突破了千斤，二是发展工副业。

问：工副业有哪些厂子？

答：一个是打绳，有个农机配件厂，还有纺纱、织布等。那时候机械不多，骡马成群哪。

问：那时候骡马有多少匹？

答：哪个生产队也有三四十头。三队最多，包括牛在内有七八十头。当时集体经济的积累非常大，这一分就都分没了。

问：谈谈水利方面的情况，比如打井。

答：那时候搞水利国家补贴点，集体打井，要是发展到现在，可了不得。原先一家一户的时候，人们合着打个井多么不容易啊；后来集体打井，五公公社最穷的村一年也打了好几眼。

问：当年五公村的机械化到什么程度？这里有河北省第一个拖拉机站。

答：村里有自己的拖拉机。耕地95%都是机耕、机播。原来小麦收割下来以后用脱粒机在场里打，后来已经变成了直接脱粒机到地里去。

问：那现在和那时候差不多？

答： 当然，发展这么多年了，确实有的地方提高了，像种子、化肥。小麦产量那时候已经突破千斤了。

问： 那时候突破千斤靠的是啥？

答： 土肥多。当时正研究评工记分，怎么体现按劳分配，也不是说大锅饭，已经超过了大锅饭的思想了。比如割麦子、送粪人们都抢着干，真干啊。那时候已经开始研究了，外面也来人学习这个。

问： 相当于五公村开始研究分配改革的问题？

答： 对了，研究分配制度改革，记工分的办法，通过这个可以体现多劳多得。

问： 这些材料现在能找到吗？

答： 那时候给也门代表团来的时候就开始介绍了，看看档案局有没有底。

问： 就是调动人们生产积极性，年终评工分吗？

答： 不是年终评分，就是平常干活的时候，根据不同的情况记分。比如最简单的是用小车向地里推粪，如果你不考虑多劳多得的话，有的装车装得满满的，有的装一平斗。那时候人们思想都强，一般的不去磨洋工，装车装得满满的，有的也是磨洋工。所以就得包干，一堆粪算半天的活儿，干完了就记高工分，干不完给少记。那就是说不用把地分了，也能体现多劳多得。五公的劳动管理相当合理。

问： 您在五公工作这么长时间有没有留下一些照片，或者一些笔记呢？

答： 没有了，我记忆力又不行。我那时候不爱照相，有照片也是我的侧面，有一张正面照片还弄错了，有一张是只拍着后脑，我不爱抛头露面。那时候是省军区司令员来，电视台来采访，镜头一照就说不出话来了。好多次都参加了，但是面对镜头就是说不出来。

我在五公做林业技术员

徐 捆 **口述** 杨学新 **整理**

采访时间：2013 年 7 月 23 日。2015 年 7 月 21 日、2017 年 7 月 31 日回访。

徐捆（1946— ），男，1963 年五公中学毕业，后到河北省农科院果树所学习，后回五公村任林业队技术员，1978 年到县林业局工作。

问：老先生好，说说您当年所经历的事。

答：我叫徐捆，那时候是林业技术员，这村有个林业队。

问：您哪年出生的？

答：1946 年。

问：您是什么文化？

答：初中。

问：您哪一年初中毕业？

答：1963 年。

问：是这个村学校毕业的？

答：嗯，五公中学。原先这里只有初中，后来才有高中。

问：当时林业队是如何发展技术的？您给我们介绍一下这方面的情况？

答：林业队这块好说，我亲自经历的。我是 1963 年初中毕业，毕业以后就上村里，我们是三队，到三队里干活儿。后来大队里让我上昌黎学习，昌黎有一个河北省农科院的果树所，去那儿学习了一年，回来在大队里服务，在果园。当时是从三个生产队抽调了二三十个人，在村东南有二百多亩地。

问：当时主要都种植什么？

答：主要是林业，那个地也没好地，河沟、坟地，好地不种这个。种植水果，也种经济林，杨树、柳树。

问：林业队总共有多少亩地？

答：二百多亩地，原先少，后来一共是二三百亩地。南边试验田由二十多亩增加到九十多亩果树，后来都刨了。那时候有苹果树、梨树、桃树、杏树、葡萄树，差不多一般的水果树都有。好久以前的事儿了，一晃三四十年了。

问：现在饶阳的果树蔬菜发展跟原来有关系吗？

答：有关系呀！原先我从昌黎回来以后，县林业局经常组织全县搞果树技术培训，他们经常让我在上头讲，当时分饶阳北片、饶阳南片，南片的就在五公搞，培训果树生长技术，也有专家来讲的，请石家庄的、昌黎的、唐山的。那时候我在五公讲，课堂讲完了实习。1978 年以后林业局找我，我就上林业局去了，在那儿服务了十多年。

问：咱这边的果树结果情况怎么样？

答：当时由不结果到结果再到大丰收也是一个过程。从昌黎学习了一年刚回来，梨还好点，能自然结果，杏也还行，苹果不行，如果不管理很难结果。饶阳南片好多村和五公一样，苹果树都是一个年份种的，都有这样的情况。咱们这个地方原先很少种苹果。这是合作化以后提倡种的，叫什么来着，忘了。苹果原先没有富士，就是国光、金光、红元帅、黄元帅这一类的。经过一段学习和实践，咱们这里也丰收，附近的村也一样，产量也上去了。以后又慢慢发展，有了新品种，比如葵花呀，红富士呀。

问：当初耿社长对林业关心还是不关心呀？

答：关心呀！

问：送您出去学习也是他的决定呀？

答：对、对、对。

问：当初送几个人去学习啊？

答：饶阳县一共去了两个，耿口一个，我一个。当时县林业局下了指标，必须提高林业生产，需要出去学习。老耿和大队的干部们研究，找有文化的去。当时初中毕业都算有文化的，所以就让我去了。走的时候嘱咐嘱咐，让我去了好好学，回来以后为大队做贡献。耿社长对林业也挺重视，但重视归重视，因为咱这个村里地少，发展林业也不是那么有余地，当时主要考虑是从技术方面提高产量，通过咱村的发展带动别的村，是这么个意思，在规模上发展不行，这里地少。

问：耿社长经常去果树园吗，经常和你们交流一些果树技术上的事情吗？

答：聊，经常去。耿社长有时候在试验田里，他经常去。后来他耳朵背了戴着耳塞子，溜达着就去了。去了以后就从技术方面、生产方面也给做指导。

问：有什么典型的事例，给我们介绍一下？

答：有这么一回，耿社长溜达去了。咱那苹果也到了成熟的时候，我站在地头对他说，"大伯，你尝尝咱这苹果怎么样"，在村里我叫他大伯。他说，我的牙咬不动，不吃不吃。其实当时他的牙挺好，没事。他经常上那儿去，让他吃就是不吃。有时候和他岁数差不多的老头们去，非让他们一块儿尝一尝，他要不吃，别人不好意思吃，他就尝一口。

问：是不是也经常聘请其他地方的技术员过来和你们做交流？

答：对、对，唐山的、秦皇岛的、石家庄果树所的，都来过。过来主要是指导，咱跟人家交流比较少，因为人家的技术高。

问：当时水果的产量怎么样？

答：当时国光苹果树一棵能产到 1400 斤，当时好像是一亩地种十几棵，能收一万多斤，这是大棵算。现在密植的产量也就是万数来斤，当时就能达到这个水平。

问：那时候就您一个技术员，后来有没有送出去学习的，技术员有没有增多？

答：多了，后来送出去学习的也不多，主要是当地人们通过实践、交流，人们的技术水平都提高了。

问：收下来的水果是分呀还是卖？

答：分一些也卖一些。按当时的产量，咱一个大队消费不了多少，得外销，外卖一部分，当时主要卖给县副食品公司。一部分分给三个生产队，按人口说，一个人五十斤苹果或者三十斤梨，或是桃、杏多少，改善人们生活呗，就这么分下去。

问：除了水果这块儿，林业队还有其他的收入吗？

答： 林业队也卖树，还有生产各种叉子，三爪叉、四爪叉，分给三个生产队。

问： 就是增加收入呗，那这些收入？

答： 收入归大队，当时林业队是直属大队的。一年收入多少，具体的数目我也忘了。

问： 周围村里的果木怎么样？

答： 别说是周围的村，整个饶阳县的果树差不多都是咱们这里的技术推广过去的，都不错，都是咱们村里示范带动的。当时县林业局、农业局在这里办班多多了，经常召集全县里的技术员在咱们村里的林业队开会，一开开好几天，推广果木技术和管理经验。

问： 你们怎么记工呀？

答： 当时是一天一记工，是日工。记工以后年终转到大队，大队再分到生产队，谁的工多少。我们林业队的收入也交给大队，在生产队参加分配。跟在生产队一样，交给生产队的就是工分，生产队再给分粮食、分钱。

问： 对耿社长印象比较深刻的有哪些方面？

答： 印象最深的就是耿社长一心为集体，一心为公，一心一意领着我们村里人们往集体化奔。当时的局限性也多也大，反正是听毛主席的话，毛主席说什么咱做什么。耿社长经常回来，在村里讲点东西，我们那会儿年轻，受他的影响挺大。没有别的心，就是一心为集体，一心为公。

问： 后来林业队结果怎么样？

答： 我们村地太少，后来发展了九十多亩的苹果，这是发展规模，后来产量一年比一年多。当时没有自由市场，大部分都交给县副食品公司，社员们分的也不多，一个人平均分几十斤。当时不像现在，社员们能吃点苹果吃点梨，都觉得是很奢侈似的。

问： 那些果园现在都没有了吧？

答： 原先的梨树还有，现在都是私人承包了。梨树都是四五十年、五六十年的老梨树。那些树当时没分出去，还属于大队，让社员承包了，一年交多少钱。

问： 现在村里还种果树吗？

答： 这个村里比较少了，个人还是有种的。

五公村第一位赤脚医生

张　戬　口述　樊孝东　整理

采访时间：2013 年 7 月 24 日。2014 年 8 月 2 日、2015 年 8 月 4 日回访。

张戬（1946—　　），女，曾在饶阳县卫校学习和县医院实习，回村后成为赤脚医生，参加过根治海河工程和邢台地震救援。1969 年以工农兵大学生身份到河北新医科大学学习，1972 年毕业分配到衡水卫校，后在哈励逊国际和平医院工作至退休，现居衡水市。

问：您怎么称呼？

答：我叫张戬。你那个采访名单上写错了。

问：哦，您今年多大岁数？

答：1946 年生，虚岁 68 岁。

问：您是五公村的人吗？

答：我是五公人，是工农兵大学生。

问：您是哪年走的，是怎么保送走的？

答：1969 年走的，河北新医大①。上了三年，又实习了一年，总共四年。当时我走的时候虽然很艰难，但最终还是成了，村里也是挺好的，轰轰烈烈地欢送走的。到学校以后，我非常用功，当时觉着要是得不着第一第二就觉着丢脸，有这种劲头。你想啊，咱那是干嘛去了？带着问题去学习去了。因为之前在村里当赤脚医生几年，遇到好多好多的实际问题。咱去了学习是有目的的，好不容易有这么好的机会，怎么也得好好学。那时候，学习真是没

---

① 河北新医大，即今河北医科大学的前身，1970 年天津中医学院迁至石家庄与河北医学院合并，改称河北新医大学，1979 年恢复河北中医学院、河北医学院独立建制，河北新医大学撤销。

黑夜没白天的，都是那样。有一天，学校说谁把咱们那个标本都解剖坏了，怎么回事呢？原来是有几个学生，邢台的一个，邯郸的一个，兵团的一个，每天晚上偷偷爬窗户进解剖室练习，头天明之前再把标本盖上，然后从窗户跳出来回去。当时到学校后，我没分配到西医系，分配到中医系了。搞中医还得从头学起，自己还挺不服气，学了中医学西医，老觉着有学不完的东西，连做梦也在学习、念书。

问：您毕业以后分配到哪儿工作了？

答：回衡水卫校了。1969 年饶阳县还属于天津地区，走的时候说是"社来社去"，从哪里来到哪里去。但是到毕业的时候，政策变了，因为走的时候河北、天津是一家，毕业时候河北、天津分了家。国家分配工作，那时候毕业的学生少，天津都想要，河北省不干。后来我们就从天津到了唐山。

问：那您上大学之前在村里参加劳动了吗？

答：我在上大学之前，在村里当了 7 年赤脚医生。

问：您怎么当上赤脚医生的？

答：在饶阳县卫校学习了一年，当时一个班 78 个人，我是班长。我们那时候去学习，睡在地上，带着红饼子、红薯，我没买过一次菜汤，生活非常困难。一年以后就去县医院实习，实习完了就各回各村，就回五公村当了赤脚医生，当时觉着比在地里干活儿强多了。

问：赤脚医生是挣工分吗？

答：挣工分。赤脚医生每个生产队都有，我是三队的，在三队挣工分。

问：药品也是买吗？

答：大队出一部分资金，买一点药片儿，慢慢资金转开了，逐步地也就像那么回子事了。另外我们买一点针灸，先在萝卜上扎，不解气就在自己身上扎，感觉差不多了再给病人扎。

问：村里的医疗条件怎么样啊？

答：那个时候在村里当医生，比现在电视上演的山区的医生可艰苦多了。五公大队给了个小屋，连搁药瓶子地方都没有，都是砖坯垒起来搁到上头。所有来输液的社员都是自己带着马扎或小凳子，扎针、输液都是那样。记得有一年，赶上整个公社闹小儿麻痹症，也是一种病毒感染，那阵儿比较多。后来又闹过大脑炎，特别是 1966 年地震以后，人们都在窝棚里，好多孩子闹病。那时候到谁家看病也不客气了，碰上就吃饭，孩子正难受哩，离不开啊。刚弄完这一家又往那家跑，你得都输上液，看着别跑了针，看着孩子抽没抽啊。后来五公村里有两个孩子落下小儿麻痹症了，其中一个就是杨同家的外甥，现在也成家了。那时候生活困难啊，孩子病了吃的也不行，营养跟不上。当时也不分什么科，什么科都得干，接生、手术、内科、外科，还得输液、扎针、拔罐，什么都干。又当医生又当护士，在农村必须这么干，什么都得会。我年轻的时候胆子可大了，刮宫手术学那么几下就敢去做，你不做怎么办？过年的时候，村里孩子们让炮仗崩坏了手，血肉模糊的，擦药缝针就不知道害怕。当赤脚医生那几年苦啊，五公村子也大，整天从东头跑到西头。社员们给我起了个外号叫"满街腿"，叫我"满街腿"的姑娘。全村的人家我都去过，没有不知道的人家。

问：地震以后，村里防疫情况怎么样？

答：配点药，现在年轻人一听会觉着怪怪的。农村有芦根和葵花头、婆婆丁（蒲公英），有时候弄点柳叶，让老百姓家里熬上一锅，用大瓮盛着，谁家需要就来大队领。当时人们哪有壶啊，都是拿着瓢去，不用花钱。急症流行的时候，也是熬这么一大锅，看看够不够火候，熬好了装到瓮里。那时候医疗意识也强了，去五公医院找点纱布，用棍绷起来做一个盖子把瓮盖上。谁去舀不能掀开，得是搓开，有时候老百姓来了急得不行吃，就直接掀开，我得说给他。

问：当时医疗室是在现在的五公大队部吗？

答：不是，现在大队部是后来新盖的，是在原来的大队部。当时五公大队部小得不行，北屋是大队干部的办公室，南屋是电工，西屋是我们，那个小屋小得不行。

问：您在村里当赤脚医生的时候给耿社长看过病吗？

答：给他扎过针。他有一个毛病，最厉害的就是头疼，一闹就是头疼。那时候大队里也穷，这个地方要钱，那个地方要钱，哪儿有钱呐。一到开会的时候他就着急，完了就头疼。他总头疼，现在才认识到这是青光眼的早期症状，就是头部神经血管痉挛导致的头疼，不过他当时还够不上青光眼。头疼了他就去医疗室扎针，我说你扎就过来找我吧。村干部当中，他有这个毛病，张端也有这个毛病。他头疼得不行就过来，我有时候就给他扎扎针，有时候给他点儿药。当时也没别的，就是阿司匹林、氨基比林，当时来说那就是好药。那时候西医没有太多的药，药物品种非常简单。

问：您是什么类型的医生？除在村里看病外，还参加其他工作吗？

答：那时候我是公社里的合同制医生，得两头儿跑。以后县里上海河、邢台地震救援这些事，抽到我，我就去呗。

问：您还去过海河工地？

答：就去过一次，哪一年忘了，去的河间县城南边那条大河①。在那儿待了三个月，特别累呀！

问：去海河工地村里有补助或者什么政策吗？

答：我们去也是挣工分，除了工分一个月给两三块钱，让买点肥皂。回来以后说给分配，赶后来也没给分配。即使不给分配回去以后我们还接着干。邢台地震救援我也去了，去了一个多月，当时也是奔着说给分配，但是结果跟去海河一样。后来，县里说我出去挺苦的，就把我留在县医院手术室工作。那里也是非常苦。我后来为什么要坚决上大学呀，我就觉着我得好好学习，我得走。上大学以后，县医院有三个分配指标，问我要不要，我说我已经上大学了，不要了，给那几个没有上大学的吧。

---

① 1967 年春季，开挖子牙新河。

我在五公村当赤脚医生

李香珍　口述　杨学新　樊孝东　整理

采访时间：2015 年 7 月 22 日。2016 年 7 月 26 日、2017 年 8 月 3 日回访。

李香珍（1948— ），女，模范饲养员李第二的女儿，初中毕业后经五公村推荐到五公医院和衡水、深县的医院学医，后回五公村成为赤脚医生，现居饶阳县城。

问：您今年多大？

答：68 岁了，我和张满囤一般大，他妹子比我小两岁。

问：您是哪年生人？

答：1948 年。

问：您是五公村的人？

答：嗯，俺是一队的。

问：您上过什么学？

答：没上过几年，我一上初中就闹起"文化大革命"来了。当时学生们都出去串联了，我没出去，在五公中学接待站。后来村里让我出去学了医。

问：当年送出去几个人？

答：我们村大概三四个。送出去培养以后回村里当赤脚医生。

问：张戬也当过赤脚医生吧，当时她上学走了吗？

答：她走了，我就回来了，我接的她。

问：张戬之前是谁？

答：记得她之前没人，她是第一个。

问：您去哪儿学习的？

　　答：上五公医院、衡水的医院，先在医院里学习，后来又去深县。

　　问：当时是不是每年有一批年轻人出去学习，比如还有学农业技术、农业机械什么的？

　　答：我觉着俺们村当时不往外放人。我这只是出去培训，培训完了必须回去。村里像我这么大岁数的出来也是跟着当家的出来的，除了上学的、当兵的，就这两样，别的没有，当时村里不让出来。

　　问：为什么不让出来？

　　答：当时村里的决定，就是不让出去。

　　问：如果外边有挺好的机会也不让出去，怎么给做工作呀？

　　答：比方说，出去当教师也不让出去。说咱们村里的生产抓得比较紧，在家也有吃有喝的，就是不往外放人。

　　问：您出去学习是哪一年？

　　答：忘了，十八九、二十来岁吧。我这里有一些老照片，给你们找去。

　　问：您当了几年赤脚医生？

　　答：一直到出嫁以后，有了我们孩子大飞还干呢。我们村有规定，结婚以后，不是本村的都要走。

　　问：医疗站当时几个人？

　　答：5 个人。两个男的是内科，俺们两个女的是妇科，还兼着制药、卖药，当时人手少。

　　问：就您现在的认识，怎么看待当时的农村医疗？

　　答：我觉着还是可行的，为大伙做了贡献。

　　问：打针输液是在户家还是医疗站？

　　答：打针输液、接生都是上家里。

　　问：据张戬说，当时屋子特别小，连放药的地方也没有，人们输液都是自己带个马扎。

　　答：对，后来 5 个人，条件好一点了。

　　问：张戬走后你们还是在原来那间屋子吗？

　　答：起先我们是借了几间民房，后来有几间瓦房。

　　问：在医疗站也上地里干活儿吗？

　　答：干啊，一星期得干两三天。留一个值班的，其他人没有病人就干活儿。

问：您嫁到县城还是邻村？

答：邻村。

问：当时五公的姑娘外嫁的少，您怎么嫁到别村了？

答：亲戚介绍的。我出嫁的时候人们还都说我，人们都想往咱们村跑，你怎么跑出去了，那么一个穷地方！

问：听说当年五公村没有光棍汉？

答：当年就是这样，没有光棍汉。因为从耿长锁组织起来以后，生产搞得好，上级也照顾这个村，当时五公的条件相对好一点；再一个，人们的思想觉悟比外村高。比方说1963年发大水那一年，上级发的东西别人都往家拿，像袋子什么的，五公村出来的闺女们就不拿。别人问你为什么不拿，我说拿的话显得自己风格很低。所以我感觉五公村人的觉悟都很高，说话办事都能显出来，看事看得宽看得远，不图眼前利益。

问：您兄弟姐妹几个？

答：4个。一个哥哥，一个弟弟，一个妹妹。

问：他们几个在哪儿呢？

答：他们仨都在农村，我哥哥、弟弟在五公村，就我跟着老头随军出来了。

问：您父亲是模范饲养员，谈谈他对您的影响？

答：我觉着他那个人不会说，不会道，就是光知道低头干活儿。现在他没了，要是早先在五公第一生产队里说，谁家没水了，做什么吃呀？人们马上就会说，炒仁果儿——算是落下一个话把儿了。这个笑话怎么来的呢，是这么回事：当年俺父亲在组里当饲养员，有一回牲口病了，他十来天不回家。那时候俺们小啊，俺娘叫他去挑水，他说没空儿。俺娘挺生气，没空儿咱就不吃饭啦？那吃嘛呀？我父亲撂下一句说："炒仁果儿！"仁果儿就是花生，炒花生是用沙子炒不用水。这以后就成了人们的话把儿了，谁家要是一没水，就说炒仁果儿吧。

问：作为孩子，对您父亲的这种做法从思想上是什么态度？

答：从思想上接受。他一辈子任劳任怨的，你在五公村里东头打听，都说我父亲又傻又实在，干活儿从来不挑剔。他以前赶车，衡水、辛集经常去。

我父亲连大名都没有，他8岁上俺奶奶就死了，弟兄五个。入了组以后，人们说你不是没名吗，反正你排行老二，那就叫你李第二吧。

问：说说您家入组的事吧？

答：起先是三户组织起来，后来四户，我们可能是第七户，后来是十七户。那时候有人退社，俺们家从进去就没出去。俺父亲说了，你让谁走我也不走。俺们和耿长锁家一直关系挺好。

问：您在村里的时候跟耿长锁有接触吗？

答：有，出来进去的都能碰见了。那时候俺们就是个老百姓，俺母亲死了，耿长锁还到俺家里去看看。他也下地干活，挺淳朴挺实在的一个人，正经是个庄稼人。他见谁也说话。

问：他开会讲话怎么样？

答：起先讲话也是讲不成，那么个庄稼人老百姓，后来锻炼锻炼也行了。实在人，挺好的人。像俺们这样的家庭，原先队里是一个小组，俺母亲过世了他还去了。

问：您母亲是哪一年去世的？

答：大概是30多年前，（一九）八几年，我的儿子大概6岁的时候。那会儿耿长锁也八十来岁了。

问：耿惠娟为什么能去石家庄，是靠耿长锁的关系吗？

答：我觉得他对自己的子女一个也没有安排，都是靠自己一步一步出去的。思想境界就是这么高，和现在人有点关系什么的不一样。

问：当初对"八姐妹"学习组是什么态度？

答：羡慕她们，当时我年龄小，要不也参加了。

问：您在村里劳动过吗？

答：劳动过。别看我是个女的，什么活儿都干过。耩地、打井、挑大粪、浇地、出圈、敛人粪尿。"破四旧"的时候，说妇女能顶半边天嘛，死了人让姑娘们抬，俺们就组织了8个人抬死人，其中就有惠娟。晚上搞义务劳动，拉棒子秸、送粪，一晚上整个一大块儿地都要弄完，那时候可干了活儿了，觉着也挺有劲。现在的人们都学精了，干点活儿总得看看怎么着合算，怎么着对我有多大好处。当时不说这些，不计较个人得失。那时候人们特别单纯，后来出来上班才知道一代一代人心不行了。倒是有一样，现在确实生活水平提高了，人们也知道心疼自己了。

问：原先来过几个美国人，也采访过您父亲，对他们有印象吗？

答：没什么印象了。

问：您父亲哪年去世的？

答：（一九）八几年，比耿长锁晚。

问：包产到户的时候您父亲是怎么想的，跟您聊过吗？

答：从思想上接受不了，不愿意分，像我们都转不过弯儿来，别说老人了。但是我父亲不会说，也不爱说。俺们村里包产到户最晚，人们大部分不愿意。各队的副业都挺大，一分地东西都糟蹋了，把那么多东西都毁了，损失太大了。数三队糟蹋的东西最多，心眼子多的人家都把东西往家拿，像合线机，原先有那么多，都拆了。

问：您婆家那个村分得早吧？

答：嗯。他们分得早。

问：村里有哪些副业？

答：起先刚一组织起来，有油坊，牲口拉碾子人工榨油，小时候不让我们进去，等没人的时候进去偷点吃。后来我们三队有合线，都糟蹋了。

问：张戬去过海河工地当医生，您去过吗？

答：没有，俺们就在村里。

问：村里看病忙吗？

答：挺忙。当时不是坐诊，得成天往各家跑，村里谁家门窗朝哪边俺都知道。

问：赤脚医生是记工分吗？

答：记工分，跟在队里劳动一样。

问："文革"的时候村里谁挨批斗多？

答：我记得都是耿长锁老伴儿挨斗多。徐树宽，那个老婆儿正直得多了，小脚。

问：为什么要斗她？

答：说她是干部就斗她。具体的咱也不知道，光听人说，俺那会儿在五公中学接待站上班了。

问：怎么斗的，没打过她吧？

答：倒是不打，贴大字报，游街，开会在台上挂着牌儿。

问：村里有人斗她吗？

答：我记着大学里的学生们不少，有南开大学的、北京来的大学的。"文化大革命"没有俺们家的事，俺们就是老百姓，那时候当干部的挨斗。俺没参加，那时候俺岁数小，知道的不太多。

问：您老伴儿是什么时候转业的？

答：有 30 多年了。我们两个孩子是双胞胎，我一个人看不过来，就让他回来了。我们老头儿当过饶阳县县长、县委副书记。

耿长锁生平大事年表

1900 年

耿长锁出生在饶阳县五公村一个贫苦农民家庭。

1918 年

耿长锁到饶阳县城董大车"协记"绳铺做工。

1926 年

耿长锁与徐树宽结婚。

1937 年

下半年，耿长锁担任五公村工人（雇工）抗日救国会委员、工会改善部部长。

1940 年

秋季，日军到五公村"扫荡"，耿长锁的父亲耿济川被杀害，这一天，全村被害群众达 30 多人。他的母亲也因悲病交加去世。

1942 年

5 月 1 日，日寇对冀中军民发动"五一扫荡"，耿长锁多次在危急时刻冒着生命危险掩护共产党和八路军干部战士。

1943 年

冬，乔万象等 4 人成立打绳组。

1944 年

4 月，耿长锁加入打绳组，定名为"土地合伙组"。

6 月 5 日，耿长锁加入中国共产党。

秋后，土地合伙组由 4 户增加到 17 户，人口从 22 人增加到 88 人，耿长锁任组长。

1945 年

2 月，耿秀峰任土地合伙组组长，耿长锁任土地合伙组的副业组长。

4 月，耿长锁再次被推选为土地合伙组组长。

12 月，耿长锁出席了饶阳县召开的"群英大会"，在会上介绍了农民"组织起来"的种种好处和经验。

1946 年

年初，耿长锁领导五公村开展土地改革。

6 月，耿长锁被区委任命为五公村的党支部书记。

1947 年

秋，合伙组先后收养了 4 个孤儿。

1950 年

11 月，耿长锁被评为河北省劳动模范。

11 月 26 日，耿长锁出席了河北省首届劳模大会，并在大会上介绍了合伙组的经验。

1951 年

春，耿长锁所在的农业合伙组改名为"耿长锁农业生产合作社"。

4 月，政务院农业部代表视察五公合作组，检查农副业生产情况和各种账目，对他们取得的成绩进行了肯定和表扬，同时，建议农业合伙组改名为"耿长锁农业生产合作社"，并邀请耿长锁参加华北第一次农业互助合作会议。

4 月 22 日，耿长锁应邀参加华北局在北京召开的互助合作座谈会，在会上介绍了八年来办合伙组的经验和教训。

10 月 1 日，耿长锁应邀参加国庆观礼。

10 月 10 日，耿长锁参加河北省召开的工农业劳模代表大会。

10 月 25 日，参加在天津举办的华北区城乡物资交流展览会。期间，耿长锁代表河北省参观团在天津市民大会上讲话。

12 月 28 日，《河北日报》发表了耿长锁写给全省农业劳动模范、互助组和村干部的信，介绍了领导农业生产合作社的经验。

1952 年

3 月 16 日，耿长锁农业生产合作社获得中央人民政府农业部第一批颁布的 1951 年度全国农业爱国丰产模范奖状一张、奖章一枚、奖金 500 万元（旧币）。

3 月 22 日，河北省农业厅在五公村为耿长锁农业生产合作社召开庆功大会，省、专区、县干部群众近千人参加。

3 月底至 9 月中旬，耿长锁作为中国农民访苏代表团成员访问苏联。参观访问了 25 个集体农庄，11 个国营农场，6 个拖拉机站，9 个研究所和大量电站。

9 月 17 日，河北省在保定新中国礼堂召开访苏报告会，耿长锁讲了访苏的所见所闻和思想收获。从访苏回国后，耿长锁开始学习识字。

11 月 8 日，五公村召开了全村大社成立大会，全村 425 户中有 394 户报名入社。会上选举耿长锁为社长。

1953 年

12 月 7 日，河北省委召开耿长锁农业生产合作社成立 10 周年纪念大会。会上，省政府颁发了锦旗一面，上写"社会主义之花"。耿长锁报告了十年来走过的道路和办社经验，并为推选出的十名模范社员戴了红花。

同日，河北省国营第一农业机器拖拉机站在五公村建立。

1954 年

春，第一拖拉机站进行了耕地表演，轰动了全县，有男女老幼数千人前来观看。

1 月 4 日，《人民日报》第一版刊登《耿长锁农业生产合作社全体社员写给毛泽东主席的信》。

6 月 10 日至 12 日，耿长锁出席饶阳县首届人民代表大会，会上当选为省人民代表大会第一届会议代表。

6 月，中共西北局 160 人的干部访问团到五公参观访问。

8 月 1 日，耿长锁出席河北省第一届人民代表大会第一次会议，并被选为第一届全国人民代表大会代表。

9 月 15 日至 28 日，耿长锁出席第一届全国人民代表大会第一次会议。会议期间，耿长锁农业生产合作社打的第一眼机井完工，实现了机器抽水浇地。

9 月 20 日，耿长锁在《人民日报》发表文章《积极发展国内外贸易更好地为生产和人民生活服务，帮助了我们增产》。

本年，中央新闻电影纪录制片厂在五公摄制了《走向幸福大道》的纪录片，通俗读物出版社出版了耿长锁等人讲述的《我怎样当农业生产合作社社长》一书。

1955 年

12 月 27 日，《中国农村的社会主义高潮》一书中选入五公生产合作社包工包产的经验。

本年，五公村公共积累已达到 1.6 万元，粮食亩产从 1952 年的 252 斤提高到 463 斤。

1956 年

1 月 1 日，五公农业社由初级社转为高级社。

1 月 26 日，耿长锁参加河北省农业增产竞赛动员大会并发言。

3 月 12 日，耿长锁出席河北省第一届人代会第四次会议，当选为大会主席团成员。

6 月 15 日至 30 日，耿长锁出席全国第一届人代会第三次会议并发言。

9 月 15 日至 27 日，耿长锁当选为中共第八届全国代表大会代表并出席会议。

1957 年

2 月 22 日，耿长锁出席全国劳动模范大会，受到毛泽东、刘少奇、周恩来、邓小平等党和国家领导人接见。耿长锁被选入大会主席团，会上为他颁发了金质五星奖章。

3 月，耿长锁到民主德国和捷克斯洛伐克参观访问。

6 月 26 日至 7 月 15 日，耿长锁出席第一届全国人民代表大会第四次会议。

8 月 27 日，耿长锁出席省第一届人民代表大会第六次会议。

1958 年

2 月 1 日至 11 日，耿长锁出席第一届全国人民代表大会第五次会议。

4 月 16 日，耿长锁出席河北省第一届人民代表大会第七次会议。

9 月 6 日，五公人民公社成立，耿长锁任公社社长，五公村改为五公大队。

12 月 25 日，耿长锁出席全国农业社会主义建设先进单位代表会议，被选入大会主席团成员。

1959 年

9 月 7 日，五公人民公社建立，五公农业生产合作社成为生产大队，原 10 个生产队合并为 3 个生产大队。耿长锁当选为公社社长和五公大队大队长。

1960 年

耿长锁带领五公社员战胜春旱秋涝，确保全村顺利渡过灾荒。

12 月 20 日，耿长锁请人代笔给国务院副总理谭震林写信反映人民公社存在的问题。不久，五公大队成为全国第一批实行粮食征购包干制的试点。

同年，省里按照国家政策给耿长锁每月 50 元的生活补助。从此，他再不要队里的工分。

1961 年

耿长锁在五公村积极推行科学种田，通过因地种植、浇水、施肥，引进新品种和作物间作等方式，实现了粮食增产，社员增收。

1962 年

耿长锁带领广大社员战胜夏、秋蝗灾，开展农田基本建设和养猪积肥，保证粮食连年增产，偿还了国家 10 万元贷款。

1963 年

7 月 14 日，《人民日报》刊登耿长锁的口述文章《我走过的路》。

7 月底，五公遭遇特大洪涝灾害，耿长锁带领全村干部群众抗洪救灾。

11 月 24 日，全国劳模郁洛善、王志琪、曹汝明、宋欣茹、张本林等来五公参观。

11 月 25 日，中共河北省委、省人委在五公村召开庆祝五公集体化二十周年大会，耿长锁作为大会主席致辞。

本年，耿长锁到省会天津参加河北省农业工作会议，受到周恩来总理的接见，并进行了亲切的交谈。

1964 年

10 月，"四清"工作队进驻五公。

同年，耿长锁在北京参加第三届全国人民代表大会第一次会议。

1966 年

席卷全国的"文化大革命"开始，耿长锁和徐树宽受到冲击。

10 月 1 日，耿长锁应邀参加国庆观礼，周总理在天安门城楼再次与耿长锁握手交谈。

1968 年

2 月 4 日，河北省革命委员会成立，耿长锁被选为省革命委员会副主任。

9 月 11 日，《人民日报》发表河北省饶阳县五公大队知识青年、耿长锁的女儿耿惠娟的署名文章《坚决走与工农相结合的道路》。

1969 年

4 月 1 日至 24 日，耿长锁出席在北京召开的中国共产党第九次全国代表大会。

1971 年

3 月 7 日，衡水地区革命委员会在五公大队召开全区"农业学大寨"经验交流会。

本年，五公大队粮食亩产过千斤。

1973 年

11 月 24 日至 28 日，耿长锁出席中国共产党第十次全国代表大会。

1975 年

6 月 4 日，耿长锁在《人民日报》发表文章《艰苦奋斗的政治本色永不变》。

1977 年

8 月 12 日至 18 日，耿长锁出席中国共产党第十一次全国代表大会。

10 月 24 日，耿长锁在《人民日报》发表文章《做实事求是的模范》。

12 月，耿长锁在河北省政协四届一次会议上当选为副主席。

1980 年

2 月，耿长锁当选为河北省人大常委会副主任。

1983 年

9 月 10 日至 11 日，河北省在五公大队召开庆祝五公"组织起来"四十周年大会，耿长锁致开幕词，省、地、县党政领导和五公大队干部社员 2000 余人参加了大会。

年底，五公大队"分田到户"，实行了生产责任制。

1984 年

12 月 7 日，耿长锁赴天津邀请全国劳动模范、工程师魏振华帮助五公村搞棉花深加工。

1985 年

11 月 26 日，耿长锁在五公村病逝，享年 85 岁。先后在饶阳县、石家庄市召开了追悼会。

后　记

　　本书是我们近年来致力于集体化时期河北农村社会研究的阶段性成果，也是继《冀中花开第一枝——耿长锁与五公村珍贵历史影像》之后"耿长锁与五公村"系列研究的又一成果。

　　本口述史资料的搜集与整理工作自 2013 年暑期开始，历时五年多，先后走访了近 60 位与耿长锁一起工作、生活的同事、亲属、同时代的老人及其后人。这些访谈资料是抢救性的，非常珍贵。为保证访谈资料的真实性、准确性，访谈并非一次完成，而是两次、三次甚至是多次才最终完成。

　　在访谈过程中，我们得到了中共饶阳县委、县政府，五公镇及五公村诸多干部群众的鼎力支持，耿长锁的多位亲属、部下和同事都在百忙中抽出时间耐心细致地为我们讲述集体化时期他们在耿长锁身边和五公村的经历。肖献法老先生虽年近八旬，但思维敏捷，精神矍铄，经常陪我们一起走访，为我们提供了诸多方便。他们对耿长锁和五公村的一片仁结之情深深触动了我们，也更加坚定了我们深化耿长锁和五公村研究的决心。耿长锁纪念馆馆长魏志伟为我们采访、回访以及部分资料的搜集给予了很多支持。饶阳县原档案馆馆长刘振业、五公镇党委书记刘金圈同志为我们的采访工作提供了很多帮助。李小刚副教授、与我合作开展研究的博士后郑立柱教授以及博士生任会来副教授参与了部分口述史资料收集工作。博士生高志勇随我一起深入五公村进行走访、核实资料、校订书稿。在书稿的整理过程中，还得到了耿长锁的四女儿耿惠娟同志给予的诸多帮助。河北大学历史学院，人民出版社对于本书的出版给予了大力支持。在此，一并致以最诚挚的谢意。

　　非常遗憾的是在口述史的整理过程中，耿长锁的儿子耿德录、耿占录两兄弟以及李二刚、徐根等老人相继去世，几位老人未能看到本书的出版，我们感到十分的内疚。对他们的逝世，我们深表哀悼。

责任编辑：邵永忠

封面设计：胡欣欣

图书在版编目（CIP）数据

耿长锁与五公村口述史 / 杨学新，刘百恒，樊孝东 编著 .—北京：
人民出版社，2020.4

ISBN 978-7-01-021677-5

Ⅰ . ①耿… Ⅱ . ①杨… ②刘… ③樊… Ⅲ . ①耿长锁—生平事迹
Ⅳ . ① K828.1

中国版本图书馆 CIP 数据核字（2019）第 291550 号

耿长锁与五公村口述史

GENGCHANGSUO YU WUGONGCUN KOUSHUSHI

杨学新　刘百恒　樊孝东　编著

人 民 出 版 社 出版发行

（北京市东城区隆福寺街 99 号）

中煤（北京）印务有限公司印刷　新华书店经销

2020 年 4 月第 1 版　2020 年 4 月北京第 1 次印刷

开本：710 毫米 × 1000 毫米　1/16　印张：22　字数：350 千字

ISBN 978-7-01-021677-5　定价：70.00 元

邮购地址　100706　北京市东城区隆福寺街 99 号金隆基大厦

网址：http://www.peoplepress.net

人民东方图书销售中心　电话（010）65250042　65289539

版权所有·侵权必究

凡购买本社图书，如有印制质量问题，我社负责调换

服务电话：（010）65250042